DEFENSORIA PÚBLICA

DEFENSORIA PÚBLICA

ACESSO À JUSTIÇA, PRINCÍPIOS E ATRIBUIÇÕES

2023

Julio Grostein

ALMEDINA

DEFENSORIA PÚBLICA
ACESSO À JUSTIÇA, PRINCÍPIOS E ATRIBUIÇÕES

AUTOR: Julio Grostein

DIRETOR ALMEDINA BRASIL: Rodrigo Mentz
EDITORA JURÍDICA: Manuella Santos de Castro
EDITOR DE DESENVOLVIMENTO: Aurélio Cesar Nogueira
ASSISTENTES EDITORIAIS: Larissa Nogueira e Letícia Gabriella Batista
ESTAGIÁRIA DE PRODUÇÃO: Laura Roberti

DIAGRAMAÇÃO: Almedina
DESIGN DE CAPA: FBA

ISBN: 9786556279060
Agosto, 2023

Dados Internacionais de Catalogação na Publicação (CIP)
(Câmara Brasileira do Livro, SP, Brasil)

Grostein, Julio
Defensoria pública : acesso à justiça, princípios
e atribuições / Julio Grostein. -- São Paulo :
Almedina, 2023.
ISBN 978-65-5627-906-0
1. Assistência judiciária - Brasil 2. Defensoria
pública - Leis e legislação 3. Direitos fundamentais
- Brasil 4. Direito constitucional - Brasil
I. Título.

23-158263 CDU-342.7:347.926(81)

Índices para catálogo sistemático:

11. Brasil : Defensoria pública : Direitos fundamentais : Direito constitucional
342.7:347.926(81)

Eliane de Freitas Leite - Bibliotecária - CRB 8/8415

Este livro segue as regras do novo Acordo Ortográfico da Língua Portuguesa (1990).

EDITORA: Almedina Brasil
Rua José Maria Lisboa, 860, Conj.131 e 132, Jardim Paulista | 01423-001 São Paulo | Brasil
www.almedina.com.br

APRESENTAÇÃO

Nesta importante obra, que confere um olhar panorâmico e consistente sobre a Defensoria Pública do Estado de São Paulo, o autor passa em revista os principais institutos que norteiam o funcionamento da instituição, sem ignorar as características que fizeram da Lei Complementar Estadual nº 988/2006 uma fonte de inovadoras práticas no sistema de justiça e que influenciaram as reformas legais e constitucionais observadas posteriormente à criação da Defensoria Pública em solo paulista.

Julio Grostein, além de experiente Defensor Público Estadual, com passagens pelas Unidades de Santo Amaro, Nossa Senhora do Ó e Núcleo Especializado de Segunda Instância e Tribunais Superiores, com ênfase na área cível, possui em sua história funcional uma vivência ímpar, tendo coordenado por quatro anos a Assessoria Jurídica da Defensoria Pública-Geral, onde enfrentou grande parte dos enredados questionamentos que surgem a partir da tríplice autonomia institucional e outros aspectos que lhe são inerentes, principalmente junto ao Supremo Tribunal Federal.

E esse protagonismo reflete-se na completude dos pontos abordados, denotando a perspectiva de quem não apenas pesquisou determinado tema, como dele tratou diretamente em seus desenlaces nas esferas judicial e administrativa. Mas Grostein vai além, aliando à experiência prática do Defensor, a sistematicidade e o rigor teórico do acadêmico, como já o fizera em marcantes obras anteriores, decorrentes de seus dedicados trabalhos de mestrado[1] e doutorado[2].

[1] Ativismo judicial: Análise Comparativa do Direito Constitucional Brasileiro e Norte-Americano. Almedina, 2019.

[2] Autocontenção Judicial e Jurisdição Constitucional. Almedina, 2021.

Em “Defensoria Pública: acesso à justiça, princípios e atribuições”, o autor percorre, com maestria, do nascedouro do modelo brasileiro de prestação de assistência jurídica gratuita, correlacionando os diversos preceitos que compõem a arquitetura institucional, à sua precípua finalidade: o alcance da justiça pela parcela mais vulnerável da população.

Enquanto no primeiro capítulo a instituição é analisada à luz de seu arcabouço constitucional, com os conceitos introduzidos pelo texto original da Constituição Federal 1988 e ampliados pelas Emendas Constitucionais nº 45/2004 e nº 80/2014; no capítulo seguinte, o autor nos traz uma detida análise da lei orgânica paulista e os aspectos que singularizam a instituição dentro do espectro federativo, seja em razão de sua origem, seja por conta de seu peculiar formato de composição orçamentária e mecanismos de participação social.

Os princípios e atribuições institucionais, tratados, respectivamente, nos dois capítulos seguintes, são apresentados de forma complementar, buscando recíprocos significados concretos e repercussões cotidianas, que podem ser analisadas a partir dos julgados mais recentes envolvendo os pontos que gravitam a temática das atribuições.

Merece especial destaque o transporte para a realidade brasileira da tradicional classificação feita há mais de três décadas por Mauro Cappelletti e Bryan Garth[3], cuja exata compreensão para a atualidade institucional exige a adaptação das chamadas “ondas renovatórias” ao processo evolutivo da Defensoria Pública no país.

A estrutura da Defensoria Pública do Estado de São Paulo é examinada, detalhadamente, nos capítulos cinco e seis, inicialmente sob a perspectiva administrativa e, em seguida, sob a ótica de seus membros e das garantias que lhes são inerentes para o correto cumprimento de seus misteres. As particularidades da legislação estadual são aqui destacadas, sempre com uma visão comparativa à lei geral e à jurisprudência.

A preocupação com as repercussões concretas dos preceitos legais também é observada no capítulo sete, onde Grostein apresenta os direitos e deveres funcionais, permitindo, através de didáticas tabelas, a imediata visualização dos pontos mais relevantes.

Embora considerados mais áridos, o regime e o procedimento disciplinar no âmbito funcional são cuidados pelo autor com a técnica de

[3] Acesso à Justiça. Sergio Antonio Fabris Editor, 2002.

quem já lidou, na prática, com seus contextos e repercussões. Seja por meio de tabelas, seja em exemplos concretos, Grostein tem particular sucesso ao apresentar as sutis distinções que a leitura da norma não permite, por si só, vislumbrar.

Os dois capítulos finais transbordam atualidade, apresentando temáticas que traduzem alguns dos desafios institucionais na efetivação da cobertura plena preconizada pela Emenda Constitucional nº 80/2014, mas que, ao mesmo tempo, conectam-se com a história da Defensoria Pública paulista. São temas que, embora aparentemente circunscritos ao cenário local, adquiriram repercussão nacional, com desdobramentos que continuam a refletir o descompasso entre a vontade do legislador constituinte e a realidade.

"Defensoria Pública: acesso à justiça, princípios e atribuições" é uma obra completa. Um guia de consulta permanente para quem atua na instituição e um postigo privilegiado para quem pretende observá-la e conhecê-la melhor. Vem em bom momento, quando são celebrados 17 (dezessete) anos de sua existência, conferindo importantes reflexões sobre o trajeto percorrido e iluminando o porvir.

Davi Depiné

Corregedor-Geral da Defensoria Pública do Estado de São Paulo (2022);
Defensor Público-Geral do Estado de São Paulo (2016-2020);
Presidente da Associação Paulista de Defensoras e Defensores Públicos (2006-2008).

PREFÁCIO

Foi com imensa satisfação que recebi o convite do caríssimo colega e amigo Julio Grostein, um dos mais destacados Defensores Públicos, para aqui contar um pouco da história da criação da Defensoria Pública em São Paulo, em contribuição a este livro, referência no tema do acesso à Justiça.

Como é sabido, o Constituinte brasileiro, até 1988, não tratou com prioridade a prestação de assistência jurídica aos mais vulneráveis. Até então, a previsão mais avançada pode ser registrada na Constituição de 1934, que teve sua vida ceifada após poucos anos de vigência. Foi essa Carta, aprovada democraticamente, que estabeleceu, pela primeira vez, a obrigatoriedade do Estado em conceder assistência judiciária aos necessitados, com a criação de *órgãos especiais*.

Mas foi a Constituição Federal de 1988 que verdadeiramente tratou do tema. Restabeleceu a obrigatoriedade do Estado brasileiro em prestar assistência jurídica integral e gratuita aos necessitados. E pela primeira vez na história, conferiu à Defensoria Pública, como instituição essencial à função jurisdicional do Estado, essa nobre missão.

Em São Paulo, havia um caso sem similaridade nacional. A advocacia pública do Estado, historicamente, havia se organizado em torno da Procuradoria Geral do Estado, órgão que passou a ter também tratamento constitucional, para promover a representação judicial e a consultoria das unidades federadas. Ocorre que, sob o manto da antiga lei da assistência judiciária, Lei nº 1.060/50, esse serviço público também se organizou em torno da PGE, criando-se a Procuradoria de Assistência Judiciária.

Evidente que, com o advento da Constituição cidadã, esse órgão estava com seus dias contados, pois o Estado, por mandamento constitucional, deveria criar a Defensoria Pública, como instituição autônoma.

Mas os anos se passaram e sequer havia um debate travado na sociedade paulista sobre a necessidade da criação dessa fundamental Instituição.

Lembro-me que foi somente no final dos anos 90, quando a Constituição já alcançava seus primeiros 10 anos de vida, que houve um inédito seminário para discutir o tema, ocorrido na Faculdade de Direito da USP e organizado pelo Núcleo de Estudos da Violência da mesma universidade. Alguns Procuradores do Estado, que atuavam na PAJ, participaram desse evento e, pela primeira vez, tivemos contato com Defensores Gerais de outros Estados, que compareceram para falar de suas Instituições. Começou-se a descobrir que havia, de fato, Defensoria Pública além dos muros de São Paulo.

Como passo seguinte, liderado pelo Sindicato dos Procuradores do Estado (SINDIPROESP), iniciou-se um forte movimento social pela criação da Defensoria Pública em São Paulo. O lançamento desse movimento aconteceu no ano de 2001, no salão nobre lotado da Faculdade de Direito da USP, com a presença de diversas autoridades e centenas de entidades da sociedade civil, todas voltadas à defesa de direitos das minorias e de pessoas vulneráveis.

Inegável que a democracia e a defesa dos direitos humanos estão no DNA da Defensoria Pública de São Paulo e do Brasil. Foi nesse ambiente de discussão, de luta e da necessidade de afirmação de direitos que o Movimento pela Criação da Defensoria Pública de SP, com mais de 400 entidades da sociedade civil, passou a exigir a criação do órgão.

Uma minuta de projeto de lei chegou a ser elaborada pelo Movimento, com a participação decisiva dos Procuradores da PAJ que vieram a optar pela nova carreira. E, sem dúvida, foi uma das principais fontes inspiradoras para o projeto que deu origem à Lei Orgânica da Instituição.

A discussão passou a ocupar o espaço político e a necessidade da criação da Defensoria Pública em SP foi se tornando cada vez mais premente, não apenas por imposição da Constituição, mas porque a sociedade brasileira (o Movimento ultrapassou as fronteiras do Estado) assim também exigia.

Passados 4 anos da criação do Movimento pela Defensoria Pública em SP, o projeto de lei foi enviado à Assembleia Legislativa do Estado em junho de 2005 e aprovado em dezembro daquele ano.

Em 09 de janeiro de 2006, finalmente, a Lei Orgânica da Instituição foi sancionada pelo então Governador Geraldo Alckmin, em histórica solenidade no Palácio dos Bandeirantes. A luta do movimento social tinha valido a pena. A Defensoria Pública de SP era uma realidade.

Quando da elaboração e apresentação do projeto de lei, vale lembrar que havia acabado de ser promulgada, no final de 2004, a EC nº 45, que tratou da reforma do Poder Judiciário e conferiu, dentre outros pontos, autonomia às Defensorias Públicas.

A lei de São Paulo foi uma das pioneiras a prever tais autonomias, além de imprescindíveis princípios, como essenciais à Instituição no cumprimento de seu dever constitucional.

Importantes avanços foram incorporados à lei paulista, tendo como foco a razão de ser da Instituição, ou seja, o atendimento e a prestação de assistência jurídica aos mais vulneráveis. Assim, estabeleceu-se a previsão de direitos dos usuários, ouvidoria externa, ciclo de conferências com participação social, momento aberto no Conselho Superior, dentre outras.

Mais à frente, a própria Lei Orgânica de São Paulo serviu de inspiração para edição da Lei Federal n. 132/09, que trouxe profundas e importantes mudanças na Lei Complementar Federal n. 80/94, que organiza a Defensoria Pública da União e prescreve normas gerais para as Defensorias Públicas estaduais.

Mas apesar dos avanços e da própria criação da Defensoria Pública de São Paulo, o efetivo acesso à justiça depende da reafirmação cotidiana dos valores, princípios e atribuições institucionais, sempre vitais para garantir a melhor forma de prestar esse serviço essencial para universalizar a Justiça brasileira, em defesa justamente de quem mais precisa.

Não tenho dúvida que este livro busca oferecer os mecanismos e instrumentos necessários para a melhor prestação de assistência jurídica aos necessitados no Brasil.

Vitore André Zilio Maximiano
Defensor Público/SP

SUMÁRIO

INTRODUÇÃO

Nas últimas duas décadas, poucas instituições brasileiras têm apresentado o mesmo crescimento no prestígio social de que vem desfrutando a Defensoria Pública. O "Estudo da Imagem do Judiciário brasileiro", elaborado em 2019 pela Fundação Getúlio Vargas – FGV, apontou que a sociedade em geral considera, dentre as instituições do Sistema de Justiça, a Defensoria Pública como o órgão mais conhecido, mais confiável e melhor avaliado pelas pessoas entrevistadas[4].

Para além deste diagnóstico, o reconhecimento social das funções institucionais da Defensoria Pública pode ser evidenciado pela intensa produção normativa a seu respeito nos últimos anos. Com efeito, este sentimento social certamente encontrou eco no seio do Congresso Nacional que, nos últimos 20 anos, promulgou 4 (quatro) emendas constitucionais (EC 45/2004, EC 69/2012, EC 74/2013 e EC 80/2014) cada vez mais reforçando e consolidando o papel desempenhado pela Defensoria Pública na democracia brasileira. Esta última Emenda, aliás, incumbiu à Defensoria Pública "como expressão e instrumento do regime democrático, fundamentalmente, a orientação jurídica" e "a promoção dos direitos humanos", reforçando, pois, a relevante função da Instituição na experiência política e jurídica do país. A este cenário normativo efervescente, se agrega uma densa e consistente jurisprudência do Supremo Tribunal Federal, que vem externando interpretação consentânea com

[4] Estudo da Imagem Judiciário brasileiro. São Paulo: FGV, 2019.

a relevância e magnitude das missões confiadas pela Constituição à Defensoria Pública.

No Estado de São Paulo, o acesso à Justiça ganhou novos contornos com a criação da Defensoria Pública em 2006, após intenso movimento da sociedade civil em prol da implementação do modelo constitucional de assistência jurídica integral e gratuita à população carente do Estado.

A Lei Complementar estadual 988, de 9 de janeiro de 2006, que institui a Lei Orgânica da Defensoria paulista, apresenta notáveis ferramentas de abertura institucional ao público-alvo de seus serviços, tais como a previsão de uma Ouvidoria externa e a possibilidade de participação social na fixação das diretrizes de funcionamento, por meio de ciclos de conferências que embasam a construção dos planos anuais de atuação.

Este espírito de uma instituição jovem e vibrante – aberta ao diálogo com a sociedade e com as instituições com as quais se relaciona – foi de alguma forma transportado às demais Defensorias brasileiras, por meio da Lei Complementar federal 132/2009, que alterou as regras gerais nacionais em matéria de organização das Defensorias Públicas estaduais.

Por tais motivos é que o estudo dos princípios e atribuições da Defensoria Pública demanda um olhar particular para o acesso à justiça no Estado de São Paulo. De fato, a matriz da legislação paulista se mostrou absolutamente relevante na conformação de todas as demais Defensorias do país, figurando como mola propulsora do desenvolvimento e consagração da assistência jurídica integral e gratuita enquanto direito fundamental operacionalizado por todas as Defensorias Públicas. E, por consequência, o elevado índice de confiança social e política de que hoje goza a instituição pode ser em boa medida creditado à criação da Defensoria em São Paulo e, sobretudo, aos serviços que seus profissionais têm prestado desde então. Em síntese, a política pública de assistência jurídica, no Brasil, talvez não teria o mesmo peso e relevância sem o paradigma paulista de institucionalização e prestação deste serviço.

É a partir destes propósitos que se apresenta esta obra, que procura examinar, de modo particular, os princípios e atribuições da Defensoria Pública do Estado de São Paulo, procurando cotejar as suas atribuições com o marco constitucional da assistência jurídica integral e gratuita. Mais do que isso, busca-se aprofundar o estudo de seus órgãos internos, modo de funcionamento, organização da carreira e todos os demais aspectos que conformam o seu regime jurídico-funcional.

Em decorrência, as disposições da própria Lei Complementar estadual 988/2006 se mostram adequadas como ótica de análise, funcionando esta lei como guia para as reflexões que se almeja desenvolver ao longo deste livro. É a partir do estudo sistematizado da Lei Orgânica da Defensoria Pública do Estado de São Paulo que se procura aferir os fundamentos, as ferramentas e os desafios do acesso à Justiça pela população paulista e grupos vulneráveis no Estado. Em suma, o exame desta lei – tão relevante e paradigmática – pode ser uma das mais importantes chaves para a compreensão integral dos princípios e atribuições da Defensoria Pública.

CAPÍTULO 1
O ACESSO À JUSTIÇA E A DEFENSORIA PÚBLICA

1.1 Obstáculos ao acesso à justiça e as ondas renovatórias

A partir do denominado "Projeto de Florença", Mauro Cappelletti e Bryant Garth afirmaram, na célebre obra "Acesso à Justiça"[5], a existência de três principais obstáculos à efetivação do acesso à justiça. São eles:

a) **Obstáculo econômico**: envolve as dificuldades econômicas relativas à movimentação da máquina judiciária para o reconhecimento ou a satisfação de direitos. Parte-se do entendimento de que, para litigar, há um custo financeiro (honorários advocatícios, honorários periciais, custas processuais etc.) impede ou dificulta a veiculação de pretensões ou defesas perante o Poder Judiciário pelos hipossuficientes;

b) **Obstáculo organizacional**: trata das dificuldades inerentes à tutela de direitos coletivos, na medida em que a legitimidade diferenciada para a tutela jurisdicional destes direitos pode afastar os grupos e coletividades não organizadas. Esse obstáculo realça as dificuldades desses grupos em se estruturarem a fim de demandarem em juízo;

c) **Obstáculo processual**: refere-se às dificuldades de se chegar a uma ordem jurídica justa, assim compreendida como a efetiva

[5] CAPPELLETTI, Mauro; GARTH, Bryant. *Acesso à Justiça*. Tradução de Ellen Gracie Northfleet. Porto Alegre: Sergio Antonio Fabris editor, 1988.

pacificação social, desvinculada da necessária intervenção judicial. Visa a envolver elementos afetos a soluções extrajudiciais de conflitos, bem como mecanismos de prevenção desses conflitos. Afirma-se, neste particular, que os institutos processuais e instituições jurídicas, se não passarem por uma ampla reforma, podem se revelar obstáculos ao acesso à ordem jurídica justa.

A partir das considerações a respeito dos obstáculos ao acesso à justiça, Mauro Cappelletti e Bryant Garth identificaram a existência de três ondas renovatórias responsáveis por uma mudança radical nos paradigmas do direito processual. As ondas identificadas se referem, em realidade, a mudanças conjunturais nos sistemas processuais, visando a alcançar níveis cada vez maiores de acesso à justiça. Os autores vislumbraram movimentos cronologicamente seguidos, cada um deles visando a implementar diferentes conceitos e categorias jurídico-processuais, porém sempre tendo como alvo as formas de se pluralizar o acesso à justiça. **Cada onda corresponde à superação de um dos obstáculos acima mencionados.**

A **primeira onda** se refere à **assistência judiciária à população economicamente hipossuficiente**. A partir da percepção de que a população carente se mantinha alijada do Poder Judiciário, não dispondo de recursos econômicos suficientes para levar suas demandas à apreciação judicial, buscou-se criar mecanismos de auxílio financeiro para isentar os carentes de determinados custos processuais.

A **segunda onda** diz respeito à tutela dos **interesses difusos e coletivos**, isto é, identificou-se a necessidade de se criarem regras processuais próprias àqueles direitos e interesses metaindividuais, uma vez que o sistema processual sempre fora tido como essencialmente individualista. Assim, em função das características próprias dos direitos difusos e coletivos, passou-se a estudar formas mais efetivas de tutelá-los processualmente, chegando-se à previsão das ações coletivas. Visava-se, portanto, com uma metodologia processual própria a esta categoria de interesses, a sanar questões problemáticas, tais como a legitimidade e o alcance subjetivo da coisa julgada.

A **terceira onda** cuida de um novo enfoque do acesso à justiça. Pretendendo-se alcançar uma **ordem jurídica justa**, conclui-se pela existência de uma desigualdade das partes no processo. Essa desigualdade pode ser superada por mecanismos alternativos ao processo judicial, ressaltando a importância da prevenção, mediação e conciliação. Além disso, a terceira onda demanda uma ampla reforma do processo enquanto instrumento da jurisdição[6].

1.2 Os modelos de assistência judiciária gratuita

É nesse contexto de busca por acesso à justiça que surgiram as formas de assistência judiciária (obstáculo econômico – primeira onda renovatória). As legislações nesse tema variam conforme cada ordenamento jurídico, em função da maior ou menor prevalência conferida pelos ordenamentos à veiculação de demandas (e respectivas defesas) da população hipossuficiente em processos judiciais.

É possível identificar basicamente três modelos de assistência judiciária[7]:

a) **caritativo** ou ***pro bono***: advogados particulares atuam de forma gratuita, por caridade, orientando e representando judicialmente pessoas hipossuficientes. Há voluntariedade do advogado. Por não haver obrigatoriedade de atendimento, essa forma de assistência judiciária, por si só, não garantiria o direito fundamental à assistência jurídica (art. 5º, inciso LXXIV, da Constituição Federal).

b) ***judicare***: nesse modelo, não há voluntarismo do profissional. O Estado remunera advogados particulares a cada processo em

[6] O *Global Access to Justice Project*, iniciativa patrocinada por instituições de ensino e pesquisa e por Defensorias Públicas, voltada à pesquisa sobre o acesso à justiça em escala global, suscita haver, para além das três ondas renovatórias acima indicadas, outras quatro, totalizando o que considera as sete ondas renovatórias:
Quarta onda: ética nas profissões jurídicas e acesso dos advogados à Justiça;
Quinta onda: o processo de internacionalização dos direitos humanos;
Sexta onda: novas iniciativas e novas tecnologias para aprimorar o acesso à Justiça, e
Sétima onda: superação das desigualdades de gênero e raça nos sistemas de Justiça.
Vide: https://globalaccesstojustice.com/thematic-overview/?lang=pt-br.
Diogo Esteves e Franklyn Roger Alves Silva também consideram haver uma quarta (dimensão ética e política do direito) e quinta (internacionalização da proteção dos direitos humanos) ondas renovatórias (*Princípios Institucionais da Defensoria Pública*, 2ª ed. Rio de Janeiro: Forense, 2017, p. 40-46).

[7] Veja, a este respeito: Smith, Roger. *Assistência Jurídica Gratuita aos Hipossuficientes: Modelos de Organização e de prestação do serviço. In*: Revista da Defensoria Pública. São Paulo: Revista da Defensoria Pública, ano 4 – n. 2, 2011, p. 22-23.

que atuam em favor de uma pessoa necessitada financeiramente. Há, assim, uma lógica de remuneração caso a caso[8]. Observe que o advogado atua no seu múnus particular e, concomitantemente, divide sua atenção com demandas nas quais é indicado a atuar, em favor daquele que não pode pagar honorários advocatícios.[9]

c) **modelo público**: a assistência judiciária gratuita constitui serviço público prestado pelo Estado, por meio de agentes públicos com dedicação exclusiva e integralmente remunerados pelos cofres públicos. **O modelo público pressupõe a existência de uma instituição pública instituída e organizada pelo Estado.** Essa forma também é conhecida como ***staff model***. É o modelo adotado no Brasil, conforme se verifica do art. 5º, inciso LXXIV e art. 134, ambos da Constituição Federal.

De fato, a Constituição Federal prevê, em abstrato, um modelo público de assistência jurídica, na medida em que atribui à Defensoria Pública a orientação jurídica e a defesa, em todos os graus, dos necessitados. Vale observar que a Constituição Federal estabelece expressamente o direito fundamental do acesso à justiça (art. 5º, inciso LXXIV) e a instituição encarregada de sua operacionalização (art. 134).

[8] Smith, Roger. *Assistência Jurídica Gratuita aos Hipossuficientes: Modelos de Organização e de prestação do serviço. In*: Revista da Defensoria Pública. São Paulo: Revista da Defensoria Pública, ano 4 – n. 2, 2011, p. 22-23.

[9] O sistema *judicare* é assim definido por Mauro Cappelletti e Bryant Garth: "Trata-se de um sistema através do qual a assistência judiciária é estabelecida *como um direito* para todas as pessoas que se enquadrem nos termos da lei. *Os advogados particulares, então, são pagos pelo Estado*. A finalidade do sistema *judicare* é proporcionar aos litigantes de baixa renda a mesma representação que teriam se pudessem pagar um advogado." (*Acesso à Justiça*. Porto Alegre: Sergio Antonio Fabris Editor, 2002, p. 35.). A decisão da Suprema Corte dos EUA no célebre caso *Gideon v. Wainwright* (372 U.S. 335,1963) considerou que "o direito de um réu pobre em um julgamento criminal em ter assistência jurídica é um direito fundamental, essencial a um julgamento justo, e o julgamento e condenação do peticionário sem a assistência de um defensor violou a Décima Quarta Emenda". Cuida-se de uma das mais relevantes decisões da denominada Corte Warren e que consagrou tal direito a ser operacionalizado mediante o modelo *judicare*. Sobre o contexto histórico do caso, confira-se: Lewis, Anthony. *A Trombeta de Gedeão*. Tradução de Beatriz Moreira Pinto Beraldo. Rio de Janeiro: Forense, 1966.

Cabe salientar, ainda, que a Lei Complementar 80/94 é inequívoca ao estabelecer o modelo público de assistência jurídica, determinando, no seu art. 4º, § 5º, que:

> **§ 5º A assistência jurídica integral e gratuita custeada ou fornecida pelo Estado será exercida pela Defensoria Pública." (Incluído pela Lei Complementar nº 132, de 2009).**

O modelo público apresenta evidentes vantagens em comparação com os demais, tais como[10]:

a) assistência jurídica integral e gratuita, inclusive multidisciplinar[11];
b) admissão dos profissionais mediante concurso público;
c) organização do serviço em carreira;
d) dedicação exclusiva e especialização temática dos membros;
e) existência de garantias (independência funcional, inamovibilidade, irredutibilidade de vencimentos e estabilidade);
f) controle correcional;
g) possibilidade de atuação em tutela coletiva, educação em direitos e adoção de métodos alternativos de resolução de controvérsias[12].

[10] SMITH, Roger. *Assistência Jurídica Gratuita aos Hipossuficientes: Modelos de Organização e de prestação do serviço. In*: Revista da Defensoria Pública. São Paulo: Revista da Defensoria Pública, ano 4 – n. 2, 2011, p. 22-23.

[11] Veja itens 2.2.2 e 2.2.3 abaixo.

[12] "O *judicare* desfaz a barreira de custo, mas faz pouco para atacar barreiras causadas por outros problemas encontrados pelos pobres. Isso porque ele confia aos pobres a tarefa de reconhecer as causas e procurar auxílio; não encoraja, nem permite que o profissional individual auxilie os pobres a compreender seus direitos e identificar as áreas em que se podem valer de remédios jurídicos. É, sem dúvida, altamente sugestivo que os pobres tendam a utilizar o sistema *judicare* principalmente para problemas que lhes são familiares – matéria criminal e de família – em vez de reivindicar seus novos direitos como consumidores, inquilinos, etc. Ademais, mesmo que reconheçam sua pretensão, as pessoas pobres podem sentir-se intimidadas em reivindicá-la pela perspectiva de comparecerem a um escritório de advocacia e discuti-la com um advogado particular. (...) O *judicare* trata os pobres como indivíduos, negligenciando sua situação como classe. (...) Dado que os pobres encontram muitos problemas jurídicos como grupo, ou classe e que os interesses de cada indivíduo podem ser muito pequenos para justificar uma ação, remédios meramente individuais são inadequados. Os sistemas *judicare*, entretanto, não estão aparelhados para transcender remédios individuais." (CAPPELLETTI, Mauro; GARTH, Bryant. *Acesso à Justiça*. Porto Alegre: Sergio Antonio Fabris Editor, 2002, p. 38).

Destaque-se que a Organização dos Estados Americanos (OEA) tem reiteradamente editado resoluções que reconhecem a importância de um modelo institucionalizado de assistência jurídica integral e gratuita. Vale registrar, neste particular, as Resoluções AG/RES. 2656 (XLI-O/11)[13], AG/RES. 2714 (XLII-O/12)[14] e Resolução AG/RES nº 2887/2016 (XLVI-O/16)[15].

[13] A ASSEMBLEIA GERAL (...) RESOLVE:
1. Afirmar que o acesso à justiça, como direito humano fundamental, é, ao mesmo tempo, o meio que possibilita que se restabeleça o exercício dos direitos que tenham sido ignorados ou violados.
2. Apoiar o trabalho que vêm desenvolvendo os defensores públicos oficiais dos Estados do Hemisfério, que constitui um aspecto essencial para o fortalecimento do acesso à justiça e à consolidação da democracia.
3. Afirmar a importância fundamental do serviço de assistência jurídica gratuita para a promoção e a proteção do direito ao acesso à justiça de todas as pessoas, em especial daquelas que se encontram em situação especial de vulnerabilidade.
4. Recomendar aos Estados membros que já disponham do serviço de assistência jurídica gratuita que adotem medidas que garantam que os defensores públicos oficiais gozem de independência e autonomia funcional.
5. Incentivar os Estados membros que ainda não disponham da instituição da defensoria pública que considerem a possibilidade de criá-la em seus ordenamentos jurídicos.

[14] LA ASAMBLEA GENERAL (...) RESUELVE:
1. Afirmar que el acceso a la justicia, en tanto derecho humano fundamental es, a la vez, el medio que permite restablecer el ejercicio de aquellos derechos que hubiesen sido desconocidos o vulnerados.
2. Apoyar el trabajo que vienen desarrollando los Defensores Públicos Oficiales de los Estados del Hemisferio, el cual constituye un aspecto esencial para el fortalecimiento del acceso a la justicia y la consolidación de la democracia.
3. Afirmar la importancia fundamental que tiene el servicio de asistencia letrada gratuita prestada por los Defensores Públicos Oficiales para la promoción y protección del derecho de acceso a la justicia de todas las personas, en particular de aquellas que se encuentran en una situación especial de vulnerabilidad.
4. Reiterar a los Estados Miembros que ya cuentan con el servicio de asistencia letrada gratuita que adopten acciones tendientes a que los defensores públicos oficiales gocen de independencia y autonomía funcional.
5. Alentar a los Estados que aún no cuenten con la institución de la defensa pública, que consideren la posibilidad de crearla en el marco de sus ordenamientos jurídicos.

[15] A ASSEMBLEIA GERAL (...) RESOLVE:
1. Incentivar os Estados e as instituições de defesa pública oficial, conforme seja pertinente, a que guardem o absoluto respeito aos defensores públicos e às instituições públicas de assistência jurídica no exercício das suas funções, livres de ingerências e controles indevidos de outros poderes do Estado.

Essas Resoluções, aprovadas pela Assembleia Geral da OEA, respectivamente, em 07 de junho de 2011, em 04 de junho de 2012 e 14 de junho de 2016 ressaltam a autonomia das Defensorias Públicas como instrumento para garantia de direitos humanos.

No estado de São Paulo, contudo, assim como na quase totalidade dos estados-membros da federação brasileira, adota-se um **sistema misto**, mesclando-se elementos do sistema público (modelo constitucionalmente eleito) aliados a elementos do modelo *judicare*. Em realidade, há sempre a prevalência do modelo público, porém, em razão da incapacidade material de a Defensoria Pública atender a toda a demanda, vale-se do sistema *judicare* a título de **assistência judiciária suplementar**.

De fato, a própria Constituição do Estado de São Paulo, no seu art. 109, prevê a possibilidade de a Defensoria Pública manter convênios com outras entidades, destinados à suplementação da assistência judiciária, na medida em que ainda não consegue atender a toda a demanda de assistência gratuita, seja da perspectiva territorial (não abrange todas as comarcas do estado), seja da perspectiva funcional (nem sempre abrange todas as possíveis atuações em uma localidade em que se encontra presente). Note, contudo, que o Supremo Tribunal Federal, no julgamento da ADI 4.163/SP (rel. Min. Cezar Peluso, j. 29.02.2012) conferiu interpretação conforme a referido dispositivo da Constituição do Estado de São Paulo, no sentido de autorizar a Defensoria Pública a celebrar convênios destinados a garantir a prestação da assistência judiciária suplementar, conforme o seu critério discricionário, em virtude de sua autonomia administrativa[16]. Deste modo, a Defensoria Pública paulista conta com entidades parceiras parceiros, por ela selecionados, para garantir a assistência judiciária a título complementar às suas

2. Instar as Defensorias Públicas a que desenvolvam, no âmbito de sua autonomia, conforme pertinente, instrumentos destinados à sistematização e ao registro de casos de denúncia de tortura e de outros tratamentos desumanos, cruéis e degradantes, que possam funcionar como ferramentas para estratégias e políticas de prevenção, tendo como objetivo fundamental evitar violações dos direitos humanos das pessoas privadas de liberdade, reconhecendo que os defensores públicos são atores fundamentais na prevenção, na denúncia e no acompanhamento de vítimas de tortura e de outros tratamentos desumanos, cruéis e degradantes. Em sincronia com isso, a Secretaria-Geral, por intermédio do Departamento de Direito Internacional, continuará colaborando com a AIDEF na capacitação de defensores públicos nos diferentes aspectos que contribuem para a melhoria do acesso à justiça.

[16] Confira, a esse respeito, o Capítulo 10 deste livro.

atribuições, tais como o convênio mantido com a OAB-SP, termos de colaboração com entidades da sociedade civil, parcerias firmadas com universidades etc.

Por fim, não é errado afirmar-se que existe, no Brasil, um sistema misto ante a **coexistência do modelo público e o caritativo (*pro bono*)**, por não haver vedação legal a esta última forma de assistência judiciária, sujeita, todavia, à regulamentação por parte do órgão próprio (Ordem dos Advogados do Brasil).

1.3 O regime jurídico-constitucional da Defensoria Pública

1.3.1 *Aplicabilidade imediata das normas da Constituição Federal em matéria de regime jurídico da Defensoria Pública*

A Constituição Federal de 1988 arrolou, com natureza de direito fundamental, o direito à assistência jurídica integral e gratuita àqueles que comprovarem a insuficiência de recursos, no art. 5º, inciso LXXIV:

> **Art. 5º Todos são iguais perante a lei, sem distinção de qualquer natureza, garantindo-se aos brasileiros e aos estrangeiros residentes no País a inviolabilidade do direito à vida, à liberdade, à igualdade, à segurança e à propriedade, nos termos seguintes:**
> **(...)**
> **LXXIV – o Estado prestará assistência jurídica integral e gratuita aos que comprovarem insuficiência de recursos;**
> **(...)**

Note que o texto constitucional utiliza a expressão assistência **jurídica** gratuita (e não meramente **judiciária**), circunstância indicativa de que o constituinte optou por instituir um modelo verdadeiramente público de assistência jurídica, destinado a superar não somente o obstáculo econômico de acesso à justiça. Ao contrário, conforme se verá abaixo, o direito fundamental à assistência jurídica integral e gratuita pretende superar todos os obstáculos à ordem jurídica justa, com vistas a efetivar os objetivos fundamentais da República brasileira (art. 3º da Constituição). Não é à toa, portanto, que a Defensoria Pública paulista tem, dentre os seus fundamentos de atuação (art. 3º da Lei Complementar Estadual 988/06) a "construção de uma sociedade livre, justa e solidária" e "a erradicação da pobreza e da marginalidade, e a redução das desigualdades sociais e regionais"[17].

Mais adiante, no capítulo destinado às funções essenciais à Justiça, a Constituição disciplina a Defensoria Pública, como instituição responsável pela prestação do serviço público de assistência jurídica integral e gratuita. O texto constitucional atribui, assim, às Defensorias Públicas, a missão de efetivar o direito fundamental de acesso à justiça. Eis o dispositivo constitucional:

> **Art. 134. A Defensoria Pública é instituição permanente, essencial à função jurisdicional do Estado, incumbindo-lhe, como expressão e instrumento do regime democrático, fundamentalmente, a orientação jurídica, a promoção dos direitos humanos e a defesa, em todos os graus, judicial e extrajudicial, dos direitos individuais e coletivos, de forma integral e gratuita, aos necessitados, na forma do inciso LXXIV do art. 5º desta Constituição Federal. (Redação dada pela Emenda Constitucional nº 80, de 2014)**
>
> **§ 1º Lei complementar organizará a Defensoria Pública da União e do Distrito Federal e dos Territórios e prescreverá normas gerais para sua organização nos Estados, em cargos de carreira, providos, na classe inicial, mediante concurso público de provas e títulos, assegurada a seus integrantes a garantia da inamovibilidade e vedado o exercício da advocacia fora das atribuições institucionais. (Renumerado do parágrafo único pela Emenda Constitucional nº 45, de 2004)**
>
> **§ 2º Às Defensorias Públicas Estaduais são asseguradas autonomia funcional e administrativa e a iniciativa de sua proposta orçamentária dentro dos limites estabelecidos na lei de diretrizes orçamentárias e subordinação ao disposto no art. 99, § 2º. (Incluído pela Emenda Constitucional nº 45, de 2004)**
>
> **§ 3º Aplica-se o disposto no § 2º às Defensorias Públicas da União e do Distrito Federal. (Incluído pela Emenda Constitucional nº 74, de 2013)**
>
> **§ 4º São princípios institucionais da Defensoria Pública a unidade, a indivisibilidade e a independência funcional, aplicando-se tam-**

[17] Veja item 2.2.3, abaixo.

> **bém, no que couber, o disposto no art. 93 e no inciso II do art. 96 desta Constituição Federal. (Incluído pela Emenda Constitucional nº 80, de 2014)**

A Constituição Federal estabelece, pois, que **a Defensoria Pública é o instrumento pelo qual se garante o direito fundamental à assistência jurídica integral e gratuita**. O regime jurídico-constitucional vigente da Defensoria Pública foi instituído pela Emenda Constitucional 80/2014, que, alterando a redação do art. 134, trouxe nova configuração institucional.

Vale ressaltar que as normas da Constituição Federal que, paulatinamente, foram reforçando o modelo público de assistência jurídica integral e gratuita (especialmente as EC 45/2004 e 80/2014), conformam os ordenamentos estaduais, impondo a observância obrigatória de seus parâmetros pelos poderes e autoridades locais. Particularmente interessante, neste ponto, o artigo 297 da Constituição do estado de São Paulo, que assim dispõe:

> **Artigo 297 – São também aplicáveis no Estado, no que couber, os artigos das Emendas à Constituição Federal que não integram o corpo do texto constitucional, bem como as alterações efetuadas no texto da Constituição Federal que causem implicações no âmbito estadual, ainda que não contempladas expressamente pela Constituição do Estado.**

Cuida-se de norma do ordenamento constitucional local que amplia o parâmetro de constitucionalidade no âmbito estadual, dispensando a incorporação expressa, no texto constitucional estadual, das modificações na Constituição Federal que alterem as instituições estaduais.

Ainda que não houvesse a norma de extensão do art. 297 da Constituição paulista, as normas introduzidas no texto federal pela EC 45/2004 e pela EC 80/2014 já comportariam aplicação imediata no âmbito estadual por serem normas de reprodução obrigatória.

De fato, a Constituição Federal impõe, textualmente, limites ao poder constituinte decorrente. De acordo com o art. 25 da Constituição Federal, "os Estados organizam-se e regem-se pelas Constituições e leis que adotarem, observados os princípios desta Constituição". No mesmo sentido, o art. 11, do Ato das Disposições Constitucionais Transitórias prescreve que "cada Assembleia Legislativa, com poderes constituintes, elaborará a Constituição do Estado, no prazo de um ano, contado da promulgação da Constituição Federal, obedecidos os princípios desta". Já o art. 34, inciso VII, determina o respeito a princípios que a doutrina denomina de "sensíveis", sob pena de intervenção.

Segundo a doutrina, não são apenas os princípios constitucionais sensíveis que devem ser observados pelos demais entes federativos, mas também os extensíveis, ou seja, "regras de organização que a Constituição estendeu aos Estados-membros", e os estabelecidos, que "seriam aqueles princípios que limitam a autonomia organizatória do Estado"[18]. Portanto, a existência de normas de repetição obrigatória tem como efeito permitir aos tribunais locais a análise da constitucionalidade de uma lei ou ato normativo estadual ou municipal em face de norma da Constituição Federal reproduzida, expressa ou implicitamente, na Constituição do Estado. Tanto é assim que o STF, apreciando o Tema 484 da repercussão geral, fixou a seguinte tese: "Tribunais de Justiça podem exercer controle abstrato de constitucionalidade de leis municipais utilizando como parâmetro normas da Constituição Federal, desde que se trate de normas de reprodução obrigatória pelos Estados".

No caso do estado de São Paulo, as garantias institucionais introduzidas na Constituição Federal pela EC 45/2004, examinadas adiante (item 1.3.3 abaixo), foram formalmente incorporadas na Constituição estadual, por meio da emenda constitucional n. 21/2006, que introduziu o parágrafo segundo ao art. 103 do texto estadual, com o seguinte teor: "*À Defensoria Pública é assegurada autonomia funcional e administrativa e a iniciativa de sua proposta orçamentária dentro dos limites estabelecidos na lei de diretrizes orçamentárias e subordinação ao disposto no artigo 99, § 2º, da Constituição Federal*".

No entanto, as inovações promovidas pela EC 80/2014 – tratadas logo abaixo – não obstante não terem sido expressamente incorporadas no ordenamento constitucional paulista, conformam a organização político-administrativa do estado de São Paulo por serem normas de reprodução obrigatória. Com efeito, o estado de São Paulo, ao organizar a estru-

[18] Mendes, Gilmar Ferreira. *Controle abstrato de constitucionalidade:* ADI, ADC e ADO: Comentários à Lei n. 9.868/99. São Paulo: Saraiva, 2012, p. 216.

tura da Defensoria Pública em sua Constituição, deve necessariamente observar o art. 134 da Constituição Federal em sua integralidade. É o caso, por exemplo, da prerrogativa constitucional da iniciativa legislativa reservada da Defensoria Pública-Geral, introduzida pela EC 80/14 (art. 134, § 4º c.c. art. 96, inciso II, da Constituição Federal), objeto do item 1.3.2.2 abaixo. Em suma, a omissão da Constituição estadual, até para fins de controle de constitucionalidade estadual pelo Tribunal de Justiça, é sanada com a alusão ao art. 134 da Constituição Federal, visto que não é possível organizar a Defensoria Pública de São Paulo de modo diverso.

1.3.2 *O perfil jurídico-constitucional da Defensoria Pública: a EC 80/2014*

A relevância da EC 80/2014 no redesenho institucional da Defensoria Pública foi bem descrita no voto da ministra Rosa Weber, relatora da ADI 6.864: "*O novo perfil institucional da Defensoria Pública implicou sua dissociação das funções da advocacia privada. A alocação topográfica normativa desenhada na Constituição Federal para cada um desses atores confirma a desigualação institucional. Refuta-se a equiparação da Defensoria Pública à Advocacia privada frente às finalidades institucionais da primeira na promoção do acesso à justiça, da redução das desigualdades e do fomento à cidadania de ter direitos, que afastam o caráter exclusivo de proteção de interesses individuais do assistido. A arquitetura constitucional da Defensoria Pública, como moldada a partir da EC 80/14, da perspectiva institucional, aproxima-a mais do Ministério Público*"[19].

Em síntese, a Emenda Constitucional 80/2014 trouxe quatro importantes inovações ao marco normativo-constitucional da Defensoria Pública:

a) constitucionalização da legitimidade para a tutela coletiva;
b) iniciativa legislativa exclusiva;
c) exercício das atribuições como expressão e instrumento do regime democrático, e
d) função institucional de promoção dos direitos humanos.

[19] ADI 6.864, rel. min. Rosa Weber, j. 28-3-2022.

1.3.2.1 *A constitucionalização da legitimidade para a tutela coletiva*

A tutela de direitos coletivos, em primeiro lugar, já era prevista no plano infraconstitucional na Lei da Ação Civil Pública (Lei 7.347/19585). De fato, a Lei 11.448/2007 incluiu expressamente a Defensoria Pública no rol de legitimados ao ajuizamento da ação civil pública. Referida legitimidade fora objeto de debate doutrinário e jurisprudencial[20], tendo sido finalmente constitucionalizada pela EC 80/2014. Após a sua promulgação, o Supremo Tribunal Federal referendou a legitimidade ativa da Defensoria Pública para a propositura de ações coletivas ao julgar a ADI 3.943 (rel. Min. Cármen Lúcia, j. 07.05.2015[21]), que constitui importante paradigma jurisprudencial acerca da tutela coletiva exercida pela Defensoria Pública.

1.3.2.2 *Iniciativa legislativa exclusiva*

A iniciativa legislativa exclusiva (vinculada, reservada ou privativa) de lei é instituto que visa preservar o arranjo institucional constitucionalmente previsto, sujeitando o início do processo legislativo de certas matérias ao juízo exclusivo de algumas autoridades e Poderes. "A iniciativa privativa visa subordinar ao seu titular a conveniência e oportunidade

[20] Confira-se, por exemplo: REsp 555.111-RJ, DJ 18/12/2006. REsp 912.849-RS, Rel. Min. José Delgado, julgado em 26/2/2008.

[21] EMENTA: AÇÃO DIRETA DE INCONSTITUCIONALIDADE. LEGITIMIDADE ATIVA DA DEFENSORIA PÚBLICA PARA AJUIZAR AÇÃO CIVIL PÚBLICA (ART. 5º, INC. II, DA LEI N. 7.347/1985, ALTERADO PELO ART. 2º DA LEI N. 11.448/2007). TUTELA DE INTERESSES TRANSINDIVIDUAIS (COLETIVOS STRITO SENSU E DIFUSOS) E INDIVIDUAIS HOMOGÊNEOS. DEFENSORIA PÚBLICA: INSTITUIÇÃO ESSENCIAL À FUNÇÃO JURISDICIONAL. ACESSO À JUSTIÇA. NECESSITADO: DEFINIÇÃO SEGUNDO PRINCÍPIOS HERMENÊUTICOS GARANTIDORES DA FORÇA NORMATIVA DA CONSTITUIÇÃO E DA MÁXIMA EFETIVIDADE DAS NORMAS CONSTITUCIONAIS: ART. 5º, INCS. XXXV, LXXIV, LXXVIII, DA CONSTITUIÇÃO DA REPÚBLICA. INEXISTÊNCIA DE NORMA DE EXCLUSIVIDAD DO MINISTÉRIO PÚBLICO PARA AJUIZAMENTO DE AÇÃO CIVIL PÚBLICA. AUSÊNCIA DE PREJUÍZO INSTITUCIONAL DO MINISTÉRIO PÚBLICO PELO RECONHECIMENTO DA LEGITIMIDADE DA DEFENSORIA PÚBLICA. AÇÃO JULGADA IMPROCEDENTE. No mesmo sentido: "a Defensoria Pública tem legitimidade para a propositura de ação civil pública que vise a promover a tutela judicial de direitos difusos e coletivos de que sejam titulares, em tese, pessoas necessitadas." (RE 733.433, rel. min. Dias Toffoli, j. 4-11-2015, P, DJE de 7-4-2016, Tema 607).

da deflagração do debate legislativo em torno do assunto reservado"[22]. Cuida-se, enfim, segundo a classificação de Celso Antônio Bandeira de Mello, de ato político ou de governo, ou seja, "aquele praticado com margem de discrição e diretamente em obediência à Constituição, no exercício de função puramente política"[23]. Tratando da iniciativa reservada da Presidência da República, em ponderação extensiva a qualquer autoridade dotada de iniciativa legislativa reservada, André Ramos Tavares assevera que "a doutrina costuma acentuar que o Poder Executivo, no caso, é o 'senhor do momento', já que é o Presidente da República que verificará a melhor oportunidade para apresentar o projeto"[24].

A Emenda Constitucional 80/2014 inseriu o § 4º no art. 134 da Constituição, com a seguinte redação:

> **§ 4º São princípios institucionais da Defensoria Pública a unidade, a indivisibilidade e a independência funcional, *aplicando-se também, no que couber, o disposto no art. 93 e no inciso II do art. 96 desta Constituição Federal.***
> **(sublinhamos)**

Deste modo, a EC 80/2014 fez aplicar às Defensorias Públicas os arts. 93[25] e 96, inciso II[23], da Constituição, que tratam das normas

[22] Mendes, Gilmar Ferreira; Coelho, Inocêncio Mártires; Branco, Paulo Gustavo Gonet. *Curso de Direito Constitucional.* 4ª ed. São Paulo: Saraiva, 2009, p.916.

[23] Bandeira de Mello, Celso Antônio. *Curso de Direito Administrativo.* 27ª ed. São Paulo: Malheiros, 2010, p. 384.

[24] *Curso de Direito Constitucional.* 11ª ed. São Paulo: Saraiva, 2013, p. 1.001.

[25] Art. 93. Lei complementar, de iniciativa do Supremo Tribunal Federal, disporá sobre o Estatuto da Magistratura, observados os seguintes princípios:
I – ingresso na carreira, cujo cargo inicial será o de juiz substituto, mediante concurso público de provas e títulos, com a participação da Ordem dos Advogados do Brasil em todas as fases, exigindo-se do bacharel em direito, no mínimo, três anos de atividade jurídica e obedecendo-se, nas nomeações, à ordem de classificação;
II – promoção de entrância para entrância, alternadamente, por antiguidade e merecimento, atendidas as seguintes normas:
a) é obrigatória a promoção do juiz que figure por três vezes consecutivas ou cinco alternadas em lista de merecimento;
b) a promoção por merecimento pressupõe dois anos de exercício na respectiva entrância e integrar o juiz a primeira quinta parte da lista de antiguidade desta, salvo se não houver com tais requisitos quem aceite o lugar vago;

c) aferição do merecimento conforme o desempenho e pelos critérios objetivos de produtividade e presteza no exercício da jurisdição e pela frequência e aproveitamento em cursos oficiais ou reconhecidos de aperfeiçoamento;
d) na apuração de antiguidade, o tribunal somente poderá recusar o juiz mais antigo pelo voto fundamentado de dois terços de seus membros, conforme procedimento próprio, e assegurada ampla defesa, repetindo-se a votação até fixar-se a indicação;
e) não será promovido o juiz que, injustificadamente, retiver autos em seu poder além do prazo legal, não podendo devolvê-los ao cartório sem o devido despacho ou decisão;
III – o acesso aos tribunais de segundo grau far-se-á por antiguidade e merecimento, alternadamente, apurados na última ou única entrância;
IV – previsão de cursos oficiais de preparação, aperfeiçoamento e promoção de magistrados, constituindo etapa obrigatória do processo de vitaliciamento a participação em curso oficial ou reconhecido por escola nacional de formação e aperfeiçoamento de magistrados;
V – o subsídio dos Ministros dos Tribunais Superiores corresponderá a noventa e cinco por cento do subsídio mensal fixado para os Ministros do Supremo Tribunal Federal e os subsídios dos demais magistrados serão fixados em lei e escalonados, em nível federal e estadual, conforme as respectivas categorias da estrutura judiciária nacional, não podendo a diferença entre uma e outra ser superior a dez por cento ou inferior a cinco por cento, nem exceder a noventa e cinco por cento do subsídio mensal dos Ministros dos Tribunais Superiores, obedecido, em qualquer caso, o disposto nos arts. 37, XI, e 39, § 4º;
VI – a aposentadoria dos magistrados e a pensão de seus dependentes observarão o disposto no art. 40;
VII – o juiz titular residirá na respectiva comarca, salvo autorização do tribunal;
VIII – o ato de remoção ou de disponibilidade do magistrado, por interesse público, fundar-se-á em decisão por voto da maioria absoluta do respectivo tribunal ou do Conselho Nacional de Justiça, assegurada ampla defesa;
VIII-A a remoção a pedido ou a permuta de magistrados de comarca de igual entrância atenderá, no que couber, ao disposto nas alíneas "a" ,"b" , "c" e "e" do inciso II;
IX – todos os julgamentos dos órgãos do Poder Judiciário serão públicos, e fundamentadas todas as decisões, sob pena de nulidade, podendo a lei limitar a presença, em determinados atos, às próprias partes e a seus advogados, ou somente a estes, em casos nos quais a preservação do direito à intimidade do interessado no sigilo não prejudique o interesse público à informação;
X – as decisões administrativas dos tribunais serão motivadas e em sessão pública, sendo as disciplinares tomadas pelo voto da maioria absoluta de seus membros;
XI – nos tribunais com número superior a vinte e cinco julgadores, poderá ser constituído órgão especial, com o mínimo de onze e o máximo de vinte e cinco membros, para o exercício das atribuições administrativas e jurisdicionais delegadas da competência do tribunal pleno, provendo-se metade das vagas por antiguidade e a outra metade por eleição pelo tribunal pleno;
XII – a atividade jurisdicional será ininterrupta, sendo vedado férias coletivas nos juízos e tribunais de segundo grau, funcionando, nos dias em que não houver expediente forense normal, juízes em plantão permanente;

constitucionais afetas à iniciativa legislativa dos tribunais. Enquanto os incisos do art. 93 cuidam de matérias atinentes ao conteúdo do regime jurídico-institucional que devem ser observados, no que couber, pelas Defensorias Públicas (aspectos substanciais), o *caput* do art. 93 e o inciso II do art. 96 veiculam a prerrogativa da iniciativa legislativa reservada atribuída às Defensorias Públicas (aspecto formal).

A Emenda Constitucional 80/2014, assim, assegurou à Defensoria Pública a prerrogativa de iniciativa reservada para a propositura de lei a) que trate de sua organização, b) que se refira à iniciativa de sua proposta orçamentária, c) que trate das normas sobre a criação de cargos e d) que cuide da política remuneratória de membros e servidores.

A iniciativa privativa conferida pela Emenda Constitucional n. 80/2014 à Defensoria Pública-Geral é, portanto, corolário lógico da autonomia que a Constituição reservou à Defensoria Pública, enquanto instrumento estatal de efetivação do direito fundamental à assistência jurídica integral e gratuita (art. 5º, inciso LXXIV).

Examinando a abrangência da iniciativa legislativa reservada outorgada à Defensoria Pública pela EC 80/2014, o Supremo Tribunal Federal, por unanimidade, decidiu que, a partir deste marco constitucional, **"a iniciativa de lei sobre criação de cargos, política remuneratória e planos de carreira da Defensoria Pública é privativa do defensor público-geral"**, de modo que, a partir da referida emenda, não mais compete ao governo do estado deflagrar o processo legislativo nestas

XIII – o número de juízes na unidade jurisdicional será proporcional à efetiva demanda judicial e à respectiva população;
XIV – os servidores receberão delegação para a prática de atos de administração e atos de mero expediente sem caráter decisório;
XV – a distribuição de processos será imediata, em todos os graus de jurisdição.

[26] Art. 96. Compete privativamente:
(...)
II – ao Supremo Tribunal Federal, aos Tribunais Superiores e aos Tribunais de Justiça propor ao Poder Legislativo respectivo, observado o disposto no art. 169:
a) a alteração do número de membros dos tribunais inferiores;
b) a criação e a extinção de cargos e a remuneração dos seus serviços auxiliares e dos juízos que lhes forem vinculados, bem como a fixação do subsídio de seus membros e dos juízes, inclusive dos tribunais inferiores, onde houver;
c) a criação ou extinção dos tribunais inferiores;
d) a alteração da organização e da divisão judiciárias;

matérias[27]. Além disso, na mesma ADI, o STF afirmou que a fixação de plano de cargos e salários não se confunde com modificações no regime jurídico único de servidores públicos estaduais, não havendo, pois, violação ao art. 39 da Constituição[28].

Em decorrência deste entendimento do STF temas como estrutura de cargos, vencimentos, atribuições, normas de ingresso, progressão e promoção funcional, jornada de trabalho e sistema remuneratório estão subordinados à iniciativa legislativa exclusiva da Defensoria Pública-Geral.

De outro vértice, o E. Tribunal de Justiça do Estado de São Paulo, em ação direta de constitucionalidade estadual, ajuizada em face de dispositivos que alteravam a composição do Conselho Superior da Defensoria Pública paulista[29], reconheceu que a iniciativa legislativa privativa da Defensoria Pública-Geral torna inválidas emendas parlamentares que "não guardem estrita relação com a matéria objeto da proposição legislativa originária". De fato, no referido processo de fiscalização abstrata de constitucionalidade, o Órgão Especial do TJSP assentou que "os Defensores Públicos-Gerais dos Estados podem propor diretamente ao respectivo Poder Legislativo a alteração do número de membros da carreira, a criação e a extinção de cargos e a remuneração dos seus serviços auxiliares, bem como a fixação de subsídios (artigos 96, inciso II, alíneas "a" e "b" c.c. 134, §4º, ambos da CF/88), vale dizer, questões afetas ao regime jurídico de seus membros e servidores". Deste modo, considerando ter se tratado de emenda parlamentar a projeto de lei versando sobre matéria de iniciativa reservada da Defensoria Geral, o TJSP aplicou à espécie o entendimento segundo o qual "são inconstitucionais os atos normativos que resultem de emendas parlamentares a projeto de lei de iniciativa reservada que não guardem estrita relação com a matéria objeto da proposição legislativa originária".

27 ADI 5.943, rel. Min. Gilmar Mendes, j. 17.12.2022.

28 Art. 39. A União, os Estados, o Distrito Federal e os Municípios instituirão, no âmbito de sua competência, regime jurídico único e planos de carreira para os servidores da administração pública direta, das autarquias e das fundações públicas.

29 TJSP, ADI 2073085-92.2017.8.26.0000, Órgão Especial, rel. Des. Renato Sartorelli, j. 09.08.2017.

1.3.2.3 *Expressão e instrumento do regime democrático*

A EC 80/2014 vinculou o exercício das atribuições institucionais da Defensoria Pública como instituição que expressa e instrumentaliza o regime democrático. Trata-se de mudança de magnitude no perfil institucional. Como já fez observar o Supremo Tribunal Federal,

> **A relação entre a atuação da Defensoria Pública e a defesa do Estado Democrático de Direito, ademais, deflui da interpretação sistemático-teleológica das cláusulas da inafastabilidade da jurisdição e do devido processo legal em sua acepção substancial, eis que, por meio da Defensoria Pública, reafirma-se a centralidade da pessoa humana na ordem jurídico-constitucional contemporânea, deixando-se claro que todo ser humano é digno de obter o amparo do ordenamento jurídico brasileiro.**
> (ADO 2, rel. min. Luiz Fux, j. 15-4-2020, P, *DJE* de 30-4-2020)

À luz destas ponderações, a atuação institucional da Defensoria Pública no país, desde a promulgação da Constituição de 1988, parece evidenciar quatro feixes de atribuições que refletem medidas de expressão e como instrumentos do regime democrático:

a) a participação na seara político-administrativa no que toca à formulação e execução de políticas públicas afetas a grupos vulneráveis, conforme previsão, inclusive, dos incisos XI e XII do art. 5º, da LCE 988/2006[30];
b) a atuação, quando necessária, no controle judicial de políticas públicas, seja em processos individuais, seja em processos coletivos;
c) participação no processo legislativo, mediante elaboração de notas técnicas, realização de audiências públicas e outras formas de articulação, como, aliás, já consta do art. 5º, inciso IV, da LCE 988/2006[31], e

[30] Artigo 5º – São atribuições institucionais da Defensoria Pública do Estado, dentre outras:
(...)
XI – integrar conselhos federais, estaduais e municipais cujas finalidades lhe sejam afetas, nos termos da lei;
XII – contribuir no planejamento, elaboração e proposição de políticas públicas que visem a erradicar a pobreza e a marginalização e a reduzir as desigualdades sociais;

[31] Artigo 5º – São atribuições institucionais da Defensoria Pública do Estado, dentre outras:
(...)

d) a educação em direitos.

No que toca à participação na construção e controle de políticas públicas, Caio Paiva e Tiago Fensterseifer, registram que, nesta seara, a atuação institucional "estará se projetando como instrumento do regime democrático, como porta-voz da população necessitada"[32]. E, quanto à educação em direitos, aponta-se "que a Defensoria Pública deve trabalhar a fim de que os necessitados conheçam melhor seus direitos e formas de lutar pela efetivação deles. Essa atuação contribui para a emancipação das populações carentes por tender a diminuir prejuízos da forte exclusão social"[33].

Em síntese, segundo Bruno Braga Cavalcante e Bheron Rocha, comentando a inovação propiciada pela EC 80/2014 neste particular,

> Assim, constitucionalmente alargada a participação da Defensoria Pública na construção da sociedade livre, justa e solidária, esta se constitui em verdadeira *Amicus Democratiae*, quando, por exemplo, participa do processo de criação e definição das normas sociais, dos debates parlamentares, leis ou orçamentos, convocação de audiências públicas, participação de conselhos, na educação em direitos, pois se deve dar a todos os afetados pela decisão jurídica ou política a oportunidade de influir no debate com a sua opinião.
>
> (...)
>
> A atuação *Amicus Democratiae* da Defensoria Pública serve à amplificação dos diversos pontos de vistas e face à ordem jurídica, viabilizando ampla participação democrática na formação das políticas públicas e nos projetos legislativos, promovendo a qualificação do diálogo jurídico, cultural e social, sob o prisma da inclusão dos diversos estratos da sociedade e a multiplicidade das formas de expressões dos indivíduos e grupos[34].

IV – manter comissões permanentes para formular e acompanhar propostas de elaboração, revisão e atualização legislativa;

[32] PAIVA, Caio; Caio Paiva e FENSTERSEIFER, Tiago. Comentários à Lei Nacional da Defensoria Pública. Belo Horizonte: Editora CEI, 2019, p. 101. Sobre aceso à justiça e política pública criminal, confira-se: STRANO, Rafael F. *Política Pública Criminal*. São Paulo: Tirant Lo Blanch, 2023.

[33] JUNQUEIRA, Gustavo; ZVEIBIL, Daniel; REIS, Gustavo. *Comentários à Lei da Defensoria Pública*. 2ª ed. São Paulo: Saraiva, 2021, p. 93.

[34] A atuação defensorial como *amicus democratiae*: fortalecendo as relações interinstitucionais e prevenindo violações a direitos. In: MAIA, Maurílio Casas (org.). *Defensoria Pública, Demo-*

1.3.2.4 *Promoção dos direitos humanos*

Ao incumbir à Defensoria Pública, precipuamente, a promoção dos direitos humanos, a EC 80/2014 fixou no plano constitucional atribuições já anteriormente constantes do plano legal. É o que ocorre, por exemplo, com a previsão de atuação junto aos sistemas internacionais de proteção de direitos humanos, existente tanto na LC 80/1994 (art. 4º, inciso VI) quanto na LCE 988/2006 (art. 5º, inciso VI, alínea "b" e art. 53, inciso VII). Assim, constitucionalizaram-se funções já previamente desempenhadas pela instituição, ante a relevante litigância que as Defensorias Públicas, com especial destaque para a do Estado de São Paulo, promoveram e promovem junto aos sistema global e regional de proteção de direitos humanos.

No entanto, o novo marco constitucional estabelecido pela EC 80/2014 – ao incumbir especialmente à Defensoria Pública a atividade de promoção de direitos humanos –, parece abrir espaço para novas funções, não necessariamente desempenhadas antes pela instituição. Aponta-se, assim, que a reforma constitucional pode ter efetivamente dado à Defensoria Pública brasileira novas incumbências, aproximando-a das experiências do *ombudsman* e das *Defensorías del Pueblo* havidas em outros ordenamentos.

Com efeito, as figuras do *ombudsman* (surgida na na Suécia e presente hoje, com diferentes matizes, na Inglaterra, Irlanda do Norte, Nova Zelândia, Noruega e Alemanha) e do *defensor del pueblo* (originada na Constituição espanhola de 1978 e atualmente com forte presença em países latino-americanos, como Equador, Bolívia, Colômbia, Paraguai, Nicarágua, Guatemala, El Salvador, Costa Rica, Honduras e México[35]), em que pese com naturezas e posições institucionais diversas, congregam, grosso modo, funções atreladas à supervisão da observância das leis pelo poder público e, mediante a polarização de queixas e denúncias

cracia e Processo Volume II. São Paulo: Tirant Lo Blanch, 2021, p. 326-327. Vide também: MAIA, Maurílio Casas (org.). *Defensoria Pública, Democracia e Processo Volume I*. 2ª ed. São Paulo: Tirant Lo Blanch, 2020.

35 Sobre as diferenças entre as defensorías del pueblo na América Latina, vide: CANAVEZ, Luciana Lopes e PAULA, Renato Tavares de. Defensoria Pública: retrospectos históricos e avanços na tutela coletiva. *Anais do Congresso Brasileiro de Processo Coletivo e Cidadania*, N. 8, p. 57-74, 2020.

do povo, exercer função suasória no combate a irregularidades e violências praticadas pela Administração Pública[36].

Daniela Vieira de Melo assim sintetiza as principais características da figura do *ombubsman* e do *defensor del pueblo*:

> funcionário ou órgão autônomo, sem qualquer ligação com um partido político; preferencialmente criado pela constituição; supervisiona os atos das autoridades públicas; prima pelo cumprimento dos Direitos Humanos; e deve ter total independêcia política, administrativa, orçamentária e funcional no exercício das suas funções[37].

A autora observa, ainda, que, sobretudo a partir das modificações operadas na Lei Orgânica Nacional (LC 80/1994) pela LC 132/2009, a "Defensoria Pública, como *ombudsman*, no Brasil, não está apenas destinada à proteção dos Direitos Humanos, sobretudo ela está vocacionada a esta proteção. Os fins da instituição, claramente, são, dentre os muitos, a proteção dos interesses e direitos dos necessitados bem como dos Direitos Humanos"[38].

A reforçar esta nova missão constitucional, cabe lembrar da abertura social das Defensorias Públicas, viabilizada pela existência de Ouvidorias externas, capazes de estabelecer canal aberto com a sociedade civil, não só captando notícias de irregularidades, como também articulando conjuntamente as estratégias de enfrentamento e reparação às violações a direitos humanos[39].

[36] MELO, Daniela Vieira de. Os reais contornos da Defensoria Pública brasileira: exercendo função de ombudsman em defesa dos direitos humanos. Brasília: *Revista da Defensoria Pública da União,* N. 9, p. 77/79, 2016.

[37] MELO, Daniela Vieira de. Os reais contornos da Defensoria Pública brasileira: exercendo função de ombudsman em defesa dos direitos humanos. Brasília: *Revista da Defensoria Pública da União,* N. 9, p. 84, 2016.

[38] MELO, Daniela Vieira de. Os reais contornos da Defensoria Pública brasileira: exercendo função de ombudsman em defesa dos direitos humanos. Brasília: *Revista da Defensoria Pública da União,* N. 9, p. 85, 2016.

[39] Cf. MELO, Daniela Vieira de. Os reais contornos da Defensoria Pública brasileira: exercendo função de ombudsman em defesa dos direitos humanos. Brasília: *Revista da Defensoria Pública da União,* N. 9, p. 88/89, 2016.

1.3.3 *As garantias institucionais: a EC 45/2004*

1.3.3.1 *Noções gerais*

Como visto, a Constituição Federal, ao instituir um modelo público de assistência jurídica gratuita, incumbiu a operacionalização desse direito à Defensoria Pública. Antes das inovações promovidas pela EC 80/2014, a Emenda Constitucional 45 de 2004 ("Reforma do Judiciário"), já havia estabelecido um notório fortalecimento das Defensorias Públicas estaduais, mediante a inclusão, no texto constitucional (parágrafo 2º do art. 134), das seguintes **garantias institucionais**:

a) **autonomia funcional;**
b) **autonomia administrativa e**
c) **autonomia financeira (iniciativa de sua proposta orçamentária).**

Importa observar que **a Emenda Constitucional 74/2013 estendeu à Defensoria Pública da União tais garantias institucionais**, mediante a inclusão do parágrafo 3º no art. 134 da Constituição ("§ 3º Aplica-se o disposto no § 2º às Defensorias Públicas da União e do Distrito Federal."). Referida norma de extensão à DPU fora impugnada pela Presidência da República, que ajuizou ação direta de inconstitucionalidade perante o Supremo Tribunal Federal (ADI 5.296[40]), sustentando haver o seguinte vício formal: como a mencionada emenda à Constituição se originou de PEC de iniciativa parlamentar, teria havido violação às normas que garantem a iniciativa legislativa exclusiva da chefia do Poder Executivo para instaurar o processo legislativo atinente ao regime jurídico dos servidores públicos da União (art. 61, § 1º, inciso II, alínea "c" da Constituição). Além disso, argumentou-se que a extensão das mencionadas autonomias à DPU, mediante emenda constitucional apresentadas por congressistas, teria violado o postulado da separação dos poderes (arts. 2º e 60, § 4º, inciso III, ambos da Constituição).

Ao julgar a ADI 5.296, o STF rejeitou tais alegações ao fundamento de que "no plano federal, o poder constituinte derivado submete-se aos limites formais e materiais fixados no art. 60 da Constituição da República, a ele não extensível a cláusula de reserva de iniciativa do Chefe do

[40] Rel. Min. Rosa Weber, j. 04.11.2020.

Poder Executivo, prevista de modo expresso no art. 61, § 1º, apenas para o poder legislativo complementar e ordinário – poderes constituídos"[41]. A Suprema Corte, portanto, reconheceu que a EC 74/2013 não dispunha sobre o regime jurídico de servidores públicos federais, pois, em realidade, tratava da posição institucional da Defensoria Pública da União. Com este entendimento, não restou caracterizada ofensa à regra do art, 61, § 1º, inciso II, alínea "c" da Constituição. E, por fim, entendeu o STF que cabe às emendas constitucionais, ainda que oriundas de iniciativa parlamentar, aperfeiçoar as instituições previstas na Constituição. Relevante, neste particular, o seguinte excerto da ementa da ADI 5.296:

> **4. O art. 60, § 4º, da Carta Política não veda ao poder constituinte derivado o aprimoramento do desenho institucional de entes com sede na Constituição. A concessão de autonomia às Defensorias Públicas da União, dos Estados e do Distrito Federal encontra respaldo nas melhores práticas recomendadas pela comunidade jurídica internacional e não se mostra incompatível, em si, com a ordem constitucional. Ampara-se em sua própria teleologia, enquanto tendente ao aperfeiçoamento do sistema democrático e à concretização dos direitos fundamentais do amplo acesso à Justiça (art. 5º, XXXV) e da prestação de assistência jurídica aos hipossuficientes (art. 5º, LXXIV).**
> **5. Ao reconhecimento da legitimidade, à luz da separação dos Poderes (art. 60, § 4º, III, da Lei Maior), de emenda constitucional assegurando autonomia funcional e administrativa à Defensoria Pública da União não se desconsidera a natureza das suas atribuições, que não guardam vinculação direta à essência da atividade executiva.**[42]

Deste modo, tanto as Defensorias Públicas estaduais, quanto a DPU, ostentam as autonomias que lhe estabeleceram, respectivamente, a EC 45/2004 e a EC 74/2013.

De outro lado, cumpre anotar que o Supremo Tribunal Federal já asseverou que a **"norma de autonomia inscrita no art. 134, § 2º, da Constituição Federal pela EC 45/04 é de eficácia plena e aplicabili-**

[41] ADI 5.296, rel. Min. Rosa Weber, j. 04.11.2020.

[42] ADI 5.296, rel. Min. Rosa Weber, j. 04.11.2020.

dade imediata, dado ser a Defensoria Pública um instrumento de efetivação dos direitos humanos"[43], de modo que a sua observância não reclama a edição de legislação ulterior.

Como observa Nelson Nery Costa, a autonomia "resulta na faculdade que possuem determinadas instituições de escolher as normas de sua atuação, sem que seja limitada por imposições restritas externas"[44]. Tais garantias se justificam pela necessidade de se desvincular a Defensoria Pública do Poder Executivo, elevando-a à condição de entidade autônoma. Esse caráter autônomo se justifica pela necessária isenção da Instituição, que deve empreender esforços para atingir seus objetivos, ainda que em face do Poder Público.

Tanto é assim que o Supremo Tribunal Federal já asseverou a impropriedade de se vincular a Defensoria Pública ao Poder Executivo, afastando o *status* de Secretário de Estado legalmente conferido ao Defensor Público-Geral:

> **I. Ação direta de inconstitucionalidade: art. 2º, inciso IV, alínea c, da L. est. 12.755, de 22 de março de 2005, do Estado de Pernambuco, que estabelece a vinculação da Defensoria Pública estadual à Secretaria de Justiça e Direitos Humanos: violação do art. 134, § 2º, da Constituição Federal, com a redação da EC 45/04: inconstitucionalidade declarada.**
>
> **1. A EC 45/04 outorgou expressamente autonomia funcional e administrativa às defensorias públicas estaduais, além da iniciativa para a propositura de seus orçamentos (art. 134, § 2º): donde ser inconstitucional a norma local que estabelece a vinculação da Defensoria Pública a Secretaria de Estado.**
>
> **(...)**
>
> **II. Defensoria Pública: vinculação à Secretaria de Justiça, por força da LC est (PE) 20/98: revogação, dada a incompatibilidade com o novo texto constitucional.**

[43] ADI 3.569, rel. Min. Sepúlveda Pertence, j. 02.04.2007. No mesmo sentido: ADI 5.218, rel. Min. Cármen Lúcia, j. 15.02.2016.

[44] Costa, Nelson Nery. *Manual do Defensor Público.* 1ª ed. Rio de Janeiro, GZ Editora, 2010, p. 49.

1. É da jurisprudência do Supremo Tribunal – malgrado o dissenso do Relator – que a antinomia entre norma ordinária anterior e a Constituição superveniente se resolve em mera revogação da primeira, a cuja declaração não se presta a ação direta.
2. O mesmo raciocínio é aplicado quando, por força de emenda à Constituição, a lei ordinária ou complementar anterior se torna incompatível com o texto constitucional modificado: precedentes.[45]

No mesmo sentido, vale reiterar, a Organização dos Estados Americanos (OEA), ao promulgar a Resolução n. 2.656/2011, exortou os seus Estados membros a assegurarem que as Defensorias Públicas oficiais gozem de autonomia[46].

Cabe lembrar, ainda, que as autonomias implementadas pela EC 45/2004 (Defensorias Públicas estaduais) e pela EC 74/2014 (DPU) levou às Defensorias Públicas brasileiras as mesmas autonomias do Ministério Público, já previstas anteriormente na Constituição Federal (art. 127, §§ 2º e 3º).

1.3.3.2 *Autonomia funcional*

Ostentando autonomia funcional, está a Defensoria Pública estadual dispensada da submissão aos demais Poderes da República no cumprimento de suas funções institucionais. Do mesmo modo, a autonomia funcional implica a definição, pela própria Instituição, dos meios a serem adotados para a consecução de seus objetivos institucionais. Detendo a autonomia funcional, a Defensoria Pública se sujeita somente à observância da Constituição e das leis.

A autonomia funcional, em suma, implica o livre exercício das funções atribuídas à Defensoria Pública pela Constituição e pelas leis, sem qualquer ingerência externa[47]. A autonomia funcional "valoriza a instituição na medida em que lhe outorga poder político, permitindo valo-

[45] ADI 3.569/PE, rel. Min. Sepúlveda Pertence, j. 02.04.2007.

[46] "A ASSEMBLÉIA GERAL, (...) RESOLVE: (...) 4. Recomendar aos Estados membros que já disponham do serviço de assistência jurídica gratuita que adotem medidas que garantam que os defensores públicos oficiais gozem de independência e autonomia funcional.

[47] Cf. Fensterseifer, Tiago. Defensoria Pública na Constituição Federal. Rio de Janeiro: Forense, 2017, p. 129.

ração de conveniência e oportunidade sobre os meios para a prestação da melhor assistência jurídica à população carente"[48], não sendo admitida qualquer interveniência de outros órgãos ou pessoas jurídicas.

1.3.3.3 *Autonomia administrativa*

É a capacidade de autogestão, autogoverno, acarretando a independência para gerir seus recursos. Cabe-lhe, pois, escolher os rumos administrativos livremente, sem submissão externa. Ressalva-se, como não poderia ser diferente, o controle externo exercido pelo Legislativo, com o auxílio do Tribunal de Contas do Estado.

A autonomia administrativa, assim, assegura a existência de estrutura própria da Instituição, sendo que, "respeitado o limite orçamentário, caberá ao Defensor Público-Geral decidir sobre os investimentos prioritários, capacidade de funcionamento de cada unidade e mesmo sobre nomeação e posse de novos servidores e regulação de todos os procedimentos internos da carreira"[49].

1.3.3.4 *Autonomia financeira (iniciativa de sua proposta orçamentária)*

Por meio da autonomia financeira, concede-se às Defensorias Públicas Estaduais a iniciativa de sua proposta orçamentária dentro dos limites estabelecidos na lei de diretrizes orçamentárias e subordinação ao disposto no art. 99, § 2º da Constituição Federal. Cumpre observar que, nos termos do art. 168 da Constituição Federal, os recursos correspondentes às dotações orçamentárias, compreendidos os créditos suplementares e especiais, destinados aos órgãos dos Poderes Legislativo e Judiciário, do Ministério Público e da Defensoria Pública, ser-lhes-ão entregues até o dia 20 de cada mês, em duodécimos, na forma da lei complementar a que se refere o art. 165, § 9º.

A autonomia em tela, portanto, diz respeito à iniciativa de envio da proposta orçamentária diretamente ao órgão legislativo competente, desde que observados, naturalmente, os parâmetros previamente estabelecidos na lei de diretrizes orçamentárias. A propósito desta garan-

[48] Reis, Gustavo Augusto Soares dos; Zveibil, Daniel Guimarães; Junqueira, Gustavo. *Comentários à lei da defensoria pública*. São Paulo, Saraiva, 2013, p. 40.

[49] Reis, Gustavo Augusto Soares dos; Zveibil, Daniel Guimarães; Junqueira, Gustavo. *Comentários à lei da defensoria pública*. São Paulo, Saraiva, 2013, p. 41.

tia institucional, o Supremo Tribunal Federal já teve a oportunidade de examinar atos de governadores que reduziram unilateralmente a proposta orçamentária elaborada pela Defensoria Pública. A Suprema Corte, assim, ao apreciar a medida cautelar na ADPF 307, reputou ilegítimo o ato da chefia do Poder Executivo que reduz a previsão de arrecadação e as despesas orçadas pela Defensoria Pública:

> **Nos termos do art. 134, § 2º, da CF, não é dado ao chefe do Poder Executivo estadual, de forma unilateral, reduzir a proposta orçamentária da defensoria pública quando essa é compatível com a LDO. Caberia ao governador do Estado incorporar ao PLOA a proposta nos exatos termos definidos pela defensoria, podendo, contudo, pleitear à assembleia legislativa a redução pretendida, visto ser o Poder Legislativo a seara adequada para o debate de possíveis alterações no PLOA. A inserção da defensoria pública em capítulo destinado à proposta orçamentária do Poder Executivo, juntamente com as secretarias de Estado, constitui desrespeito à autonomia administrativa da instituição, além de ingerência indevida no estabelecimento de sua programação administrativa e financeira.**[50]

Como se pode perceber, a jurisprudência do STF obsta interferências do Executivo na proposta orçamentária anual elaborada pela Defensoria Pública, que, portanto, deve ser apreciada pelo órgão legislativo competente tal como por ela mesma elaborada. Nada impede, porém, que o Poder Executivo reúna as propostas orçamentárias anuais dos órgãos dotados de autonomia para consolidação e encaminhamento conjunto para a análise do Poder Legislativo. Tal possibilidade diz respeito apenas à compilação das propostas orçamentárias do Executivo e instituições autônomas, para envio simultâneo ao Legislativo, viabilizando o exame global destas propostas orçamentárias quando da deliberação sobre cada lei orçamentária anual. Contudo, esta tarefa de compilação da chefia do Poder Executivo, como assinalou o STF, não permite a realização de mudanças na proposta orçamentária setorial elaborada pela Defensoria Pública antes do seu envio ao Poder Legislativo.

[50] ADPF 307 MC-REF, rel. min. Dias Toffoli, j. 19-12-2013.

1.4 A Lei Complementar 80/1994[51]

O parágrafo 1º do art. 134 da Constituição relega à lei complementar, editada pelo Congresso Nacional, a organização da Defensoria Pública da União e do Distrito Federal e Territórios, bem como a **prescrição de normas gerais aplicáveis pelos legisladores estaduais no tocante à organização das Defensorias Públicas estaduais**.

Com tal finalidade, o Congresso Nacional aprovou a Lei Complementar n. 80, de 12 de janeiro de 1994.

Essa lei complementar, seguindo o ditame constitucional, organizou a Defensoria Pública da União e a Defensoria Pública do Distrito Federal e Territórios, disciplinando a estrutura dessas carreiras. De outro lado, no exercício da competência legislativa conferida pela Constituição, a Lei Complementar 80/94 estabeleceu também as regras gerais para a organização das Defensorias Públicas pelos estados-membros.

Assim, no que toca às normas gerais para a criação e organização das Defensorias Públicas Estaduais (arts. 97 a 135),

> a Lei Complementar n. 80 é a Lei Orgânica da Defensoria Pública. É Lei Nacional e não federal, pois de acordo com a distinção apontada por Geraldo Ataliba e acolhida por Michel Temer, aquela alcança todos os habitantes do território nacional, enquanto esta incide apenas sobre os jurisdicionados da União.[52]

A Lei Complementar 80/94, no tocante às Defensorias Públicas estaduais, se limita a prever **normas gerais** para a sua criação e organização. Cabe a cada Estado-membro **instituir, por meio de leis estaduais, as respectivas Defensorias Públicas**. É, pois, o legislador estadual o responsável pela edição da lei orgânica da respectiva Defensoria Pública Estadual. Confira o quadro esquemático abaixo:

[51] Usamos, neste livro, as siglas "LC" para designar lei complementar promulgada pelo Congresso Nacional e "LCE" ao nos referirmos à lei complementar estadual, editada pela Assembleia Legislativa. Quando nos referirmos à "lei", sem outra especificação, estaremos tratando da Lei Complementar estadual n. 988/06, objeto precípuo deste livro.

[52] Moraes, Silvio Roberto Mello. *Princípios Institucionais da Defensoria Pública*. São Paulo, RT, 1995.

Lei Complementar 80/1994

Organiza – arts. 5º a 96	a Defensoria Pública da União, do Distrito Federal e dos Territórios
Cria regras gerais para a criação (pelos Estados) – arts. 97 a 135	das Defensorias Públicas estaduais

A principal orientação jurisprudencial sobre o papel da Lei Complementar 80/94 foi dada pelo Supremo Tribunal Federal no julgamento da ADI 2.903 (rel. Min. Celso de Mello, j. 01/12/2005). Na referida ação, se discutiam as disposições da lei orgânica da Defensoria Pública do estado da Paraíba (LCE 48/2003). Ao apreciar os requisitos mínimos para investidura nos cargos de Defensor Público-Geral, de seu substituto e do Corregedor-Geral da Defensoria Pública estabelecidos na legislação local, o STF assentou duas importantes conclusões:

a) "A Constituição da República, nos casos de competência concorrente (CF, art. 24), estabeleceu verdadeira situação de condomínio legislativo entre a União Federal, os Estados-membros e o Distrito Federal (...), daí resultando clara repartição vertical de competências normativas entre essas pessoas estatais, cabendo, à União, estabelecer normas gerais (CF, art. 24, § 1º), e, aos Estados-membros e ao Distrito Federal, exercer competência suplementar (CF, art. 24, § 2º)". Desta maneira, a decisão do STF na ADI 2.903 concluiu que "A edição, por determinado Estado-membro, de lei que contrarie, frontalmente, critérios mínimos legitimamente veiculados, em sede de normas gerais, pela União Federal ofende, de modo direto, o texto da Carta Política".

b) "Os Estados-membros e o Distrito Federal não podem, mediante legislação autônoma, agindo 'ultra vires', transgredir a legislação fundamental ou de princípios que a União Federal fez editar no desempenho legítimo de sua competência constitucional, e de cujo exercício deriva o poder de fixar, validamente, diretrizes e bases gerais pertinentes a determinada matéria ou a certa Instituição, como a organização e a estruturação, no plano local, da Defensoria Pública". Em decorrência, entendeu o STF que "é inconstitucional lei complementar estadual, que, ao fixar critérios destinados a definir a escolha do Defensor Público-Geral do Estado e demais agentes integrantes da Administração Superior da Defensoria

> Pública local, não observa as normas de caráter geral, institutivas da legislação fundamental ou de princípios, prévia e validamente estipuladas em lei complementar nacional que a União Federal fez editar com apoio no legítimo exercício de sua competência concorrente".

No Estado de São Paulo, a Defensoria Pública foi criada e instituída por meio da **Lei Complementar Estadual n. 988, de 9 de janeiro de 2006**, objeto precípuo desta obra[53].

1.5 Assistência Jurídica, Assistência Judiciária e Justiça Gratuita

O direito previsto no art. 5º, inciso LXXIV da Constituição, é o direito à **assistência jurídica integral e gratuita** àqueles que comprovarem a insuficiência de recursos.

Cuida-se do direito de receber assistência jurídica integral, noção que abrange não só patrocínio de causas judiciais individuais, como também a orientação permanente sobre direitos e garantias, a promoção da tutela coletiva de direitos coletivos de grupos sociais vulneráveis, a mediação de conflitos, a promoção dos direitos humanos, além de todas as outras atribuições legalmente atribuídas à Defensoria Pública[54]. Repare que o texto constitucional prevê assistência **jurídica** (e não meramente **judiciária**) e, em reforço semântico, **integral**.

Verifica-se, pois, que o direito à assistência jurídica integral e gratuita engloba um amplo espectro de atuação, com inúmeros desdobramentos, correspondentes justamente às atribuições institucionais da Defensoria Pública. Tal correspondência (assistência jurídica ←→ atribuições da Defensoria) decorre do fato de a Constituição, no seu art. 134, atribuir à Defensoria Pública a orientação jurídica e a defesa, individual e coletiva, em todos os graus, dos necessitados, **na forma do art. 5º, LXXIV**. Assim, o ordenamento constitucional, ao incumbir à instituição Defensoria Pública a prestação da assistência jurídica integral e gratuita, vinculou o legislador ordinário a arrolar as atribuições da Instituição, que,

[53] A Constituição do Estado de São Paulo impõe, no seu art. 23, parágrafo único, alínea "4", a edição de **lei complementar** (aprovada pela **maioria absoluta** dos membros da Assembleia Legislativa) para instituir **a Lei Orgânica da Defensoria Pública do Estado**.

[54] O tema das atribuições da Defensoria Pública será tratado abaixo, em tópico próprio.

portanto, guardam total relação com a garantia da satisfação do direito fundamental previsto no art. 5º, inciso LXXIV da Carta Federal.

Vale observar, desde já, que a assistência jurídica integral e gratuita constitucionalmente prevista **não se limita à mera representação da pessoa economicamente necessitada em ações individuais**, uma vez que o rol de atribuições da Defensoria Pública envolve muitas outras funções, todas elas garantidoras do direito à assistência jurídica integral e gratuita, conforme será possível observar no exame oportuno das atribuições institucionais.

A assistência jurídica integral e gratuita aos necessitados (serviço prestado pela Defensoria Pública) **não se confunde com os conceitos de assistência judiciária e justiça gratuita**, apesar de haver nítida confusão entre as definições na doutrina, na jurisprudência e, sobretudo, na legislação.

Com efeito, como bem salientado por Frederico Rodrigues Viana de Lima[55], a expressão **"assistência judiciária" (ou "assistência judiciária gratuita")** tem o significado correto de espécie de **serviço público (ou seja, uma atividade**) que, a partir de 1988, foi incumbido à Defensoria Pública. Cuida-se da atividade de **representação, em juízo, dos financeiramente hipossuficientes.** É parte do serviço prestado pelo Estado e constitui uma das atribuições da Defensoria Pública. A assistência judiciária é o serviço que permite que a pessoa carente proponha ação judicial ou nela se defenda por meio de profissional com capacidade postulatória, **sem ter que lhe pagar honorários.**

Contudo, a "assistência judiciária gratuita" é comumente utilizada – de forma indevida – como sinônimo de "justiça gratuita".

Além disso, costuma haver um emprego **equivocado** da expressão "assistência judiciária" para designar o órgão estatal responsável pela sua prestação, quando, em realidade, a expressão "assistência judiciária" nomeia a atividade (e não o órgão que a executa)[56]. Explica-se a confusão:

[55] *Defensoria Pública*. 2ª ed. Salvador: Editora Juspodivm, 2011, p. 23-34. Trata-se de leitura indispensável para a perfeita elucidação da distinção entre os conceitos ora examinados.

[56] Cabe anotar que textos legislativos também incidem neste equívoco, chamando por Assistência Judiciária o órgão responsável pela prestação desse serviço: Lei n. 11.340/06 (Lei Maria da Penha) – Art. 28. É garantido a toda mulher em situação de violência doméstica e familiar o acesso aos serviços de Defensoria Pública ou de **Assistência Judiciária Gratuita**, nos termos da lei, em sede policial e judicial, mediante atendimento específico e humani-

antes do ordenamento constitucional de 1988, tal serviço não era constitucionalmente atribuído à Defensoria Pública, o que explica o fato de a redação do art. 1º da hoje revogada Lei 1.060/50 ter atribuído, genericamente, aos governos federal e estaduais a concessão de assistência judiciária aos necessitados[57], sem especificar por meio de qual órgão o Poder Público prestaria tal serviço. A partir daí, passou-se a denominar, equivocadamente, como **Assistência Judiciária** os órgãos que executavam a atividade (serviço) de **assistência judiciária.**

"As Constituições anteriores apenas previam o serviço (assistência judiciária) que os Estados deveriam prestar, mas não diziam quem se incumbiria de concretizá-lo[58]".

Assim, o serviço de assistência judiciária

> era atribuído aos Estados **sem a designação do responsável por prestá-lo.** O que aconteceu na prática foi que se costumava identificar o órgão que realizava esta função como o *órgão de Assistência Judiciária* (ou, simplesmente, a *Assistência Judiciária*). Embora pareça estranho, o certo é que, antes de 1988, a Assistência Judiciária (órgão público) seria a responsável por prestar assistência judiciária (serviço) aos necessitados.[59] (destacamos)

Como se pode perceber, assistência judiciária significa o serviço estatal correspondente à representação em juízo por profissional habilitado, indicado pelo Estado, de modo a isentar o hipossuficiente do pagamento de honorários advocatícios àquele que postula judicialmente em seu nome. Note, ainda, que a Defensoria Pública (órgão responsável pela

zado. Lei n. 9.99/95 (Lei dos Juizados Especiais) – Art. 56. Instituído o Juizado Especial, serão implantadas as curadorias necessárias e **o serviço de assistência judiciária.** Note que a mera troca dessa expressão por "Defensoria Pública" faz todo o sentido, além de tornar o texto legal mais compatível com o rigor semântico-constitucional (Lima, Frederico Rodrigues Viana de. *Defensoria Pública.* 2ª ed. Salvador: Editora Juspodivm, 2011, p. 28).

57 "Art. 1º. Os poderes públicos federal e estadual, independente da colaboração que possam receber dos municípios e da Ordem dos Advogados do Brasil, – OAB, concederão assistência judiciária aos necessitados nos termos da presente Lei. (Redação dada pela Lei nº 7.510, de 1986)"

58 Lima, Frederico Rodrigues Viana de. *Defensoria Pública.* 2ª ed. Salvador: Editora Juspodivm, 2011, p. 26.

59 Lima, Frederico Rodrigues Viana de. *Defensoria Pública.* 2ª ed. Salvador: Editora Juspodivm, 2011, p. 26.

assistência judiciária gratuita, além de outras atribuições), no âmbito de sua autonomia, pode celebrar convênio com outros órgãos e entidades para a prestação de assistência judiciária a título suplementar. Isso garante que o serviço (atividade) da assistência judiciária gratuita seja posta à disposição de cidadãos em localidades que ainda não contem com a presença da Defensoria Pública. Esse tema será retomado no Capítulo 10 deste livro.

A **justiça gratuita (ou gratuidade de justiça ou gratuidade processual)**, por sua vez, prevista atualmente no art. 98 do Código de Processo Civil, envolve unicamente a isenção de taxas e emolumentos judiciários, concedida pela autoridade judicial àqueles que não puderem arcar com as custas do processo, sem prejuízo do sustento próprio ou da família. As benesses legalmente concedidas constam do parágrafo 1º do art. 98[60]:

> **Art. 98. A pessoa natural ou jurídica, brasileira ou estrangeira, com insuficiência de recursos para pagar as custas, as despesas processuais e os honorários advocatícios tem direito à gratuidade da justiça, na forma da lei.**
> **§ 1º A gratuidade da justiça compreende:**
> **I – as taxas ou as custas judiciais;**
> **II – os selos postais;**
> **III – as despesas com publicação na imprensa oficial, dispensando-se a publicação em outros meios;**
> **IV – a indenização devida à testemunha que, quando empregada, receberá do empregador salário integral, como se em serviço estivesse;**
> **V – as despesas com a realização de exame de código genético – DNA e de outros exames considerados essenciais;**
> **VI – os honorários do advogado e do perito e a remuneração do intérprete ou do tradutor nomeado para apresentação de versão em português de documento redigido em língua estrangeira;**

[60] Veja que o próprio inciso VI do § 1º do art. 98 do Código de Processo Civil continua contemplando, de modo equivocado, a noção de "honorários do advogado" como elemento integrante da justiça gratuita. Cuida-se de erro da legislação vigente que acaba perpetuando a confusão conceitual iniciada pela Lei 1.060/50.

> **VII – o custo com a elaboração de memória de cálculo, quando exigida para instauração da execução;**
> **VIII – os depósitos previstos em lei para interposição de recurso, para propositura de ação e para a prática de outros atos processuais inerentes ao exercício da ampla defesa e do contraditório;**
> **IX – os emolumentos devidos a notários ou registradores em decorrência da prática de registro, averbação ou qualquer outro ato notarial necessário à efetivação de decisão judicial ou à continuidade de processo judicial no qual o benefício tenha sido concedido.**

A **justiça gratuita**, portanto, implica a **isenção do pagamento das taxas arroladas pelo art. 98 do Código de Processo Civil, que constituem despesas processuais**. O seu pressuposto é a declaração, pela parte, da impossibilidade de custear tais verbas sem acarretar prejuízo ao sustento próprio ou da sua família. O seu deferimento está condicionado à decisão judicial, que deve examinar a presença de seu pressuposto, presumindo-se verdadeira a afirmação de carência financeira deduzida exclusivamente por pessoa natural no processo judicial (art. 99, § 3º, do CPC).

Trata-se, pois, de benesse que pode ser invocada por qualquer litigante, representado ou não pela Defensoria Pública.

Portanto, a justiça gratuita não se confunde com a assistência jurídica (art. 5º, inciso LXXIV c.c. 134, ambos da Constituição Federal), nem com a assistência judiciária (compreendida na assistência jurídica integral e gratuita prestada pela Defensoria Pública).

De fato, a assistência jurídica envolve os serviços prestados pela Defensoria Pública que abrangem, inclusive, a representação processual gratuita do hipossuficiente, além de todas as demais atribuições institucionais. **É a Defensoria Pública que operacionaliza o direito à assistência jurídica gratuita**, após o exame da condição sociofinanceira do cidadão que procura os seus serviços. Com efeito, cabendo à Defensoria Pública a prestação do serviço atinente à assistência jurídica integral e gratuita, compete-lhe conceder ao seu usuário todos os seus serviços legal e administrativamente estipulados, dentre os quais a postulação judicial em seu nome (isto é, a mera assistência judiciária).

A gratuidade de justiça (justiça gratuita), por seu turno, limitando-se ao deferimento da isenção de taxas processuais, pode ser invocada por litigante representado pela Defensoria Pública ou por advogado, uma vez que seu pressuposto é unicamente a impossibilidade de pagar as despesas processuais. Seu deferimento está a cargo do juiz da causa.

Decorre daí que mesmo o/a integrante da Defensoria Pública deve pugnar, nos autos do processo, com fundamento no art. 98, do CPC, pela concessão da gratuidade de justiça, cabendo ao juiz deferi-la ou não. Tanto é assim que a própria LC 80/94, ao regular a Defensoria Pública da União e a Defensoria Pública do Distrito Federal e Territórios, estabelece, expressamente, como atribuição institucional destas carreiras, a postulação da "concessão de gratuidade de justiça para os necessitados" (arts. 18, inciso II e 64, inciso II).

Certo é que, na prática, tal benefício costuma ser amplamente concedido às pessoas atendidas pela Defensoria Pública, até porque sua condição socioeconômica já fora objeto de apreciação pela Instituição, no momento do atendimento, que decidiu por estender àquela parte os serviços da Defensoria Pública, ou seja, reconheceu o direito à assistência jurídica integral e gratuita. E, se por qualquer razão sobrevém a revogação da justiça gratuita pelo juiz da causa, é ônus da Defensoria Pública proceder à reavaliação financeira para verificar se, à luz dos seus critérios de atendimento, deve ser mantida a concessão da assistência jurídica gratuita (caso em que a revogação da justiça gratuita deverá ser impugnada mediante agravo de instrumento, com lastro no art. 101, do CPC[61]) ou se, ao contrário, tal direito deve ser denegado pela Defensoria Pública.

Por fim, as fronteiras conceituais traçadas no presente item encontram respaldo doutrinários, nestes termos:

> "Enquanto a assistência judiciária diz respeito à atividade técnica de patrocinar causas e defender interesses em juízo a assistência jurídica é mais abrangente, envolvendo também atuações antes e fora do processo judicial – não raro o evitando –, a exemplo da educação em direitos, da

[61] Art. 101. Contra a decisão que indeferir a gratuidade ou a que acolher pedido de sua revogação caberá agravo de instrumento, exceto quando a questão for resolvida na sentença, contra a qual caberá apelação.
§ 1º O recorrente estará dispensado do recolhimento de custas até decisão do relator sobre a questão, preliminarmente ao julgamento do recurso.
§ 2º Confirmada a denegação ou a revogação da gratuidade, o relator ou o órgão colegiado determinará ao recorrente o recolhimento das custas processuais, no prazo de 5 (cinco) dias, sob pena de não conhecimento do recurso.

> consultoria jurídica, da resolução de conflitos por meios alternativos e da defesa em processo administrativo.
>
> (...)
>
> A gratuidade significa isenção de pagamento, que pode ocorrer não só judicialmente, mas também no tocante a emolumentos devidos a notários ou registradores. Por sinal, é mera questão terminológica tratar como gratuidade da justiça, ou não, essa isenção relativa a despesas extrajudiciais. Em essência, cuida-se do mesmo fenômeno que está presente na gratuidade estritamente processual. A propósito, o CPC/2015 em seu art. 98, §1º, IX, enquadra emolumentos devidos a notários ou registradores como item compreendido pela gratuidade da justiça.
>
> Em termos bem simples, portanto, assistência – tanto a judiciária como a jurídica – implica prestação de uma atividade, comportamento ativo; gratuidade, por seu turno, traduz-se em isenção de pagamento, ato de abstenção. Aí está à distinção básica.
>
> A confusão entre as respectivas noções é favorecida pelo fato de assistência e gratuidade estarem ordinariamente juntas. É o caso de uma parte que é representada pela Defensoria Pública – a instituição estatal com a missão de prestar assistência jurídica aos necessitados (art. 134 da Constituição) – e ao mesmo tempo tem a gratuidade da justiça deferida pelo juiz da causa."[62].

Em suma, as diferenças entre justiça gratuita (ou gratuidade processual) e assistência jurídica integral e gratuita podem ser sintetizadas no quadro abaixo:

Assistência jurídica integral e gratuita	Justiça Gratuita
CF, art. 5º, inciso LXXIV	Art. 98, CPC
Envolve as atribuições legais da Defensoria	Isenção de custas processuais
Direito reconhecido pelo Defensor Público (avaliação sociofinanceira)	Benefício concedido pelo juiz da causa
Direito denegado pelo Defensor Público (sujeito a recurso no âmbito interno da Defensoria)	Direito revogável pelo juiz, de ofício ou a requerimento da parte contrária
Exclusivo da parte representada pela Defensoria Pública	Invocável por qualquer parte no processo, representada ou não pela Defensoria Pública

[62] Sousa, José Augusto Garcia de. Comentários ao art. 98. In: Cabral, Antonio do Passo; Cramer, Ronaldo (Coords). *Comentários ao Novo Código de Processo Civil*. Rio de Janeiro: Forense, 2015, p. 161-162.

CAPÍTULO 2
A DEFENSORIA PÚBLICA DO ESTADO DE SÃO PAULO E SUA LEI ORGÂNICA

2.1 O movimento pela criação da Defensoria Pública em São Paulo

A Defensoria Pública no Estado de São Paulo foi criada a partir da reivindicação social aliada à articulação promovida por um grupo de procuradores e procuradoras do Estado de São Paulo que atuavam, à época, na Procuradoria de Assistência Judiciária. Não obstante a constitucionalização da Defensoria Pública em 1988, no Estado de São Paulo, a assistência judiciária era prestada por um braço da Procuradoria Geral do Estado – a Procuradoria de Assistência Judiciária. O desempenho de assistência judiciária por um órgão da Procuradoria do Estado, além de representar desempenho apenas parcial do direito fundamental previsto no art. 5º, inciso LXXIV da Constituição, evidenciava como a falta de um órgão autônomo impedia o exercício da assistência jurídica integral, em face do Poder Público, inclusive[63].

[63] Dois temas à época do movimento de criação da Defensoria Pública paulista expunham bem este cenário e foram bem descritos pela pesquisa de Eneida de Macedo Haddad e Thaís Aparecida Soares, que entrevistaram ex-integrantes da Procuradoria de Assistência Judiciária – PAJ que participaram do movimento de criação (Notas sobre a história da Defensoria Pública Paulista. *Prisma Jurídico*, vol. 8, n. 2, 2009, p. 383-402). Estes relatos indicaram, em primeiro lugar, as divergências entre PGE e PAJ no que toca aos encaminhamentos do Massacre do Carandiru: "Procuradores da PAJ solicitaram o posicionamento do chefe do Poder

A partir da percepção da clara insuficiência do modelo até então adotado no Estado de São Paulo, o movimento pela criação da Defensoria Pública foi oficializado em 2002, com vistas a concretizar o modelo constitucionalmente previsto para a tarefa de prestar acesso à justiça. Como observam Eneida Gonçalves de Macedo Haddad e Thaís Aparecida Soares:

> Intensificados os conflitos e contradições, a própria PGE, historicamente resistente à criação da DP em São Paulo, acabou por concordar com a proposta de criação da DP e, mais ainda, passou a defendê-la no momento anterior e posterior à aprovação da Lei nº 988. O anteprojeto para a criação da DP inicialmente elaborado pelos organizadores do Movimento teve importante contribuição das entidades da sociedade civil organizada, em encontros promovidos pelo Conselho Estadual de Defesa dos Direitos da Pessoa Humana/Condepe e pela Comissão Teotônio Vilela de Direitos Humanos/CTV. No ato do lançamento do Movimento, o anteprojeto foi entregue ao Procurador Geral do Estado com a finalidade de subsidiar o Poder Executivo na elaboração do projeto oficial. Na PGE, o grupo de trabalho encarregado da elaboração do projeto de criação da DP foi acompanhado pelo presidente do Sindiproesp e por um representante da Associação dos Procuradores do Estado de São Paulo/APESP que, mesmo na qualidade de observadores, defen-

Executivo. Acionaram o Estado de São Paulo, pedindo indenizações às vítimas e às famílias das vítimas do Massacre da Casa de Detenção. Então, nós éramos, na verdade, procuradores do Estado acionando o Estado e cuja contestação deveria ser proferida pelo Procurador Geral do Estado." (idem, p. 388). No mesmo sentido, colheu-se, destas entrevistas, o debate havido, naquele momento, sobre videoconferência em audiências criminais: "Sempre houve, de uma forma mais ou menos intensa, uma dicotomia dentro da PGE porque, para fazer valer o direito dos cidadãos, a PAJ acionava o Estado. Foi o caso do episódio da videoconferência que, no aspecto penal e processual penal, é de flagrante inconstitucionalidade. Entretanto, havia um parecer da PGE autorizando o governo do Estado a instalar e a implementar o sistema de videoconferência. Quer dizer, nós, procuradores da PAJ, participávamos de audiência, cuja defesa dos hipossuficientes do processo criminal exigia que nos manifestássemos contra a videoconferência, recusando, inclusive, o parecer da PGE. Eram funções que não podiam estar dentro de uma mesma instituição pela própria essência, pela própria natureza da atividade." (idem, p. 388-389).

diam a incorporação dos dez pontos fundamentais listados no Manifesto divulgado em 2002 no ato de lançamento do MDP[64].

Como se pode perceber, a criação da Defensoria Pública paulista foi fruto de intensa articulação política da sociedade civil e de integrantes da Procuradoria de Assistência Judiciária, com vistas a instituir, no Estado de São Paulo, o modelo verdadeiramente constitucional de assistência jurídica integral e gratuita. O produto deste movimento é a Lei Complementar estadual 988, de 9 de janeiro de 2006, que consubstancia a Lei Orgânica da Defensoria Pública paulista[65].

Essa matriz essencialmente democrática que inspirou a criação da Defensoria Pública se reflete na Lei Complementar estadual 988/06,

[64] Haddad, Eneida Gonçalves de Macedo; Soares, Thaís Aparecida. Notas sobre a história da Defensoria Pública Paulista. Prisma Jurídico, Vol. 8, N. 2, 2009, p. 389. Os pontos fundamentais divulgados no ato de lançamento do Movimento são os seguintes: "As principais características da Defensoria Pública a ser criada, propostas pelo anteprojeto. 1 – Prestar, de forma descentralizada, assistência jurídica integral às pessoas carentes, no campo judicial e extrajudicial; 2 – Defender os interesses difusos e coletivos das pessoas carentes; 3 – Assessorar juridicamente, através de núcleos especializados, grupos, entidades e organizações não-governamentais, especialmente aquelas de defesa dos direitos humanos, do direito das vítimas de violência, das crianças e adolescentes, das mulheres, dos idosos, das pessoas portadoras de deficiência, dos povos indígenas, da raça negra, das minorias sexuais e de luta pela moradia e pela terra; 4 – Prestar atendimento interdisciplinar realizado por defensores, psicólogos e assistentes sociais. Estes profissionais também devem ser responsáveis pelo assessoramento técnico aos defensores, bem como pelo acompanhamento jurídico e psicossocial das vítimas de violência; 5 – Promover a difusão do conhecimento sobre os direitos humanos, a cidadania e o ordenamento jurídico; 6 – Promover a participação da sociedade civil na formulação do seu Plano Anual de Atuação, por meio de conferências abertas à participação de todas as pessoas; 7 – Implantar Ouvidoria independente, com representação no Conselho Superior, como mecanismo de controle e participação da sociedade civil na gestão da Instituição; 8 – Estabelecer critérios que, no concurso de ingresso e no treinamento dos defensores, realizado durante todo o estágio confirmatório, garantam a seleção de profissionais vocacionados para o atendimento qualificado às pessoas carentes; 9 – Ter autonomia administrativa, com a eleição do Defensor Público Geral para mandato por tempo determinado; 10 – Ter autonomia orçamentária e financeira, utilizando-se dos recursos do FAJ." (Idem, p. 397-398).

[65] Sobre o movimento pela criação da Defensoria Pública do Estado de São Paulo, confira-se: Cardoso, Luciana Zaffalon Leme. *Uma Fenda na Justiça*. São Paulo: Hucitec, 2010 e Haddad, Eneida Gonçalves de Macedo. *A Defensoria Pública Paulista: Caminhando na Contramão*. In: Revista da Defensoria Pública. São Paulo: Revista da Defensoria Pública, ano 4 – n. 2, 2011, p. 75-87.

constituindo, pode-se dizer, o seu *ethos*: a abertura institucional ao público-alvo dos serviços prestados. Nos itens abaixo, são examinados aspectos centrais da Lei Complementar 988/06, que expressam a relevância da participação social e o perfil autônomo da Instituição como pilares do seu regime jurídico-institucional.

2.2 Disposições iniciais da Lei Orgânica: o espírito da Defensoria Pública do Estado de Paulo

2.2.1 *Introdução*

Os artigos 1º a 9º da Lei Complementar 988/06 traduzem, a título de disposições iniciais, normas que disciplinam dois assuntos essenciais do regime jurídico da Instituição: abertura à participação popular e autonomia institucional. Tais disposições são objeto dos itens que seguem.

2.2.2 *Finalidade*

Em virtude do direito a ser assegurado pela Defensoria Pública, aliado à origem manifestamente democrática da lei que a criou no Estado de São Paulo, outra não poderia ser a finalidade da Defensoria Pública paulista, nos termos do art. 2º de sua Lei Orgânica: **tutela jurídica integral e gratuita, individual e coletiva, judicial e extrajudicial, dos necessitados, assim considerados na forma da lei**. Cabe ser ressaltado o **caráter permanente** da Instituição, **essencial à função jurisdicional do Estado (art. 2º)**.

A finalidade da Instituição é justamente instrumentalizar o direito fundamental à assistência jurídica integral e gratuita aos hipossuficientes. De todo modo, cabe observar que a descrição contida no art. 2º da Lei deve ser complementada com as disposições da EC 80/2014, já examinadas, eis que conformam o ordenamento estadual independentemente de alteração legislativa local.

2.2.3 *Fundamentos de atuação*

O art. 3º da Lei Complementar n. 988/06, por sua vez, estabelece os fundamentos de atuação da DPESP:

a) **a prevenção dos conflitos**: a Defensoria Pública não se limita à prestação de assistência judiciária gratuita. Por essa razão, sua atuação não se justifica pela atuação meramente processual na tutela de um interesse individual. Seu rol de atribuições demonstra justamente o contrário. A consecução da sua finalidade institucional não se exaure, somente, na propositura de ações judiciais e na promoção das respectivas defesas. Desse modo, o acesso à justiça por meio da Defensoria Pública contempla a pacificação social por meio de métodos alternativos de resolução de controvérsias, daí porque a lei fundamenta a atuação na prevenção dos conflitos.

Analisando a questão sob outro ponto de vista, vale lembrar que, por se tratar de uma instituição pública, constitucionalmente assegurada, não tem ela o interesse de acionar indistintamente o Poder Judiciário (decorrência do modelo público), podendo garantir os interesses de seus usuários por meio de prevenção de conflitos. Tal fundamento justifica a instituição dos Centros de Atendimento Multidisciplinar, previstos nos arts. 69 a 71 da Lei Orgânica.

b) **a construção de uma sociedade livre, justa e solidária e**
c) **a erradicação da pobreza e da marginalidade e a redução das desigualdades sociais e regionais.**

A Lei Complementar 988/06 repete os objetivos da República indicados nos incisos I e III do art. 3º da Constituição de 1988. A reiteração demonstra, simbolicamente, a estreita da ligação da Defensoria Pública do Estado de São Paulo com o compromisso de modificar o estado social, objetivando a transformação social em direção aos mesmos objetivos da República. Esses fundamentos de atuação, que, a rigor, pertencem a todo agente político do país, tornam o/a integrante da Defensoria Pública **agente político de transformação social.**

2.2.4 *Autonomia da Instituição*

A natureza autônoma da Defensoria Pública como um todo já foi examinada no capítulo anterior. A lei orgânica veicula, do mesmo modo, as autonomias administrativa, funcional e financeira no art. 7º. Tal autonomia é desdobrada em rol exemplificativo das atividades que podem ser realizadas pela Instituição, sem interferência externa:

> **I – praticar atos próprios de gestão;**
> **II – praticar atos e decidir sobre a situação funcional e administrativa do pessoal ativo da carreira de Defensor Público e dos serviços auxiliares organizados em quadros próprios;**

> **III – adquirir bens e contratar serviços, efetuando a respectiva contabilização;**
> **IV – prover os cargos iniciais da carreira e dos serviços auxiliares, bem como aqueles decorrentes de remoção, promoção e demais formas de provimento derivado;**
> **V – editar atos de aposentadoria, exoneração e outros que possam importar a vacância de cargos de carreira e dos serviços auxiliares, bem como os de disponibilidade de membros da Defensoria Pública do Estado e de seus servidores;**
> **VI – instituir seus órgãos de apoio administrativo e os serviços auxiliares;**
> **VII – compor os seus órgãos de administração.**

Importa destacar que as decisões tomadas pela Defensoria Pública, em decorrência da sua autonomia funcional e administrativa ostentam **autoexecutoriedade**, o que lhes confere a possibilidade de executar suas decisões administrativas independentemente de prévia autorização judicial. Trata-se de um atributo do ato administrativo, cuja aplicação depende de expressa previsão legal. No caso da Defensoria Pública do Estado de São Paulo, a previsão legal está no § 1º do art. 7º da sua Lei Orgânica. A autoexecutoriedade dos atos administrativos, porém, não é absoluta, encontrando limites, em cada caso concreto, pelo princípio da proporcionalidade.

Ressalvam-se, ainda, evidentemente, as competências constitucionalmente atribuídas ao Poder Judiciário, na apreciação dos atos administrativos, bem como as do Poder Legislativo, que fiscaliza a autonomia da Defensoria Pública por meio do Tribunal de Contas do Estado.

Os atos de gestão também são dotados de **eficácia plena**, atributo que lhes garante exigibilidade imediata, sem condicionamentos ulteriores.

Outra garantia à autonomia institucional está prevista no § 2º do art. 7º da Lei, ao prescrever que "os atos de gestão administrativa da Defensoria Pública do Estado, inclusive no tocante a convênios, contratações e aquisições de bens e serviços, não podem ser condicionados à apreciação prévia de quaisquer órgãos do Poder Executivo". Evidencia-se a intenção do legislador em realçar a natureza autônoma da Defensoria Pública do Estado de São Paulo, garantindo-lhe a necessária margem de atuação administrativa, a fim de que se mantenha fiel à sua missão institucional.

Por fim, o art. 7º da Lei institui o **Plano Anual de Atuação**, que deverá reger a atuação institucional, instituindo prioridades na atuação, definindo metas e formas de alcançá-las.

O Plano Anual de Atuação é elaborado e proposto pelo Defensor Público-Geral e aprovado pelo Conselho Superior.

A inovação reside no fato de que o Plano Anual, antes de sua elaboração e envio ao Conselho Superior para apreciação, deve ser precedido da mais ampla participação social, que se realiza por meio das Pré-Conferências Regionais e da Conferência Estadual, nas quais se colhe a opinião da sociedade civil a respeito das diretrizes institucionais. Esses ciclos de conferências são realizados a cada dois anos.

Veja-se que o envolvimento popular na definição do Plano Anual de Atuação não mitiga a autonomia da Instituição. Ao contrário, a abertura democrática da Defensoria Pública é conquista social das mais relevantes, prevendo, de maneira inovadora, a gestão compartilhada e democrática de uma instituição componente do Sistema de Justiça. É justamente a natureza democrática da gestão, legalmente institucionalizada, que confere maior legitimidade ao Plano Anual de Atuação, aprovado pelo órgão colegiado máximo da carreira, ou seja, o Conselho Superior. O quadro abaixo sistematiza o processo de elaboração e aprovação do Plano Anual de Atuação:

Pré-Conferências Regionais	Conferência Estadual	Defensoria Pública-Geral	Conselho Superior
Participação da sociedade civil – Eleição dos delegados regionais	Participação da sociedade civil – Definição das diretrizes estaduais	Elaboração e proposição do Plano Anual	Aprovação do Plano Anual

2.2.5 *A participação da sociedade civil na Defensoria Pública do Estado de São Paulo*

Como exposto acima, no Estado de São Paulo, a Defensoria Pública foi criada pela Lei Complementar Estadual n. 988, de 9 de janeiro de 2006, que foi editada após grande pressão social visando à implementação da Defensoria Pública no Estado de São Paulo. A sociedade civil organizada se mobilizou objetivando o cumprimento, pela legislatura estadual, do mandamento constitucional que impõe a institucionalização da Defensoria Pública estadual. A demanda era pela criação da Instituição, cuja independência frente ao Poder Público asseguraria a efetiva tutela jurídica integral e gratuita aos necessitados.

A origem essencialmente popular do movimento pela criação da Defensoria Pública paulista ensejou a previsão legislativa de mecanismos de participação social na instituição: **Ouvidoria externa, momento aberto nas sessões do Conselho Superior e ciclos de conferências que embasam o Plano Anual de Atuação**. Tais disposições constituem evidentes inovações, conferindo grau inédito de gestão participativa e democrática em uma instituição do Sistema de Justiça. Este é um dos temas relevantes no estudo da Lei Orgânica da Defensoria Pública do Estado de São Paulo, eis que se detém sobre os mecanismos de participação social no seio da Instituição. Vale lembrar que se trata de conquista da sociedade civil, da qual partiu o movimento pela criação da Defensoria Pública paulista. Vejamos cada um deles:

a) **Ciclos de Conferências, a cada dois anos, em que são colhidas as diretrizes que servirão de subsídio à elaboração e aprovação do Plano Anual de Atuação**. Esse tema, por sua importância, será apreciado abaixo, juntamente com os demais direitos arrolados no art. 6º da Lei;
b) **Momento aberto nas sessões do Conselho Superior**: o art. 29, § 4º da Lei autoriza a palavra a qualquer pessoa nas sessões do Conselho Superior, nos termos do seu Regimento Interno. O Conselho Superior, conforme se examinará no Capítulo 5 abaixo, é órgão deliberativo da DPESP, foro em que se discutem questões institucionais e administrativas relevantes à carreira e à Instituição. A possibilidade, legalmente instituída, de manifestação de opinião em suas sessões garante o acesso direto aos seus componentes, servindo de espaço democrático para veiculação de ideias, seja por parte de Defensores/as e servidores/as, seja por parte da população em geral. A participação, individual ou coletiva, no momento aberto das sessões do Conselho Superior, representa a mais ampla abertura da Instituição à participação popular. Repare que a sessão é, via de regra, pública (art. 102, § 3º da LC 80/94), o que já garantiria acesso às discussões. O momento aberto vai além, permitindo verdadeira manifestação verbal diretamente aos membros do Conselho.
c) **previsão legal de Ouvidoria externa**: trata-se de outra inovação da LCE 988/06, prevendo, dentre os órgãos da Administração

Superior, uma Ouvidoria externa, ocupada por pessoa não integrante da carreira de Defensor Público do Estado. A DPESP foi a primeira instituição jurídica do país a contar com uma Ouvidoria externa[66], o que garante não só a necessária isenção desse órgão, como também assegura a efetiva participação social, uma vez que o **Ouvidor-Geral não faz parte da carreira**. Tamanha é a relevância da Ouvidoria, que sua criação na LCE 988/06 inspirou o Congresso Nacional a incluí-la na LC 80/94, por meio da LC 132/09, como norma geral para todas as demais Defensorias Públicas estaduais. Suas características serão abordadas em tópico próprio (item 5.2.7)

2.2.6 *Direitos das pessoas que buscam atendimento junto à Defensoria Pública*

O art. 6º da Lei Complementar n. 988/06 arrola os **direitos essenciais das pessoas que buscam atendimento na Defensoria Pública**. Cuida-se de dispositivo inovador, ao prever direitos especificamente voltados àqueles que procuram os serviços da Defensoria Pública, cujo teor serviu de parâmetro para a inserção do art. 4º-A na Lei Complementar 80/94, operada pela LC 132/09. São direitos das pessoas que buscam atendimento junto à Defensoria Pública paulista:

a) Informação;
b) Qualidade na execução das funções, e
c) Participação na definição das diretrizes institucionais da Defensoria Pública e no acompanhamento da fiscalização das ações e projetos desenvolvidos pela Instituição, da atividade funcional e da conduta pública dos membros e servidores.

Cabe notar que o texto legal indica direitos "das pessoas que buscam atendimento na Defensoria Pública", não se valendo de expressões tais como "usuário do serviço" ou mesmo "assistido". A diferença é evidente. De fato, os direitos previstos são invocáveis mesmo por cidadãos que não gozam da condição de efetivos usuários dos serviços da Defensoria Pública do Estado de São Paulo. Veja, por exemplo, que o direito à

[66] Haddad, Eneida Gonçalves de Macedo. *A Defensoria Pública Paulista: Caminhando na Contramão*. In: Revista da Defensoria Pública. São Paulo: Revista da Defensoria Pública, ano 4 – n. 2, 2011, p. 82.

informação sobre o horário de funcionamento dos órgãos da Defensoria Pública ou sobre o tipo de atividade exercida em cada órgão se destina a toda e qualquer pessoa que se dirija à Instituição, ainda que tenha, posteriormente, seu atendimento denegado ou ainda que prefira levar sua demanda a advogado particular. Isso também se aplica ao direito à qualidade na execução dos serviços, no tocante ao atendimento por ordem de chegada, assegurada prioridade a pessoas idosas, grávidas, doentes e portadoras de necessidades especiais.

Verifica-se, assim, um caráter de generalidade dos direitos previstos na lei (todos aqueles que buscam atendimento), cuja observância não depende, portanto, da efetiva relação Defensoria – usuário/a do serviço, tendo em vista que se aplicam também àquelas pessoas que não venham a ter seus interesses patrocinados pela Defensoria Pública.

O direito mais notório, sem dúvida, é aquele previsto no inciso III, do art. 6º, por veicular mecanismo inédito de envolvimento social na definição das diretrizes estratégicas de uma Instituição integrante do Sistema de Justiça. Cuida-se do direito à participação na definição das diretrizes institucionais da Defensoria Pública e no acompanhamento da fiscalização das ações e projetos desenvolvidos pela Instituição, da atividade funcional e da conduta pública dos membros e servidores.

Esse direito é efetivado mediante dois mecanismos básicos, que se complementam:

a) Conferência Estadual, precedida das Pré-Conferências Regionais e

b) Plano Anual de Atuação.

Institui a lei um canal de comunicação formal com a sociedade civil, por meio das Pré-Conferências Regionais e da Conferência Estadual, com vistas à contribuição popular na definição da atuação institucional da Defensoria Pública no Estado de São Paulo.

Com efeito, por força do artigo 7º, § 3º da Lei Complementar n. 988/06, a Defensoria Pública do Estado de São Paulo deve contar com um plano anual de atuação, aprovado por seu Conselho Superior, porém precedido, subsidiado, pelas conclusões emanadas da sociedade civil por ocasião das Pré-Conferências Regionais e da Conferência Estadual.

Importa observar, por oportuno, que as Pré-Conferências Regionais se destinam à elaboração de relatórios contendo as demandas mais representativas de cada região do Estado, em atenção às realidades locais. Realizam-se a cada dois anos, resultando em Ciclos de Conferências. Em cada uma das Pré-Conferências Regionais são eleitos/as delegados/as que representarão aquela determinada localidade na Conferência Estadual, ocasião em que se produzirá um relatório final, espelhando a vontade popular no plano de atuação da Defensoria Pública em todo o Estado.

Embora o funcionamento e a sistemática dos Ciclos de Conferências e da Conferência Estadual não comportem aprofundamento nessa oportunidade, cumpre ressaltar que, também em decorrência de dispositivo legal (art. 31, inciso XIX, da Lei), está expressamente garantida a participação da sociedade civil na construção do plano anual de atuação da Instituição, em especial "de representantes de todos os conselhos estaduais, municipais e comunitários, de entidades, organizações não-governamentais e movimentos populares".

Assim, a despeito de a aprovação do plano anual de atuação ser incumbência do Conselho Superior da Defensoria Pública, criou-se um mecanismo de chamamento social inédito nas Instituições públicas integrantes do Sistema de Justiça.

> A democratização dos processos decisórios existentes na DPESP potencialmente implica na legitimação do exercício de sua função de garantidora da cidadania dentro do Poder Judiciário à medida que, através da participação social, passa a ser possível a compreensão do exato quadro de exclusão da ordem jurídica que precisa ser superado, do que precisa ser priorizado. Consideramos, assim, a participação como instrumento para que as desigualdades aflorem na forma de questões prioritárias e possíveis soluções coletivas[67].

Essa possibilidade, instituída pela Lei Complementar n. 988/06, constitui, portanto, evidente inovação no estímulo à participação popular, de forma paralela às demais instâncias democráticas já tradicionais

[67] Cardoso, Luciana Zaffalon Leme. *Participação Social: Inovações Democráticas no caso da Defensoria Pública do Estado de São Paulo*. 2010. Dissertação (Mestrado em Administração Pública e Governo) – Escola de Administração de Empresas de São Paulo, Fundação Getúlio Vargas, São Paulo, 2010. Disponível em: <http://bibliotecadigital.fgv.br/dspace/bitstream/handle/10438/5233/62080100003.pdf?sequence=1.>

(voto direto, iniciativa popular de leis, composição dos Conselhos municipais, estaduais e federais das diversas políticas públicas etc.).

A relevância das Pré-Conferências e da Conferência Estadual no âmbito da Defensoria Pública paulista decorre justamente da possibilidade de efetiva participação popular na formulação de políticas públicas em uma instituição do Sistema de Justiça, aspecto inovador que vem ao encontro da necessidade de satisfação democrática do povo nos ambientes públicos. O pioneirismo da Defensoria Pública paulista, nesse ponto, permite se cogitar de uma verdadeira parceria entre Estado e Sociedade no que se refere ao controle social de uma instituição pública.

2.3 Receitas e fiscalização

2.3.1 *O Fundo de Assistência Judiciária – FAJ*

Em função da autonomia administrativa, a lei estipula receitas destinadas, com exclusividade, ao custeio dos serviços prestados pela Defensoria Pública. São elas:

> **Artigo 8º – Constituem receitas da Defensoria Pública do Estado:**
> **I – as dotações orçamentárias e os créditos adicionais originários do Tesouro do Estado;**
> **II – os recursos provenientes do Fundo de Assistência Judiciária;**
> **III – os honorários advocatícios fixados nas ações em que houver atuado;**
> **IV – os recursos provenientes de convênios com órgãos ou entidades, nacionais ou estrangeiras, nos termos da legislação vigente;**
> **V – as rendas resultantes do uso e da aplicação de bens e valores patrimoniais;**
> **VI – as subvenções, auxílios, doações, legados e contribuições;**
> **VII – outras receitas previstas em lei.**

Vale observar inicialmente que, nos termos do art. 19, inciso V, da Lei, cabe à Defensoria Pública-Geral gerir o Fundo de Assistência Judiciária, competência que se mostra consentânea com a autonomia funcional e administrativa constitucionalmente atribuída às Defensorias Públicas Estaduais. Ademais, o art. 236 da LCE 988/2006 estatui que o FAJ se vincula, desde a promulgação da lei, à Defensoria Pública do Estado.

O Fundo de Assistência Judiciária – FAJ, instituído pela Lei estadual n. 4.476, de 20 de dezembro de 1984 e regulamentado pelo Decreto n. 23.703, de 25 de julho de 1985, constitui a principal fonte de receita da Defensoria Pública e se destina ao custeio das despesas necessárias ao desempenho das atribuições institucionais, abrangendo também o pagamento de convênios para a prestação de assistência jurídica a título suplementar, isto é, naquelas comarcas e casos não atendidos diretamente pela Instituição.

Importa notar que, historicamente, a Defensoria Pública do Estado de São Paulo foi erigida e se desenvolveu a partir do FAJ como fonte precípua e absolutamente indispensável de receitas. Tanto é assim que as criações de novos cargos de Defensores e Servidores do quadro de apoio[68], bem como a recomposição inflacionária sobre a remuneração[69] e alterações estruturais com impacto financeiro[70] foram, por expressas determinações legislativas, custeadas à conta do Fundo de Assistência Judiciária, que compõe, vale frisar, a principal fonte do orçamento institucional.

Por tais motivos, os recursos do Fundo de Assistência Judiciária – FAJ não podem ser empregados para o custeio de perícias judiciais cuja responsabilidade pelo pagamento seja de responsabilidade de parte beneficiária da justiça gratuita.

Com efeito, o Código de Processo Civil de 2015 (Lei federal 13.105, de 16 de março de 2015) suspendeu a eficácia de toda e qualquer norma, federal ou estadual, que previsse o custeio de perícias judiciais com verbas da Defensoria Pública, nos termos do artigo 24, inciso XIII e §4º, da Constituição Federal. É o que se extrai do art. 95, §§ 3º e 5º do diploma processual:

> **Art. 95. Cada parte adiantará a remuneração do assistente técnico que houver indicado, sendo a do perito adiantada pela parte que houver requerido a perícia ou rateada quando a perícia for determinada de ofício ou requerida por ambas as partes.**
>
> **(...)**

[68] Conforme Leis Complementares estaduais n. 1.203/2013 e 1.112/2010.

[69] Vide Leis Complementares estaduais n. 1.221/2013, 1.219/2013, 1.161/2011, 1.141/2011 e 1.098/2010, 1.376/2022 e 1.377/2022.

[70] Vide Lei Complementar estadual n. 1.366/2021

> **§ 3º Quando o pagamento da perícia for de responsabilidade de beneficiário de gratuidade da justiça, ela poderá ser:**
> **I – custeada com recursos alocados no orçamento do ente público e realizada por servidor do Poder Judiciário ou por órgão público conveniado;**
> **II – paga com recursos alocados no orçamento da União, do Estado ou do Distrito Federal, no caso de ser realizada por particular, hipótese em que o valor será fixado conforme tabela do tribunal respectivo ou, em caso de sua omissão, do Conselho Nacional de Justiça.**
> **(...)**
> **§ 5º Para fins de aplicação do § 3º, é vedada a utilização de recursos do fundo de custeio da Defensoria Pública.**

A expressão "fundo de custeio da Defensoria Pública" constante do § 5º acima transcrito deve ser interpretada como sendo todas as fontes de receita da Defensoria Pública. Isso porque o novo Código de Processo Civil é lei nacional, aplicável a todos os entes federativos e, portanto, não poderia dispor de maneira contingente sobre alguma Defensoria Pública individualmente. Com efeito, os modelos de fontes orçamentárias das diversas Defensorias estaduais variam enormemente, havendo diversas formas de composição de recursos, mesclando de distintos modos receitas de tesouros estaduais e de fundos estaduais específicos.

Assim, não sendo razoável supor que o legislador federal quisesse dispor circunstancialmente sobre "fundos" que podem sequer existir em alguns estados, a única interpretação viável – abstrata e impessoal – é a que conduz à vedação de toda e qualquer verba destinada à Defensoria Pública, independentemente se proveniente de dotações do Tesouro ou de fundos outros.

De outro vértice, abstraído o fato de que o FAJ funciona, efetivamente, como o principal fundo de custeio da Defensoria Pública, como elucidado acima, tem-se, ainda, que a antiga disposição do art. 4º, inciso VII, do Decreto n. 23.703/85[71] teve, no mínimo, sua eficácia suspensa

[71] "Artigo 4º – Os recursos do Fundo serão aplicados, pela Procuradoria Geral do Estado, consoante diretrizes fixadas pelo Secretário da Justiça, na realização de despesas necessárias às atividades da assistência judiciária gratuita, compreendendo, dentre outras:
(...)

pelo art. 95, § 3º, inciso II, do Código de Processo Civil, nos termos do que dispõe o artigo 24, §4º, da Constituição Federal

De todo modo, a expressa dicção do art. 95, § 5º proíbe a utilização de recursos do fundo de custeio da Defensoria Pública, circunstância que se aplica à Defensoria paulista seja pela interpretação impessoal do texto legal, seja pelo fato objetivo de que o FAJ constitui efetiva e imprescindível fonte de custeio da Defensoria Pública do Estado de São Paulo.

Este entendimento foi acolhido pelo Superior Tribunal de Justiça, em julgado assim ementado:

> **PROCESSUAL CIVIL. ADMINISTRATIVO. AGRAVO INTERNO NO RECURSO EM MANDADO DE SEGURANÇA. AÇÃO DE USUCAPIÃO. PARTE AUTORA BENEFICIÁRIA DA GRATUIDADE DE JUSTIÇA. HONORÁRIOS PERICIAIS. ADIANTAMENTO DETERMINADO À FAZENDA DO ESTADO DE SÃO PAULO. UTILIZAÇÃO DAS VERBAS ORIUNDAS DO FUNDO DE ASSISTÊNCIA JUDICIÁRIA (FAJ). DESCABIMENTO.**
>
> **1. A partir da interpretação sistemática dos arts. 8º e 236 da Lei Complementar Estadual 988/2006, tem-se que, independentemente da função originalmente estabelecida para o Fundo de Assistência Judiciária, este passou a integrar, de forma indistinta, o custeio da Defensoria Pública Estadual, motivo pelo qual não pode ser destacado das demais fontes para fins de afastamento da regra contida no art. 95, § 5º, do CPC, que veda sua utilização para o pagamento de perícia quando esta for de responsabilidade de beneficiário de gratuidade da justiça.**
>
> **(...)**
>
> **3. Caso concreto em que deve prevalecer a orientação jurisprudencial firmada nesta Corte no sentido de competir ao Estado a responsabilidade pelo adiantamento de honorários periciais nas ações em que a parte é beneficiária da gratuidade de justiça. Ilustrativamente, os seguintes julgados: AgInt no RMS 63.251/SP, Rel. Ministro FRANCISCO FALCÃO, SEGUNDA TURMA,**

VII – realização de despesas com tradução de documentos e cartas rogatórias, bem como perícias e outras despesas compreendidas na área de atuação da assistência judiciária.

> **DJe 28/10/2020; AgInt no AREsp 1.706.942/PR, Rel. Ministro Raul Araújo, QUARTA TURMA, DJe 17/6/2021.**
> **4. Agravo interno não provido.**
> (AgInt no RMS n. 66.913/SP, 1ª Turma, rel. Min. Sérgio Kukina, j. 22.02.2022, DJe 24.02.2022)

2.3.2 *Honorários de sucumbência*

Os honorários advocatícios devidos pela parte contrária, em ações vencidas por usuários/as da DPESP, são revertidos ao Fundo Especial de Despesa da Escola da Defensoria Pública – FUNDEPE, como forma de custeio das atribuições da Escola, nos termos da Lei Estadual n. 12.793/08.

Importante registrar, a propósito, o teor da Súmula 421 do Superior Tribunal de Justiça: "Os honorários advocatícios não são devidos à Defensoria Pública quando ela atua contra a pessoa jurídica de direito público à qual pertença".

Esta orientação do Superior Tribunal de Justiça considera haver confusão na relação de crédito e débito havida entre a Defensoria Pública e a pessoa jurídica de direito público à qual pertença. Cabe registrar, de toda sorte, que tal súmula consolida julgados proferidos pelo STJ antes da edição da LC 132/2009, que alterou profundamente a LC 80/1994. Os precedentes que embasaram a súmula são anteriores ainda à emenda constitucional 80/2014, que, como salientado acima, alterou de forma bastante significativa o arranjo jurídico-constitucional da instituição.

Assim, em razão da normativa superveniente, algumas decisões recentes cogitam da superação do entendimento que ensejou a edição da súmula 421 do STJ.

No agravo regimental na ação rescisória 1.937, o plenário do Supremo Tribunal Federal, considerando, inclusive, o disposto no art. 4, inciso XXI, da LC 80/1994[72] – incluído pela LC 132/2009 – assinalou o seguinte:

> **Percebe-se, portanto, que, após as Emendas Constitucionais 45/2004, 74/2013 e 80/2014, houve mudança da legislação correlata à Defen-**

[72] Art. 4º São funções institucionais da Defensoria Pública, dentre outras:
(...)
XXI – executar e receber as verbas sucumbenciais decorrentes de sua atuação, inclusive quando devidas por quaisquer entes públicos, destinando-as a fundos geridos pela Defensoria Pública e destinados, exclusivamente, ao aparelhamento da Defensoria Pública e à capacitação profissional de seus membros e servidores;

soria Pública da União, permitindo a condenação da União em honorários advocatícios em demandas patrocinadas por aquela instituição de âmbito federal, diante de sua autonomia funcional, administrativa e orçamentária.[73]

O Tribunal de Justiça do Estado de São Paulo, por sua vez, também conta com jurisprudência que supera o teor da Súmula 421 do STJ. Elucidativo, neste ponto, emblemático acórdão da 10ª Câmara de Direito Público, que externou os seguintes fundamentos:

> **As inovações legislativas posteriores à edição da Súmula 421, do C. STJ, não mais impedem a Defensoria Pública e aqueles a ela conveniados de receber honorários, quando vitoriosos em causa contra o próprio Estado de que aquela é integrante. Primeiro, pela autonomia, trazida pela Reforma do Judiciário, em sua Emenda 45/04, que alterou, no particular, o art. 134, da CF.**
>
> **(...)**
>
> **A ideia de autonomia diz respeito, justamente, a esta especificação no orçamento, de modo que as verbas direcionadas à Defensoria Pública não estejam "no mesmo balaio" das despesas comuns do Estado.**
>
> **A indicação constitucional, que não deve ser restringida, serve para preservar, diante da importância do objetivo que o legislador reformador assumiu, condições necessárias para a efetivação do acesso à justiça, não mais condicionando estruturas das Defensorias a decisões governamentais de ocasião.**
>
> **Se os orçamentos são distintos e se as verbas auferidas têm destinação específica, não há como perpetuar-se a tese da confusão, que norteou a consolidação jurisprudencial.**
>
> **Isso porque a autonomia visa exatamente distinguir o que a subordinação confundia. Ainda que a pessoa jurídica seja a mesma – no caso, o Estado de São Paulo – as origens e a destinação dos orçamentos são constitucionalmente distintas.**
>
> **Entender o contrário significaria, primeiro, ignorar a disputa orçamentária que chega a desaguar, não raras vezes, até mesmo em**

[73] AR 1.937 AgR, rel. Min. Gilmar Mendes, j. 30.06.2017, DJe 09.08.2017.

> **confronto de poderes (demonstrando que a mesma pessoa jurídica tem, por certo, interesses e objetivos distintos, de acordo com as unções institucionais de seus órgãos), e, depois, subordinar toda a distribuição orçamentária ao crivo do Executivo (ignorando as determinações e limitações que a própria Constituição lhe impõe).**
> **Mas há também mudança legislativa expressa, advinda da Lei Complementar nº 132/09, que alterou dispositivos da Lei Complementar nº 80/94, entre eles o art. 4º, XXI.**
> **(...)**
> **A execução das verbas de sucumbência, frisa a lei, inclusive quando devidas por quaisquer entes públicos (sem restrições, portanto, com relação à pessoa jurídica de que seja integrante), integra o rol de competências da própria defensoria – é dever, não mera faculdade, fazê-lo, portanto. Tenho, assim, que o retrato firmado pela Súmula 421, do STJ, posto que não acompanhado pela legislação que a sucedeu, não mais abarca com precisão a hipótese em comento.**[74]

A questão, por fim, será definitivamente decidida pelo Supremo Tribunal Federal, ante o reconhecimento da repercussão geral do Tema 1002 (*leading case*: RE 1.140.005, rel. Min. Roberto Barroso, j. 03.08.2018), cuja questão jurídica a ser apreciada é a seguinte:

> **Direito Constitucional. Recurso Extraordinário. Pagamento de honorários à Defensoria Pública que litiga contra o ente público ao qual se vincula. Presença de repercussão geral.**
> **1. A decisão recorrida excluiu a condenação da União ao pagamento de honorários advocatícios à Defensoria Pública da União.**
> **2. A possibilidade de se condenar ente federativo a pagar honorários advocatícios à Defensoria Pública que o integra teve a repercussão geral negada no RE 592.730, Rel. Min. Menezes Direito, paradigma do tema nº 134.**

[74] Apelação 1002713-68.2016.8.26.0066, rel. Des. Marcelo Semer, j. 23.04.2018, DJ 17.05.2018. Veja-se, no mesmo sentido: Apelação Cível nº 0051780-97.2012.8.0053, 7ª Câmara de Direito Público, Rel. Des. Magalhães Coelho, j. 23.06.2014 e Apelação Cível nº 0032716-37.2011.8.26.0506, 3ª Câmara de Direito Público, Rel. Des. Camargo Pereira, j. 27.08.2013).

3. As Emendas Constitucionais nº 74/2013 e nº 80/2014, que asseguraram autonomia administrativa às Defensorias Públicas, representaram alteração relevante do quadro normativo, o que justifica a rediscussão da questão.
4. Constitui questão constitucional relevante definir se os entes federativos devem pagar honorários advocatícios às Defensorias Públicas que os integram.
5. Repercussão geral reconhecida.

2.3.3 *Fiscalização e controle*

Cumpre lembrar que, com base na autonomia financeira, à Defensoria cabe elaborar a sua proposta orçamentária dentro dos limites estabelecidos na lei de diretrizes orçamentárias, observados os princípios institucionais e o plano anual de atuação.

Não se pode olvidar que, apesar da autonomia constitucionalmente assegurada, a administração da DPESP, quanto à legalidade, legitimidade, economicidade, aplicação de dotações e recursos próprios e renúncia de receitas, está sujeita a fiscalização, na forma do art. 9º, § 2º da Lei. A fiscalização pode ser interna ou externa. O controle interno deve observar os parâmetros de atuação estabelecidos no art. 74 da Constituição Federal[75].

A fiscalização externa (controle externo), por sua vez, poderá ser exercida pelo Poder Legislativo e pelo Tribunal de Contas do Estado

[75] Art. 74. Os Poderes Legislativo, Executivo e Judiciário manterão, de forma integrada, sistema de controle interno com a finalidade de:
I – avaliar o cumprimento das metas previstas no plano plurianual, a execução dos programas de governo e dos orçamentos da União;
II – comprovar a legalidade e avaliar os resultados, quanto à eficácia e eficiência, da gestão orçamentária, financeira e patrimonial nos órgãos e entidades da administração federal, bem como da aplicação de recursos públicos por entidades de direito privado;
III – exercer o controle das operações de crédito, avais e garantias, bem como dos direitos e haveres da União;
IV – apoiar o controle externo no exercício de sua missão institucional.
§ 1º Os responsáveis pelo controle interno, ao tomarem conhecimento de qualquer irregularidade ou ilegalidade, dela darão ciência ao Tribunal de Contas da União, sob pena de responsabilidade solidária.
§ 2º Qualquer cidadão, partido político, associação ou sindicato é parte legítima para, na forma da lei, denunciar irregularidades ou ilegalidades perante o Tribunal de Contas da União.

(TCE). Neste sentido, o art. 33, inciso I, da Constituição do Estado de São Paulo dá competência ao TCE para "julgar as contas dos administradores e demais responsáveis por dinheiros, bens e valores públicos da administração direta e autarquias, empresas públicas e sociedades de economia mista, incluídas as fundações instituídas ou mantidas pelo Poder Público estadual, e as contas daqueles que derem perda, extravio ou outra irregularidade de que resulte prejuízo ao erário".

A complementar a disposição da Constituição estadual, a Lei Orgânica do Tribunal de Contas do Estado de São Paulo (Lei Complementar estadual n. 709/1993), estabelece o seguinte:

> **Artigo 2º – Ao Tribunal de Contas do Estado de São Paulo, nos termos da Constituição Estadual e na forma estabelecida nesta lei, compete:**
> **(...)**
> **III – julgar, no âmbito do Estado e dos Municípios, as contas dos gestores e demais responsáveis por bens e valores públicos da administração direta e autarquias, empresas públicas e sociedades de economia mista, inclusive fundações instituídas ou mantidas pelo Poder Público, e as contas daqueles que derem causa a perda, extravio ou outra irregularidade de que resulte dano ao erário;**
>
> **Artigo 15 – Estão sujeitos à jurisdição do Tribunal de Contas e só por decisão deste podem liberar-se de sua responsabilidade:**
> **I – os ordenadores de despesa, administradores, destores e demais responsáveis por bens e valores públicos;**

Tais disposições ensejam que, no âmbito da Defensoria Pública, o/a Defensor/a Público/a-Geral, enquanto gestor/a máximo/a da Instituição, nos termos do art. 19, incisos I e V, da LCE 988/06, responde pelas contas a serem prestadas – e apreciadas – pelo Tribunal de Contas do Estado. Do mesmo modo, os/as responsáveis por outros órgãos internos incumbidos de ordenar despesas, tais como, a Coordenadoria Geral de Administração (art. 60, da LCE 988/06) e a direção da Escola da Defensoria Pública (art. 58, da LCE 988/06 e Lei estadual 12.793/2008), submetem-se à jurisdição do TCE a título de controle externo.

CAPÍTULO 3
PRINCÍPIOS INSTITUCIONAIS

O art. 4º da lei elenca os três princípios institucionais: unidade, indivisibilidade e independência funcional. Tratando-se de princípios legalmente previstos, devem ser interpretados e aplicados conforme a sistemática própria dos princípios jurídicos, ou seja, são normas jurídicas dotadas de maior grau de abstração, cuja aplicação concreta está submetida a uma lógica de ponderação, com maior ou menor grau de densidade normativa conforme os princípios em jogo na resolução de determinado caso concreto[76].

3.1 Unidade

O **princípio da unidade** prescreve que a Defensoria Pública é uma instituição **una, incindível entre os seus membros**. A atuação, judicial ou extrajudicial, é da Instituição, logo, **não é imputável a um membro específico**. Por esse motivo, **não há solução de continuidade** na atuação da Instituição (nem na prestação do serviço público) pela substituição de um membro por outro, temporariamente ou não.

[76] Cf. Barroso, Luís Roberto. *Curso de Direito Constitucional Contemporâneo: os conceitos fundamentais e a construção do novo modelo*. 1ª ed. São Paulo, Saraiva, 2009, p. 203-211 e Canotilho, José Joaquim Gomes. *Direito Constitucional e Teoria da Constituição*. 7ª ed. Coimbra: Almedina, 2003, p. 1.255 e s.

Em outras palavras:

> O princípio da unidade significa que os atos dos defensores públicos são atos da própria instituição, de modo que não são estes servidores públicos especiais que atuam pessoalmente nas demandas judiciais ou administrativas, mas a Defensoria Pública como um todo. Se o titular de determinada defensoria entrar de férias ou for substituído, continua a representação judicial pelo substituto, não prejudicando os atos anteriores, nem os posteriores ao afastamento temporário.[77]

De outro lado, o princípio da unidade tem aplicação não somente nos casos de atuação judicial da Defensoria, como também na representação institucional em casos de ações coletivas movidas pela Defensoria Pública. Em realidade, entendemos possível a aplicação desse princípio, em alguma medida, a todas as atribuições do art. 5º da Lei, em especial: educação em direitos (orientação jurídica da população carente, inciso I), atuação junto aos Conselhos estatais de políticas públicas (inciso XI), promoção de mediação e conciliação extrajudicial (inciso VI, alínea "a"), atuação perante os sistemas global e regional de proteção de direitos humanos (inciso VI, alínea "b") etc. Essa conclusão decorre do fato de que o exercício de todas as atribuições institucionais deve se pautar pelos valores que inspiram a Defensoria Pública em geral (âmbito constitucional) e, particularmente, a Defensoria Pública paulista.

Ressalva-se, contudo, a hipótese de atuação de integrantes da carreira representando partes opostas no mesmo processo. Nesse caso, os órgãos de atuação deverão zelar para que não se manifestem em favor da outra parte no processo, sob pena de caracterização de colidência de interesses. Nessa hipótese, há uma atenuação do princípio da unidade, uma vez que o/a profissional responsável pelos interesses do autor não poderá atuar em favor do réu, no caso de, por exemplo, o órgão que atua em benefício deste último iniciar o gozo de férias ou licença-prêmio.

A unidade mantém estreita relação com o princípio da finalidade, na medida em que todos os/as Defensores/as Públicos/as devem atuar, respeitada a sua independência funcional, com vistas a garantir a finalidade última da Instituição, que é a prestação do serviço de assistência jurídica

[77] COSTA, Nelson Nery. *Manual do Defensor Público*. Rio de Janeiro, GZ Editora, 2010, p. 43.

integral e gratuita à população carente. Outra decorrência do referido princípio é o reconhecimento da validade da liderança institucional atribuída aos órgãos superiores, na forma e limites definidos na Lei Complementar n. 988/06.

3.2 Indivisibilidade

O **princípio da indivisibilidade** é corolário lógico do princípio da unidade. Preceitua o princípio da indivisibilidade que a atuação da Defensoria Pública, seja representando um usuário, seja atuando em nome próprio (e.g.: propositura de ação coletiva) deve ser **contínua e válida**, independentemente de eventual substituição entre os seus membros. Paulo Galliez aduz, inclusive, que "o que melhor caracteriza a indivisibilidade são as prerrogativas da intimação pessoal e a contagem em dobro de todos os prazos"[78].

Tal princípio guarda afinidade com o **princípio da impessoalidade**, assegurado no *caput* do art. 37 da Constituição da República. A atuação dos membros da carreira, além de una (incindível e destinada à garantia do acesso à justiça), é impessoal, uma vez que o Defensor Público, não obstante a sua independência funcional, tem o dever de atuar em atenção às finalidades constitucionais e legais impostas ao seu cargo. Isto é: na condição de agente público, integrante de uma instituição pública, deve zelar pelo atendimento ao cidadão e à coletividade hipossuficientes, garantindo-lhes, no exercício de suas atribuições, a consecução da finalidade precípua da Defensoria Pública, qual seja, a prestação da assistência jurídica integral e gratuita (art. 2º da Lei Complementar n. 988/06).

3.3 Independência funcional

O **princípio da independência funcional**, por fim, pondera os dois anteriores, assegurando aos órgãos de execução e atuação (Defensores Públicos e Núcleos Especializados) a possibilidade de se valerem das **técnicas que julgarem mais apropriadas para a atuação em um determinado caso concreto**. Busca-se, em suma, garantir ao Defensor ou Defensora uma liberdade de atuação para atingir, com sucesso, o inte-

[78] GALLIEZ, Paulo Cesar Ribeiro. *Princípios Institucionais da Defensoria Pública*. 5ª. ed. São Paulo: Lumen Juris, 2010, p. 44.

resse perseguido pelo usuário, no âmbito individual, ou o interesse coletivo das pessoas hipossuficientes, na seara da tutela coletiva.

Tal princípio diz respeito à margem de atuação conferida à Defensora ou Defensor Público, para que se valha da estratégia e argumentação jurídico-processual mais propícia à consecução da assistência jurídica integral, seja no plano individual, seja no plano coletivo. Guarda estreita relação com o sucesso (procedência) da demanda em que atuar (judicial ou administrativa), caso não logre a conciliação ou mediação, como meios alternativos de solução de controvérsias.

A independência funcional encontra aplicação em todas as atribuições previstas na Lei, apesar de, em algumas funções, comportar aplicação diferenciada, em comparação com a litigância judicial. Confira-se, por exemplo, as atribuições elencadas no art. 5º, incisos IV ("manter comissões permanentes para formular e acompanhar propostas de elaboração, revisão e atualização legislativa") e XI ("integrar os conselhos federais, estaduais e municipais cujas finalidades lhes sejam afetas"). Nesses casos, a independência funcional se reveste de uma natureza menos atinente à condução de um processo ou procedimento. A independência funcional, nessas categorias de atribuições, volta-se primordialmente à margem de liberdade de articulação político-institucional entre instituições e esferas de poder, com o fito de pluralizar o debate sociolegislativo acerca do acesso à justiça.

3.4 As teses institucionais

As teses institucionais constituem tema relevante e comumente associado ao alcance dos princípios institucionais. Encontram previsão legal no art. 58 da Lei, que arrola as competências da Escola da Defensoria Pública – EDEPE:

> **Artigo 58 – A Escola é órgão auxiliar da Defensoria Pública do Estado, competindo-lhe:**
>
> **(...)**
>
> **XV – organizar encontro anual dos Defensores Públicos para a definição de teses institucionais, que deverão ser observadas por todos os membros da carreira, constituindo parâmetros mínimos de qualidade para atuação;**
>
> **(...)**

Atribuição similar é conferida pela Lei aos Núcleos Especializados da Defensoria, como se infere do art. 53 da Lei, *in verbis*:

> **Artigo 53 – Compete aos Núcleos Especializados, dentre outras atribuições:**
> **(...)**
> **III – realizar e estimular o intercâmbio permanente entre os Defensores Públicos, objetivando o aprimoramento das atribuições institucionais e a uniformidade dos entendimentos ou teses jurídicas;**
> **(...)**

Os artigos acima colacionados tratam das chamadas teses institucionais, que, apesar de figurarem como competência da EDEPE (e, em alguma medida, dos Núcleos Especializados), comportam exame no capítulo referente aos princípios institucionais.

Com efeito, prevê a lei orgânica da Defensoria Pública do Estado de São Paulo a formulação conjunta e democrática de teses institucionais, atribuindo-lhes a natureza de "parâmetros mínimos de qualidade para atuação". Fundamentam-se, à evidência, no princípio da unidade e no princípio da eficiência do serviço público, uma vez que, uniformizando entendimentos jurídicos dentro da carreira, se destinam a conferir certa identidade institucional à atuação dos Defensores. São elementos de uma verdadeira **litigância estratégica**.

Veja-se, contudo, que a almejada uniformidade e identidade de posições técnico-jurídicas não constituem atenuação da independência funcional, ante o caráter democrático da formulação das teses institucionais[79].

De fato, a observância das teses institucionais é obrigatória nos termos dos arts. 58, inciso XV e 164, inciso XIX, ambos da LC 988/06, sobretudo porque elaboradas em um contexto democrático na carreira (o Encontro Estadual de Defensores e Defensoras Públicas). No entanto, em situações-limite, é lícito afirmar que o Defensor Público pode, com base na sua independência funcional, afastar a aplicação de certa tese institucional, desde que a medida se revele mais adequada aos interesses

[79] As teses institucionais da Defensoria Pública do Estado de São Paulo decorrem das conclusões emanadas do Encontro Estadual de Defensores e Defensoras Públicas.

do usuário. Pode haver mesmo casos excepcionais em que a obrigatoriedade da tese institucional se sujeite à independência funcional. Nessas situações, deve o Defensor Público justificar a sua conduta em manifestação fundamentada, na qual exporá as razões pelas quais deixou de aplicar determinada tese institucional, prevalecendo o seu entendimento baseado em sua independência funcional.

3.5 O Princípio do Defensor Natural

O princípio do defensor natural não figura como um dos princípios institucionais no art. 4º da LCE 988/06. Tampouco consta, expressamente, no rol dos princípios institucionais das Defensorias Públicas, previsto no art. 3º da LC 80/94. Ambos os dispositivos legais apresentam, como princípios institucionais, o princípio da unidade, o da indivisibilidade e o da independência funcional.

Contudo, considerando que estamos a tratar de princípios, entendemos conveniente abordar o princípio do defensor natural neste Capítulo apesar de – repita-se – não ser ele um princípio institucional expresso da Defensoria Pública.

Esse princípio foi inicialmente vislumbrado pela doutrina, mas acabou encontrando respaldo legal, em âmbito nacional[80], com a edição da Lei Complementar 132/09, ao inserir a expressão no art. 4º da LC 80/94, nestes termos:

> **Art. 4º São funções institucionais da Defensoria Pública, dentre outras:**
>
> **(...)**
>
> **IV – o patrocínio de seus direitos e interesses pelo defensor natural; (Incluído pela Lei Complementar nº 132, de 2009).**

[80] Em realidade, a própria LCE 988/06 já continha uma menção ao Defensor Natural, no seu art. 53, inciso II ("Artigo 53 – Compete aos Núcleos Especializados, dentre outras atribuições: (...) II – propor medidas judiciais e extrajudiciais, para a tutela de interesses individuais, coletivos e difusos, e acompanhá-las, agindo isolada ou conjuntamente com os Defensores Públicos, sem prejuízo da atuação do Defensor Natural). Foi somente com a alteração da Lei Orgânica Nacional que a expressão alcançou aplicabilidade nacional no art. 4º-A, inciso V, da LC 80/1994.

O princípio do defensor natural prescreve que o destinatário dos serviços da Defensoria Pública tem o direito de ser atendido e ter a sua demanda analisada por Defensor com atribuições territorial e material[81] para aquele determinado caso, previamente estabelecidas em normas editadas pela Instituição, em conformidade com a sua autonomia.

Garante-se a atuação daquele específico membro da carreira que, nos termos da organização interna da Instituição, tenha atribuição para aquele certo caso.

Trata-se de princípio com **dupla faceta: é garantia ao mesmo tempo do usuário do serviço e do órgão de execução atuante**.

Sob o prisma do destinatário do serviço, permite que ele tenha a sua pretensão examinada e tutelada juridicamente pelo/a profissional com atribuição para aquele caso, seja do ponto de vista territorial, seja do ponto de vista material. Torna proibida, por via reflexa, a escolha de um determinado membro da carreira para que o assista juridicamente. Do mesmo modo, fica defesa a escolha, por qualquer órgão superior da carreira (Defensoria Pública-Geral, inclusive), de um determinado órgão de execução para a tutela de uma específica demanda, ressalvados os casos autorizados no *caput* do art. 163 da LCE 988/06, dentre os quais o motivo de interesse público. Ressalvam-se, também, designações determinadas pela Defensoria Pública-Geral e Subdefensorias Públicas-Gerais para atuações pontuais, que não traduzam atribuição perene, tais como projetos-piloto em determinada localidade ou sobre determinada temática. Tais designações se justificam como necessárias para garantir o atendimento de novas demandas, cuja implementação reclama preparação prévia, que pode ser viabilizada por tais designações pontuais.

Sob a ótica do órgão de execução, o princípio em tela se mostra como uma segurança para que exerça suas atribuições, como órgão de

[81] A fixação das atribuições dos Defensores Públicos do Estado de São Paulo encontra-se regulada na Deliberação n. 143/2009 do Conselho Superior. O que denominamos, no conceito acima, por atribuição territorial refere-se às atribuições funcionais gerais ("classificação dos Defensores Públicos conforme seu local de atuação"), enquanto que o que chamamos de atribuição material corresponde às atribuições funcionais específicas ("a atuação conforme foros regionais, varas judiciais, números de autuação de processos e outros elementos que possam delimitar o âmbito de atividade dos Defensores Públicos dentro de suas atribuições gerais").

execução natural, em conformidade com os critérios territorial e material de fixação de seu cargo. Veda-se, por via oblíqua, que seja designado para atender a uma demanda específica, ressalvada, mais uma vez, a autorização dada pelo art. 163 da LCE 988/06. Existem, destarte, evidentes aspectos nesse princípio que decorrem da garantia da inamovibilidade (art. 160, inciso II, da Lei), garantia essa examinada a fundo no Capítulo 7.

CAPÍTULO 4
ATRIBUIÇÕES INSTITUCIONAIS

4.1 Atribuições, fundamentos de atuação e finalidade institucionais

O art. 5º da Lei Complementar estadual n. 988/2006 estatui as atribuições institucionais, em consonância com as normas gerais previstas no art. 4º da Lei Complementar n. 80/94.

O rol legal apresenta inúmeras inovações à época em que editada a lei, muitas das quais inspiraram a reformulação da Lei Complementar 80/1994, servindo de subsídio e parâmetro ao legislador federal para proceder às modificações inseridas na Lei Orgânica Nacional (LC 80/94), operadas por força da publicação da Lei Complementar 132/2009.

Convém observar que o feixe de atribuições legais tem base axiológica nos fundamentos de atuação da Defensoria Pública do Estado de São Paulo, dispostos no art. 3º da Lei Orgânica, a saber:

a) a prevenção dos conflitos;
b) a construção de uma sociedade livre, justa e solidária e
c) a erradicação da pobreza e da marginalidade, e a redução das desigualdades sociais e regionais.

De outro vértice, as atribuições estão disciplinadas de modo tal a se atingir a finalidade estatuída pelo legislador estadual à Defensoria Pública paulista, qual seja: a "tutela jurídica integral e gratuita, individual e coletiva, judicial e extrajudicial, dos necessitados" (art. 2º da

LCE 988/06). Com isso, tem-se que as atribuições institucionais do art. 5º devem ser sempre interpretadas com vistas a dar-lhes **o sentido que mais efetive a finalidade** da Defensoria Pública do Estado de São Paulo.

Esquematicamente:

Fundamentos de atuação	⇒	**Atribuições Institucionais**	⇒	**Finalidade**
– a prevenção dos conflitos; – a construção de uma sociedade livre, justa e solidária e – a erradicação da pobreza e da marginalidade, e a redução das desigualdades sociais e regionais.				tutela jurídica integral e gratuita, individual e coletiva, judicial e extrajudicial, dos necessitados

4.2 Necessidade econômica e necessidade organizacional

A necessidade de que tratam os arts. 5º, inciso LXXIV e 134 da Constituição Federal não é somente a necessidade econômica, compreendida como vulnerabilidade econômica.

A doutrina dá um alcance maior à expressão "necessidade" constante do texto constitucional, superando o significado de necessidade meramente econômica.

Esse conceito mais elástico abrange a chamada necessidade organizacional (entendida como vulnerabilidade social). Vejamos o que vem a ser essa necessidade organizacional, enfocando as posições da Profa. Ada Pellegrini Grinover e aquela decorrente das ondas renovatórias de Mauro Cappelletti e Bryant Garth.

Para isso, convém separar as quatro situações de vulnerabilidade social relacionadas à atuação da Defensoria Pública, conforme propõe a doutrina majoritária sobre o tema:

SITUAÇÕES DE VULNERABILIDADE SOCIAL → ATRIBUIÇÕES INSTITUCIONAIS
Tutela coletiva
Defesa criminal
Curadoria Especial
Ações possessórias multitudinárias

4.2.1 *Tutela coletiva*

Ada Pelegrini Grinover já asseverou que a assistência jurídica transcende a proteção aos economicamente fracos (sentido primeiro, clássico e tradicional), alcançando os socialmente vulneráveis.

> Isso porque existem os que são necessitados no plano econômico, mas também existem os **necessitados do ponto de vista organizacional.** Ou seja, todos aqueles que são **socialmente vulneráveis**: os consumidores, os usuários de serviços públicos, os usuários de planos de saúde, os que queiram implementar ou contestar políticas públicas, como as atinentes à saúde, à moradia, ao saneamento básico, ao meio ambiente, etc.[82]

Assim, afirmava a ilustre processualista que o termo "insuficiência de recursos", contido no art. 5º, inciso LXXIV da CF/88, não se limita ao critério financeiro de necessidade, abrangendo a precariedade de recursos organizacionais, culturais, sociais.

Essa compreensão elástica do termo "necessidade", alcançando, além da necessidade econômica, também a necessidade organizacional, se mostra compatível com as ondas renovatórias propostas por Mauro Cappelletti e Bryant Garth.

Com efeito, a necessidade econômica constitui o primeiro obstáculo ao acesso à justiça (obstáculo econômico), que é superado pela prestação de assistência judiciária (estabelecimento da atividade/serviço estatal de representação judicial da população carente) e pela concessão de gratuidade de justiça (isenção de despesas processuais).

No entanto, como vimos acima, a Defensoria Pública é instrumento de concretização da assistência jurídica integral e gratuita, conceito mais amplo que, portanto, aumenta as possibilidades de atribuições institucionais.

De fato, caso a Constituição previsse, como direito fundamental, somente a assistência judiciária (ou mesmo somente a justiça gratuita), a Defensoria Pública teria sentido apenas para superar o obstáculo econômico ao acesso à justiça.

[82] GRINOVER, Ada Pellegrini. *Parecer sobre a legitimidade da Defensoria Pública para o ajuizamento de ação civil pública*. São Paulo: Revista da Defensoria Pública, ano 4 – n. 2, 2011, p. 155.

Contudo, a adoção do termo "assistência jurídica integral" torna inequívoca a vontade do constituinte de criar uma instituição voltada à superação de todos os obstáculos ao acesso à justiça, contemplando, pois, todas as ondas renovatórias propostas por Mauro Cappelletti e Bryant Garth[83].

Desse modo, a atuação da Defensoria Pública não está fundamentada, somente, na vulnerabilidade econômica. Funda-se, também, na necessidade organizacional, ou seja, na dificuldade de organização de grupos em face das complexas relações sociojurídicas na sociedade de massas[84].

A vulnerabilidade organizacional corresponde, em grande medida, ao segundo obstáculo ao acesso à justiça, ante o reconhecimento da existência de grupos socialmente vulneráveis.

Como se pode perceber, a necessidade organizacional é o fundamento para a atuação da Defensoria Pública na defesa de interesses difusos, coletivos e individuais homogêneos.

Como examinado acima, a legitimidade da Defensoria Pública para mover ações coletivas se encontra atualmente consagrada em sede constitucional (art. 134, da CF/88), bem está legalmente prevista no art. 5º, inciso II, da Lei 7.347/85, com a redação dada pela Lei 11.448/07 e art. 4º, inciso VII, da LC 80/94.

Ocorre que existem outras formas de vulnerabilidades sociais que não são necessariamente tuteláveis por meio de ações coletivas. De fato, existem situações no ordenamento jurídico que configuram momentos de vulnerabilidade social em demandas individuais: são os casos da curadoria especial e da defesa criminal.

4.2.2 *A defesa criminal*

Considera-se que a pessoa acusada em um processo penal, independentemente de sua condição financeira, se encontra, sempre em posição de vulnerabilidade perante a acusação. Por isso mesmo, o ordenamento jurídico-penal não concebe a condenação criminal de alguém sem efetiva defesa. Na lição de Ada Pellegrini Grinover:

[83] É, aliás, o que se sustenta no item 4.5 abaixo.

[84] Cf. Grinover, Ada Pellegrini. *Acesso à Justiça e o Código de Defesa do Consumidor. In*: O Processo em Evolução. Rio de Janeiro: Forense Universitária, 1996, p. 116/117.

> Não cabe ao Estado indagar se há ricos ou pobres, porque o que existe são acusados que, não dispondo de advogados, ainda que ricos sejam, não poderão ser condenados sem uma defesa efetiva. Surge, assim, mais uma faceta da assistência judiciária, assistência aos necessitados, não no sentido econômico, mas no sentido de que o Estado lhes deve assegurar as garantias do contraditório e da ampla defesa.[85]

Desse modo, é lícita a participação da Defensoria Pública na defesa criminal de pessoa que não seja economicamente necessitada, uma vez que sua atuação, nesse caso, se destina a efetivar o contraditório e a ampla defesa, indispensáveis ao prosseguimento válido do processo penal.

> O denunciado que tem patrimônio que o habilita a constituir advogado, mas que, apesar disso, silencia, também deverá receber a tutela estatal da Defensoria Pública, uma vez que se encontra em estado de vulnerabilidade. Neste caso, a razão do patrocínio judicial não será a sua incapacidade econômica, mas sim *a necessidade de se assegurar o exercício efetivo e real do direito de defesa.*[86]

Essa conclusão decorre do art. 8º, 2, "e" da Convenção Americana de Diretos Humanos (Pacto de São José da Costa Rica):

> **"Artigo 8º – Garantias judiciais**
> **(...)**
> **2. Toda pessoa acusada de um delito tem direito a que se presuma sua inocência, enquanto não for legalmente comprovada sua culpa. Durante o processo, toda pessoa tem direito, em plena igualdade, às seguintes garantias mínimas:**
> **(...)**
> **e) direito irrenunciável de ser assistido por um defensor proporcionado pelo Estado, remunerado ou não, segundo a legislação interna, se o acusado não se defender ele próprio, nem nomear defensor dentro do prazo estabelecido pela lei;**
> **(...)"**

[85] Cf. Grinover, Ada Pellegrini. *Assistência Judiciária e Acesso à Justiça*. *In*: Novas Tendências do Direito Processual. 2ª ed. Rio de Janeiro: Forense Universitária, 1990, p. 246.

[86] Lima, Frederico Rodrigues Viana de. *Defensoria Pública*. 2ª ed. Salvador: Editora Juspodivm, 2012, p. 212.

Além disso, o contraditório e a ampla defesa, garantias com assento constitucional, conjugadas com as garantias dispostas no Pacto de São José, permitem afirmar que o ordenamento jurídico nacional impõe uma "paridade de armas" entre a acusação e a defesa, a justificar a intervenção obrigatória da Defensoria Pública em favor de pessoas acusadas que, embora tenham condições econômicas, por alguma razão não constituíram defesa técnica.

Cabe observar que, nesse caso, a intervenção da Defensoria Pública não poderá reverter em enriquecimento ilícito ao acusado não necessitado e que não constituiu advogado. Dessa maneira, caberá ao juiz arbitrar honorários advocatícios devidos à Defensoria Pública (revertidos ao FUNDEPE, como examinamos acima – item 2.3.2), independentemente de ter sido o acusado condenado ou absolvido.

4.2.3 *Curadoria especial*

O art. 4º, inciso XVI, da Lei Complementar n. 80/94, atribui à Defensoria Pública o exercício da curadoria especial nos casos previstos em lei. A mesma atribuição é repetida na Lei Orgânica da Defensoria Pública do Estado de São Paulo no inciso VIII do seu art. 5º.

As hipóteses de nomeação de curador especial estão previstas no arts. 72 e 752, § 3º, do Código de Processo Civil:

> **Art. 72. O juiz nomeará curador especial ao:**
> **I – incapaz, se não tiver representante legal ou se os interesses deste colidirem com os daquele, enquanto durar a incapacidade;**
> **II – réu preso revel, bem como ao réu revel citado por edital ou com hora certa, enquanto não for constituído advogado.**
> **Parágrafo único. A curatela especial será exercida pela Defensoria Pública, nos termos da lei.**
>
> **Art. 752. Dentro do prazo de 15 (quinze) dias contado da entrevista, o interditando poderá impugnar o pedido.**
> **§ 1º O Ministério Público intervirá como fiscal da ordem jurídica.**
> **§ 2º O interditando poderá constituir advogado, e, caso não o faça, deverá ser nomeado curador especial.**
> **§ 3º Caso o interditando não constitua advogado, o seu cônjuge, companheiro ou qualquer parente sucessível poderá intervir como assistente.**

Segundo a lição de Marcus Vinicius Rios Gonçalves, "a função do curador especial é reequilibrar o processo no qual uma das partes encontra-se em posição desvantajosa. Sua participação decorre da necessidade de assegurar-se o respeito ao princípio constitucional da isonomia"[87] (destacamos).

Nos termos do art. 4º, inciso XVI, da LC 80/94, repetido no art. 4º, inciso VIII da Lei Orgânica da Defensoria Pública do Estado de São Paulo, é função institucional da Defensoria Pública o exercício da curadoria especial nos casos legais.

Vale lembrar, a título de notícia histórica, que, "no Estado de São Paulo, o Ministério Público exerceu o encargo de curador especial até 1991, quando a Lei Complementar Estadual n. 667/91 revogou o art. 41, II, da Lei Complementar n. 304/82. Não era mesmo função típica do Ministério Público. Agora, incumbe em caráter exclusivo à defensoria pública a atividade"[88].

Atualmente, tanto a jurisprudência do Superior Tribunal de Justiça, quanto a do Tribunal de Justiça do Estado de São Paulo, registram expressamente ser papel da Defensoria Pública o múnus da curadoria especial em ações de curatela, entendendo que não basta a atuação do Ministério Público como fiscal da lei nos respectivos autos:

> **CIVIL. PROCESSUAL CIVIL. RECURSO ESPECIAL. IMPOSSIBILIDADE DE EXERCÍCIO DE CURADORIA ESPECIAL PELO MINISTÉRIO PÚBLICO. MUNUS EXERCIDO PELA DEFENSORIA PÚBLICA. 1- Ação distribuída em 18/12/2013. Recurso especial interposto em 05/10/2015 e atribuído à Relatora em 22/2/2017. 2- Diante da incompatibilidade entre o exercício concomitante das funções de custos legis e de curador especial, cabe à Defensoria Pública o exercício de curadoria especial nas ações de interdição. Precedentes. 3- Recurso especial conhecido e provido, para restabelecer a decisão que nomeou a Defensoria Pública Estadual como curadora especial.**
>
> (REsp n. 1.651.165/SP, relatora Ministra Nancy Andrighi, Terceira Turma, julgado em 19/9/2017, DJe de 26/9/2017)

[87] Gonçalves, Marcus Vinícius. *Novo Curso de Direito Processual Civil*, vol. 1. 7ª ed. São Paulo: Saraiva, 2010, p. 106.

[88] Gonçalves, Marcus Vinícius. Novo Curso de Direito Processual Civil, vol. 1. 7ª ed. São Paulo: Saraiva, 2010, p. 110.

AGRAVO DE INSTRUMENTO. CURATELA. Insurgência contra decisão que determinou a nomeação de curador especial. Atuação do Ministério Público como fiscal da ordem jurídica que não supre a necessidade de nomeação de interdição. Impossibilidade do cônjuge exercer o papel quando foi nomeado curador provisório. Conflito de interesses. Ausência de prejuízo ao agravante, na medida em que o papel de curador especial pode ser exercido pela Defensoria Pública. Recurso não provido.
(TJSP; Agravo de Instrumento 2027260-52.2022.8.26.0000; Relator (a): Enio Zuliani; Órgão Julgador: 4ª Câmara de Direito Privado; Foro Central Cível – 6ª Vara Cível; Data do Julgamento: 01/06/2022; Data de Registro: 01/06/2022)

AGRAVO DE INSTRUMENTO. INTERDIÇÃO. CURATELA. Decisão que entendeu pela desnecessidade de nomeação de curador especial, sob o argumento de que o órgão ministerial atual como fiscal da aplicação da lei e dos direitos e garantias fundamentais. Inconformismo do Ministério Público. Acolhimento. Não basta que o Ministério Público atue como custos legis nas ações de interdição. Artigo 752 do NCPC. Regra cogente que não deixa margem à interpretação ao determinar a nomeação de curador especial em caso de não constituição de defensor particular. Condição de regularidade do processo, em atenção ao princípio do devido processo legal. Artigo 72 do NCPC à Defensoria Pública. Decisão reformada. RECURSO PROVIDO.
(TJSP; Agravo de Instrumento 2178982-12.2017.8.26.0000; Relator (a): Clara Maria Araújo Xavier; Órgão Julgador: 8ª Câmara de Direito Privado; Foro de Sertãozinho – 2ª Vara Cível; Data do Julgamento: 22/02/2018; Data de Registro: 22/02/2018)

AGRAVO DE INSTRUMENTO. PROCEDIMENTO DE INTERDIÇÃO. DECISÃO QUE ATRIBUIU AO MINISTÉRIO PÚBLICO A FUNÇÃO DE CURADORIA ESPECIAL DO INTERDITANDO. FUNÇÕES DE CURADORIA ESPECIAL E DE FISCAL DA LEI QUE NÃO SE CONFUNDEM E QUE DEVEM SER EXERCIDAS POR INSTITUIÇÕES DIVERSAS, SEGUNDO ASSIM O DISPÕE A LEI. FUNÇÃO DE CURADORIA ESPECIAL QUE É, POR FORÇA

> **DE LEI, DA ATRIBUIÇÃO DA DEFENSORIA PÚBLICA. DECISÃO REFORMADA. AGRAVO DE INSTRUMENTO PROVIDO, COM DETERMINAÇÃO.**
> (TJSP; Agravo de Instrumento 2188684-06.2022.8.26.0000; Relator (a): Valentino Aparecido de Andrade; Órgão Julgador: 9ª Câmara de Direito Privado; Foro Regional VII – Itaquera – 1ª Vara da Família e Sucessões; Data do Julgamento: 01/11/2022; Data de Registro: 01/11/2022)

> **AGRAVO DE INSTRUMENTO. Interdição e Curatela. Insurgência contra decisão que indeferiu a nomeação de curador especial. Reforma pertinente. Pretendida nomeação da Defensoria Pública para curadoria especial. Cabimento. Atuação do Ministério público como fiscal da lei em demandas que envolvam interesses de incapaz. Aplicação do art. 178, inciso II, do CPC. Necessidade de nomeação da Defensoria Pública como curadora especial. Observância do art. 72, inciso I e parágrafo único, do CPC. Decisão reformada. RECURSO PROVIDO.**
> (TJSP; Agravo de Instrumento 2056701-15.2021.8.26.0000; Relator (a): Jair de Souza; Órgão Julgador: 10ª Câmara de Direito Privado; Foro Regional VII – Itaquera – 1ª Vara da Família e Sucessões; Data do Julgamento: 29/11/2021; Data de Registro: 29/11/2021)

De outro lado, na curadoria especial em geral, nada impede que um órgão de execução da Defensoria Pública atue na condição de curador especial do réu, ainda que outro represente os interesses da parte autora, desde que, obviamente, se trate de dois profissionais distintos. Confira-se, a esse respeito, o entendimento exarado pelo Tribunal de Justiça de São Paulo:

> **Agravo de Instrumento – Determinação de nomeação de defensor ao réu citado por edital sob o fundamento de que o autor já é representado pela Defensoria Pública – Curador especial que já foi indicado pela mesma instituição e já contestou o feito – Inexistência de conflito de interesses na medida em que cada defensor atuará na defesa dos interesses da parte que representa – Decisão modificada – Recurso provido.**
> (Agravo de Instrumento n. 0173597-64.2010.8.26.0000, 7ª Câmara de Direito Privado, rel. Des. Luiz Antonio Costa, j. 24.11.2010)

4.2.4 *Ações possessórias multitudinárias*

O Código de Processo Civil contém disposições, no art. 554, §1º e no art. 565, § 2º, que veiculam atuação singular da Defensoria Pública em defesa coletividades carentes em conflitos fundiários. Eis os dispositivos:

> **Art. 554. A propositura de uma ação possessória em vez de outra não obstará a que o juiz conheça do pedido e outorgue a proteção legal correspondente àquela cujos pressupostos estejam provados.**
> **§ 1º No caso de ação possessória em que figure no polo passivo grande número de pessoas, serão feitas a citação pessoal dos ocupantes que forem encontrados no local e a citação por edital dos demais, determinando-se, ainda, a intimação do Ministério Público e, se envolver pessoas em situação de hipossuficiência econômica, da Defensoria Pública.**
>
> **Art. 565. No litígio coletivo pela posse de imóvel, quando o esbulho ou a turbação afirmado na petição inicial houver ocorrido há mais de ano e dia, o juiz, antes de apreciar o pedido de concessão da medida liminar, deverá designar audiência de mediação, a realizar-se em até 30 (trinta) dias, que observará o disposto nos §§ 2º e 4º.**
> **§ 1º Concedida a liminar, se essa não for executada no prazo de 1 (um) ano, a contar da data de distribuição, caberá ao juiz designar audiência de mediação, nos termos dos §§ 2º a 4º deste artigo.**
> **§ 2º O Ministério Público será intimado para comparecer à audiência, e a Defensoria Pública será intimada sempre que houver parte beneficiária de gratuidade da justiça[89].**

Comentando especificamente o art. 554, § 1º, Maurílio Casas Maia aponta que tal intervenção não ostenta natureza jurídica de substituição

[89] Veja que o art. 565, § 2º, do CPC, ao fazer menção à "parte beneficiária da gratuidade de justiça" parece incidir, novamente, na confusão conceitual havida entre os termos gratuidade de justiça (ou gratuidade processual ou justiça gratuita) e assistência jurídica integral e gratuita. Com efeito, a parte beneficiária da justiça gratuita pode ser representada por advogada ou advogado particular e, nesta situação, nada justificaria a intervenção da Defensoria Pública. O que o Código parece pretender regular é a participação da Defensoria Pública em conflitos fundiários em que haja interesse institucional de atuar na condição de *custos vulnerabilis*, como exposto abaixo.

processual "uma vez que a Defensoria Pública não 'substitui' os demandados para fins de citação, sendo os demandados citados, de modo a possuírem a faculdade de atuar concomitantemente em juízo"[90]. Para o autor, a Defensoria Pública também não figura como litisconsorte passivo, na medida em que a Defensoria Pública não é titular do direito material em disputa e porque "se a intenção do legislador fosse formar uma espécie de litisconsórcio passivo necessário, o esperado seria a promoção da citação e não da intimação do órgão defensorial"[91].

Esta seria, então, segundo o autor, uma intervenção *ex vi legis*, na qual a Defensoria Pública atua no feito como terceira interveniente – "terceiro no sentido de ser alheia ao esquema subjetivo mínimo do processo, para além dos sujeitos principais da demanda (autor e réu)"[92] – de modo que atua "na função de defesa dos próprios interesses institucionais"[93].

Com efeito, a hipótese de atuação, no caso, se dá "em harmonia com a vocação político-jurídica" da instituição, "em prol da efetivação dos direitos da comunidade necessitada de posse, moradia, habitação etc". O intuito da lei é criar "um efetivo debate democrático em contraditório com outros órgãos, como o Ministério Público, órgãos de política de agrária (rural e urbana), nos termos dos §§ 2º e 4º do art. 565 do NCPC". Para Maurílio Casas Maia, em suma, "a Defensoria Pública funciona como amplificadora do contraditório dos interesses comunitários"[94].

[90] Maia, Maurílio Casas. A intervenção de terceiro da Defensoria Pública nas ações possessórias multitudinárias: uma resenha sobre o § 1º do art. 554 do NCPC e o *custos vulnerabilis*. *Cadernos da Defensoria Pública do Estado de São Paulo*. V. 4, N. 25, p. 94, 2019.

[91] Maia, Maurílio Casas. A intervenção de terceiro da Defensoria Pública nas ações possessórias multitudinárias: uma resenha sobre o § 1º do art. 554 do NCPC e o *custos vulnerabilis*. *Cadernos da Defensoria Pública do Estado de São Paulo*. V. 4, N. 25, p. 94, 2019.

[92] Maia, Maurílio Casas. A intervenção de terceiro da Defensoria Pública nas ações possessórias multitudinárias: uma resenha sobre o § 1º do art. 554 do NCPC e o *custos vulnerabilis*. *Cadernos da Defensoria Pública do Estado de São Paulo*. V. 4, N. 25, p. 95, 2019.

[93] Maia, Maurílio Casas. A intervenção de terceiro da Defensoria Pública nas ações possessórias multitudinárias: uma resenha sobre o § 1º do art. 554 do NCPC e o *custos vulnerabilis*. *Cadernos da Defensoria Pública do Estado de São Paulo*. V. 4, N. 25, p. 94, 2019.

[94] Todas as citações deste parágrafo extraídas de: Maia, Maurílio Casas. A intervenção de terceiro da Defensoria Pública nas ações possessórias multitudinárias: uma resenha sobre o § 1º do art. 554 do NCPC e o *custos vulnerabilis*. *Cadernos da Defensoria Pública do Estado de São Paulo*. V. 4, N. 25, p. 94, 2019.

Eis, em suma, a atuação a título de *custos vulnerabilis*, de extração constitucional, que se materializa, no art. 554, § 1º do CPC, "modalidade obrigatória intervenção de terceiro *sui generis*, com lastro na missão constitucional da Defensoria Pública – em legitimidade institucional-coletiva –, sendo totalmente *independente* da presença advocatícia em representação postulatória dos interessados envolvidos"[95].

4.3 As classificações das atribuições institucionais

É possível classificar as atribuições da Defensoria Pública como um todo (e as da Defensoria Pública do Estado de São Paulo, em particular), agrupando-as em categorias separadas conforme um determinado critério que se queira adotar.

Os autores que se debruçam sobre as atribuições institucionais da Defensoria Pública costumam classificá-las em **atribuições típicas e atípicas**[96]. Essa classificação parte do critério que distingue necessidade econômica da necessidade organizacional, relacionando as atribuições institucionais a cada uma dessas categorias.

Após examinar a classificação clássica, sugerimos uma outra classificação, que supera a dicotomia "atribuições típicas vs. atribuições atípicas", conforme veremos abaixo.

4.4 A classificação clássica das atribuições institucionais: atribuições típicas e atípicas

A maneira mais comum de se classificar as atribuições da Defensoria Pública é aquela que as separa em **atribuições típicas** e **atribuições atípicas**.

Em função do que expusemos acima, tem-se que as atribuições legais da Defensoria Pública não se limitam à prestação de assistência jurídica integral e gratuita às pessoas economicamente necessitadas. É justa-

[95] MAIA, Maurílio Casas. A intervenção de terceiro da Defensoria Pública nas ações possessórias multitudinárias: uma resenha sobre o § 1º do art. 554 do NCPC e o *custos vulnerabilis*. *Cadernos da Defensoria Pública do Estado de São Paulo*. V. 4, N. 25, p. 96, 2019. Sobre custos vulnerabilis, veja: MAIA, Maurilio Casas. *(Re)pensando custos vulnerabilis e Defensoria Pública: por uma defesa emancipatória dos vulneráveis*. São Paulo: Tirant Lo Blanch, 2021.

[96] Importante referência, nesta área, se encontra em LIMA, Frederico Rodrigues Viana de. *Defensoria Pública*. 2ª ed. Salvador: Editora Juspodivm, 2012, p. 163-248.

mente por essa razão que a doutrina[97] vislumbra uma dicotomia: as atribuições fundadas na **carência econômica** da parte assistida são **típicas**. Já as atribuições legais distintas desse viés, seriam **atípicas**, decorrentes da **vulnerabilidade social** (tanto no plano individual quanto no plano coletivo).

Não se nega que a **atribuição clássica, histórica, mais tradicional** da Defensoria Pública, **se refere à carência econômica**. Por isso mesmo, diz-se que a atuação institucional em razão da hipossuficiência econômica da parte a que assiste constitui a sua **atribuição típica**. Cuida-se mesmo da **atribuição precípua** da Defensoria Pública.

Todavia, o direito fundamental do art. 5º, inciso LXXIV da CF/88, abrange também a necessidade organizacional, isto é, outra categoria de hipossuficiência, uma vez que a assistência jurídica gratuita deve ser integral.

Essa outra forma de "necessidade" (necessidade sob o ponto de vista organizacional) justifica a previsão de atribuições à Defensoria não necessariamente ligadas à carência de recursos financeiros. Estamos falando, segundo essa forma de classificação, das chamadas **atribuições atípicas**. Denominam-se atípicas tais atribuições porque **não dependem de uma análise econômica** da parte representada para justificar a intervenção da Defensoria Pública. São exemplos de atribuições atípicas a defesa criminal e a curadoria especial. O quadro abaixo consolida as diferenças ora em análise:

ATRIBUIÇÕES TÍPICAS	ATRIBUIÇÕES ATÍPICAS
Fundadas na vulnerabilidade econômica	Fundadas na vulnerabilidade social
Manifestação da assistência judiciária	Manifestação de assistência jurídica integral
Análise da necessidade econômica	Análise da necessidade organizacional
Obstáculo econômico ao acesso à justiça	Obstáculo organizacional ao acesso à justiça

Esse modo de categorizar as atribuições institucionais é o mais comum na doutrina, já tendo encontrado algum amparo na jurisprudência

[97] Cf. LIMA, Frederico Rodrigues Viana de. *Defensoria Pública*. 2ª ed. Salvador: Editora Juspodivm, 2012, p. 163-168 e GRINOVER, Ada Pellegrini. *Parecer sobre a legitimidade da Defensoria Pública para o ajuizamento de ação civil pública*. São Paulo: Revista da Defensoria Pública, ano 4 - n. 2, 2011.

do Supremo Tribunal Federal. Vale conferir, a propósito, trecho do voto proferido pelo Ministro Sepúlveda Pertence na Ação Direta de Inconstitucionalidade n. 558/RJ:

> **Estou em que o caráter altruístico da destinação institucional de tais entidades confere razoabilidade plena à outorga pelo Estado do patrocínio judicial gratuito das ações que sirvam à sua persecução, independentemente da indagação *in concreto* da sua capacidade financeira para arcar com os ônus da defesa privada.**
> **A Constituição Federal impõe, sim, que os Estados prestem assistência judiciária aos necessitados. Daí decorre a atribuição mínima compulsória da Defensoria Pública. Não, porém, o impedimento a que os seus serviços se estendam ao patrocínio de outras iniciativas processuais em que se vislumbre interesse social que justifique esse subsídio estatal.**
> (STF, Pleno, Adi 558/RJ, rel. Min Sepúlveda Pertence, j. 16.08.1991, DJ 26.03.1993)

Cumpre ressaltar, contudo, que esse julgamento ocorreu em 1991, antes, portanto, da edição da Lei Orgânica Nacional (LC 80/94), que, por sua vez, foi profundamente reformada pela LC 132/09. O julgado é bastante anterior, ainda, às emendas constitucionais 45/2004 e 80/2014. Não obstante a relevância do julgado, à época, para a definição do perfil da Defensoria Pública brasileira, não se pode olvidar que a regulamentação em nível nacional só veio a lume em 1994 (com a LC 80/94). E, a partir daí, a análise conjugada da Constituição Federal, da LC 80/94 e LCE 988/06, autoriza uma outra forma de categorizar as atribuições institucionais, a teor do que examinaremos no item 4.5, abaixo.

4.4.1 *Atribuições típicas*

As atribuições típicas estão assentadas na necessidade econômica e se destinam, por isso mesmo, a superar obstáculos econômicos ao acesso à justiça.

Trata-se, como dissemos acima, da atribuição precípua da Defensoria Pública, uma vez que sua criação decorreu da necessidade de garantir que os hipossuficientes do ponto de vista financeiro também pudessem tutelar seus direitos em juízo.

A atribuição institucional típica mais evidente na LCE 988/2006 é aquela prevista no inciso III do seu art. 5º: "representar em juízo os necessitados, na tutela de seus interesses individuais ou coletivos, no âmbito civil ou criminal, perante os órgãos jurisdicionais do Estado e em todas as instâncias, inclusive os Tribunais Superiores".

4.4.2 *Atribuições atípicas*

Contudo, em função da vulnerabilidade social (obstáculo organizacional), a atuação da Defensoria Pública estaria autorizada, de forma atípica, na tutela, individual ou coletiva, de indivíduo ou grupos sociais necessitados sob o aspecto organizacional.

As quatro hipóteses mais importantes de atribuições atípicas são:

a) a defesa criminal: em conformidade com a classificação tradicional, trata-se de atribuição atípica, pois o ordenamento jurídico não dispensa a defesa técnica a acusados em processo penal, que, pelo só fato de estarem nessa condição, se encontram em posição de vulnerabilidade social. Desse modo, aquele que, mesmo não sendo carente financeiramente, não constitui defesa em ação penal contra si movida, terá sua defesa exercida, atipicamente, pelos membros da Defensoria Pública.

b) a curadoria especial: cuidar-se-ia de função atípica da Defensoria Pública, na medida em que atua como curadora especial, independentemente da precariedade econômica da parte revel. Com efeito, havendo, no caso concreto, fundamento legal para a nomeação de curador especial, tal múnus deve ser exercido pela Defensoria Pública, cabendo ao julgador suscitar a sua intervenção nos autos, sob pena de nulidade dos atos processuais subsequentes.

c) tutela coletiva: consoante o critério de divisão tradicional ora analisado, a tutela coletiva também constituiria uma atribuição atípica, eis que a atuação, nessa seara, independe da avaliação econômica dos beneficiados.

d) *custos vulnerabilis* nas ações possessórias multitudinárias: a atuação institucional, na hipótese, prescinde da avaliação financeira das pessoas potencialmente beneficiadas pela intervenção processual da Defensoria Pública, que se manifesta nos autos em virtude da sua legitimidade institucional e com base em suas missões constitucionais. Ademais, a atuação, aqui, ocorre em paralelo com as partes citadas pessoalmente e que venham a intervir no feito, seja por advogado particular, seja pela própria Defensoria Pública.

Se seguíssemos essa forma de classificação, poderíamos agrupar as atribuições da Defensoria Pública do Estado de São Paulo (art. 5º da LCE 988/2006) do seguinte modo:

ATRIBUIÇÕES TÍPICAS	ATRIBUIÇÕES ATÍPICAS
• representar em juízo os necessitados, na tutela de seus interesses individuais ou coletivos, no âmbito civil ou criminal, perante os órgãos jurisdicionais do Estado e em todas as instâncias, inclusive os Tribunais Superiores • promover a tutela dos direitos humanos em qualquer grau de jurisdição, inclusive perante os sistemas global e regional de proteção dos Direitos Humanos • promover a tutela dos interesses dos necessitados no âmbito dos órgãos ou entes da administração estadual e municipal, direta ou indireta • promover a orientação e a representação judicial das entidades civis que tenham dentre as suas finalidades a tutela de interesses dos necessitados, desde que não disponham de recursos financeiros para a atuação em juízo • atuar nos Juizados Especiais Cíveis e Criminais	• promover a tutela individual e coletiva dos interesses e direitos da criança e do adolescente, do idoso, das pessoas com necessidades especiais e das minorias submetidas a tratamento discriminatório • promover a tutela individual e coletiva dos interesses e direitos do consumidor necessitado • promover a tutela do meio ambiente, no âmbito de suas finalidades institucionais • promover ação civil pública para tutela de interesse difuso, coletivo ou individual homogêneo • promover a tutela dos direitos das pessoas necessitadas, vítimas de qualquer forma de opressão ou violência • promover a tutela das pessoas necessitadas, vítimas de discriminação em razão de origem, raça, etnia, sexo, orientação sexual, identidade de gênero, cor, idade, estado civil, condição econômica, filosofia ou convicção política, religião, deficiência física, imunológica, sensorial ou mental, cumprimento de pena, ou em razão de qualquer outra particularidade ou condição • atuar nos estabelecimentos policiais, penais e de internação, inclusive de adolescentes, visando a assegurar à pessoa, sob quaisquer circunstâncias, o exercício dos direitos e garantias individuais • assegurar aos necessitados, em processo judicial ou administrativo, o contraditório e ampla defesa, com os meios e recursos a ela inerentes • atuar como Curador Especial nos casos previstos em lei

Veja, porém, que algumas atribuições previstas no art. 5º da LCE 988/06 não poderiam ser perfeitamente enquadradas nas categorias “atribuições típicas” ou “atribuições atípicas”:

prestar aos necessitados orientação permanente sobre seus direitos e garantias
informar, conscientizar e motivar a população carente, inclusive por intermédio dos diferentes meios de comunicação, a respeito de seus direitos e garantias fundamentais
manter comissões permanentes para formular e acompanhar propostas de elaboração, revisão e atualização legislativa
prestar atendimento interdisciplinar
promover a mediação e conciliação extrajudicial entre as partes em conflito de interesses
promover trabalho de orientação jurídica e informação sobre direitos humanos e cidadania em prol das pessoas e comunidades carentes, de forma integrada e multidisciplinar
integrar conselhos federais, estaduais e municipais cujas finalidades lhe sejam afetas, nos termos da lei
contribuir no planejamento, elaboração e proposição de políticas públicas que visem a erradicar a pobreza e a marginalização e a reduzir as desigualdades sociais
receber, analisar, avaliar e encaminhar consultas, denúncias ou sugestões apresentadas por entidades representativas da sociedade civil, no âmbito de suas funções

Essa relativa incongruência entre atribuições institucionais arroladas na Lei Orgânica da DPESP, inviabilizando a plena adequação das atribuições legais às categorias doutrinárias "atribuições típicas" e "atribuições atípicas", nos leva a formular um novo critério de classificação.

4.5 Uma nova classificação das atribuições institucionais à luz dos obstáculos ao acesso à justiça

Entendemos, em realidade, que uma **nova perspectiva** sobre as atribuições institucionais da Defensoria Pública permite uma melhor compreensão acerca dos seus alcances, bem como permite uma **visão global** do feixe de funções institucionais.

Não negamos a validade da classificação tradicional (típicas vs. atípicas), que tem o mérito de reconhecer que a atuação da Defensoria Pública não está fundada somente na necessidade econômica, podendo decorrer da necessidade organizacional. Porém, sustentamos que tal distinção não se justifica quando examinadas as funções institucionais à luz de **todas as barreiras ao acesso à justiça**, nos termos formulados pelo Projeto de Florença (Mauro Cappelletti e Bryant Garth).

Propomos, então, uma nova classificação das atribuições institucionais: classificação à luz dos obstáculos ao acesso à justiça.

Parte-se do seguinte pressuposto: todas as atribuições institucionais da Defensoria Pública são típicas, pois refletem mecanismos de superação dos obstáculos ao acesso à justiça. Constituem, em suma, ferramentas que podem ser agrupadas conforme as ondas renovatórias de Cappelletti e Garth.

As três ondas renovatórias vislumbradas por Cappelletti e Garth, no bojo do Projeto de Florença, serviram de plataformas jurídico-processuais para a superação dos três obstáculos ao acesso à justiça, por eles identificados.

E a Defensoria Pública, enquanto instituição claramente voltada à garantia do acesso à justiça, tem, necessariamente, todas as suas atribuições voltadas, em maior ou menor medida, à superação dos três obstáculos vislumbrados por Cappelletti e Garth.

É por essa razão que entendemos razoável agrupar as diferentes atribuições institucionais sob o prisma da teoria do acesso à justiça, do seguinte modo:

Atribuições Institucionais
- Ligadas aos obstáculos econômicos
- Ligadas aos obstáculos organizacionais
- Ligadas aos obstáculos processuais (enfoque do acesso à justiça)

4.5.1 *Atribuições ligadas ao obstáculo econômico (primeira onda renovatória)*

O **primeiro obstáculo** ao acesso à justiça (**obstáculo econômico**) indica a existência de uma **necessidade econômica**, que, evidentemente, é superada pela prestação de assistência judiciária, assim compreendida como o estabelecimento da atividade/serviço estatal de representação judicial da população carente, aliada, se possível, à concessão de gratuidade de justiça (isenção de despesas processuais).

A prestação do serviço público de assistência judiciária é uma das atribuições da Defensoria Pública, nela, contudo, não se esgotando.

Realmente, muitas atribuições da LCE 988/06 estão assentadas na necessidade econômica e se destinam, por isso mesmo, a superar obstáculos econômicos ao acesso à justiça.

Trata-se da **atribuição precípua** da Defensoria Pública, uma vez que sua criação decorreu da necessidade de garantir que os hipossuficientes do ponto de vista financeiro também pudessem tutelar seus direitos em juízo. Representa, em suma, o primeiro passo rumo ao acesso à justiça pleno e, por isso mesmo, tais atribuições institucionais se identificam com os primórdios da criação da Defensoria Pública no Brasil.

A atribuição institucional ligada ao obstáculo econômico mais evidente é aquela prevista no inciso III do art. 5º da Lei Orgânica da DPESP: "representar em juízo os necessitados, na tutela de seus interesses individuais ou coletivos, no âmbito civil ou criminal, perante os órgãos jurisdicionais do Estado e em todas as instâncias, inclusive os Tribunais Superiores".

Cuida-se do enunciado geral dessa atribuição, que também se aplica ao processo administrativo estadual ou municipal, bem como à atuação perante os Juizados Especiais, ao patrocínio a pessoas jurídicas e, ainda, ao acionamento dos sistemas internacionais de proteção dos direitos humanos, a teor do que se infere das seguintes atribuições do art. 5º:

- Promover a tutela dos interesses dos necessitados no âmbito dos órgãos ou entes da administração estadual e municipal, direta ou indireta (inciso VI, alínea "f");
- Atuar nos Juizados Especiais Cíveis e Criminais (inciso X).
- Promover a orientação e a representação judicial das entidades civis que tenham dentre as suas finalidades a tutela de interesses dos necessitados, desde que não disponham de recursos financeiros para a atuação em juízo (inciso VI, alínea "h")[98];
- a tutela dos direitos humanos em qualquer grau de jurisdição, inclusive perante os sistemas global e regional de proteção dos Direitos Humanos (inciso VI, alínea "b").

[98] Cabe ressaltar, à luz deste inciso, que as atribuições da Defensoria Pública do Estado de São Paulo não se dirigem unicamente às pessoas físicas. De fato, o inciso VI, alínea "h" do art. 5º, mostra-se em consonância com a norma geral nacional neste particular (art. 4º, inciso V, da LC 80/1994). Relevante anotar, neste particular, que o STF julgou constitucional a expressão "e jurídicas" constante do art. 4º, inciso V, da LC 80/1994 ("Art. 4º São funções institucionais da Defensoria Pública, dentre outras: (...) V – exercer, mediante o recebimento dos autos com vista, a ampla defesa e o contraditório em favor de pessoas naturais e jurídicas, em processos administrativos e judiciais, perante todos os órgãos e em todas as instâncias, ordinárias ou extraordinárias, utilizando todas as medidas capazes de propiciar a adequada e efetiva defesa de seus interesses").

4.5.2 *Atribuições ligadas ao obstáculo organizacional (segunda onda renovatória)*

Como pudemos amplamente sustentar, a Defensoria Pública é instrumento de concretização da assistência jurídica integral e gratuita, noção mais elástica do que a mera assistência judiciária. Essa amplitude da missão institucional (art. 2º da LCE 988/2006[99]) traz novas vertentes de atribuições institucionais.

Vale lembrar: caso a Constituição previsse, como direito fundamental, somente a assistência judiciária (ou mesmo somente a justiça gratuita), a Defensoria Pública teria sentido apenas para superar o obstáculo econômico ao acesso à justiça.

Contudo, a adoção do termo "assistência jurídica integral" torna inequívoca a vontade do constituinte de criar uma instituição voltada à superação de todos os obstáculos ao acesso à justiça, contemplando, pois, todas as ondas renovatórias propostas por Mauro Cappelletti e Bryant Garth.

Vimos que a atuação da Defensoria Pública não está fundamentada, somente, na vulnerabilidade econômica. Funda-se, também, na **necessidade organizacional**, ou seja, na dificuldade de organização de grupos em face das complexas relações sociojurídicas na sociedade de massas[100]. Essa percepção não é nova e também fundamenta a divisão clássica das atribuições institucionais (típicas vs. atípicas).

Ocorre que a vulnerabilidade organizacional nada mais é do que o segundo obstáculo ao acesso à justiça, ante o reconhecimento da existência de grupos socialmente vulneráveis.

Como se pode perceber, a necessidade organizacional é o fundamento para a atuação da Defensoria Pública na defesa de interesses difusos, coletivos e individuais homogêneos.

Do mesmo modo, a vulnerabilidade social é o fundamento para a intervenção da Defensoria Pública em favor de pessoas (individualmente) que se encontrem em situação de necessidade sob o ângulo organizacional.

[99] Artigo 2º – A Defensoria Pública do Estado é instituição permanente, essencial à função jurisdicional do Estado, e tem por finalidade a tutela jurídica integral e gratuita, individual e coletiva, judicial e extrajudicial, dos necessitados, assim considerados na forma da lei.

[100] Cf. GRINOVER, Ada Pellegrini. *Acesso à Justiça e o Código de Defesa do Consumidor. In*: O Processo em Evolução. Rio de Janeiro: Forense Universitária, 1996, p. 116/117.

De fato, a vulnerabilidade social não fundamenta apenas a atuação em demandas coletivas, pois configura a base doutrinária para a atuação da Defensoria, por meio de ação individual, em favor de pessoa socialmente vulnerável[101]. A lei, é certo, não exclui a possibilidade de atuação individual em favor de um específico usuário que se encontre em alguma das situações de vulnerabilidade social previstas na lei.

Vale observar que o art. 5º da Lei Complementar Estadual n. 988/2006 organizou as atribuições decorrentes da necessidade organizacional segundo um critério temático, uma vez que o legislador explicitou os campos de atuação, individual e coletiva, ressaltando a defesa de diferentes grupos sociais vulneráveis:

- Promover a tutela individual e coletiva dos interesses e direitos da criança e do adolescente, do idoso, das pessoas com necessidades especiais e das minorias submetidas a tratamento discriminatório (inciso VI, alínea "c");
- Promover a tutela individual e coletiva dos interesses e direitos do consumidor necessitado (inciso VI, alínea "d");
- Promover a tutela do meio ambiente, no âmbito de suas finalidades institucionais (inciso VI, alínea "e");
- Promover ação civil pública para tutela de interesse difuso, coletivo ou individual homogêneo (inciso VI, alínea "g");
- Promover a tutela dos direitos das pessoas necessitadas, vítimas de qualquer forma de opressão ou violência (inciso VI, alínea "i");
- Promover a tutela das pessoas necessitadas, vítimas de discriminação em razão de origem, raça, etnia, sexo, orientação sexual, identidade de gênero, cor, idade, estado civil, condição econômica, filosofia ou convicção política, religião, deficiência física, imunológica, sensorial ou mental, cumprimento de pena, ou em razão de qualquer outra particularidade ou condição (inciso VI, alínea "l");
- atuar nos estabelecimentos policiais, penais e de internação, inclusive de adolescentes, visando a assegurar à pessoa, sob quaisquer circunstâncias, o exercício dos direitos e garantias individuais (inciso VII);

[101] Veja, por exemplo, a atribuição do art. 5º, inciso VI, alínea "c": Promover a tutela individual e coletiva dos interesses e direitos da criança e do adolescente, do idoso, das pessoas com necessidades especiais e das minorias submetidas a tratamento discriminatório.

- atuar como Curador Especial nos casos previstos em lei (inciso VIII);
- assegurar aos necessitados, em processo judicial ou administrativo, o contraditório e ampla defesa, com os meios e recursos a ela inerentes (inciso IX);

As atribuições acima indicadas revelam as possibilidades de atuação para superação de obstáculos organizacionais (segunda onda renovatória), na medida em que autorizam a participação da Defensoria Pública na tutela individual ou coletiva de grupos sociais vulneráveis do ponto de vista organizacional.

4.5.3 *Atribuições ligadas ao obstáculo processual (terceira onda renovatória)*

Mauro Cappelletti e Bryant Garth identificaram, além dos obstáculos econômicos e organizacionais, uma terceira barreira ao efetivo acesso à justiça. Este último obstáculo diz respeito à terceira onda renovatória, que veio complementar as duas anteriores. Segundo os autores, a terceira onda renovatória

> "centra sua atenção no conjunto geral de instituições e mecanismos, pessoas e procedimentos utilizados para processar e mesmo prevenir disputas nas sociedades modernas. Nós o denominamos 'o enfoque do acesso à Justiça' por sua abrangência. Seu método não consiste em abandonar as técnicas das duas primeiras ondas de reforma, mas sem tratá-las como apenas algumas de uma série de possibilidades para melhorar o acesso."[102]

A ideia de uma terceira onda renovatória decorreu da percepção de que há um terceiro obstáculo ao acesso efetivo e completo à justiça, não solucionado pelas duas primeiras ondas. Isso porque "a representação judicial – tanto de indivíduos [obstáculo econômico], quanto de interesses difusos [obstáculo organizacional] – não se mostrou suficiente, por si só, para tornar essas mudanças de regras 'vantagens tangíveis' ao nível prático"[103].

[102] Cappelletti, Mauro; Garth, Bryant. *Acesso à Justiça*. Porto Alegre: Sergio Antonio Fabris Editor, 2002, p. 67-68.

[103] Cappelletti, Mauro; Garth, Bryant. *Acesso à Justiça*. Porto Alegre: Sergio Antonio Fabris Editor, 2002, p. 68-69.

É nesse sentido, portanto, que se costuma denominar esse terceiro obstáculo de **obstáculo processual**, ao qual corresponde a terceira onda renovatória.

Esse enfoque (obstáculo processual) examina questões estruturais impeditivas do acesso à justiça, ultrapassando a análise de temas internos ao processo judicial. Propõe-se, em realidade, uma reforma de institutos visando a, justamente, garantir vantagens à sociedade por meio de mecanismos não necessariamente judiciais.

Com efeito, o terceiro obstáculo é dito processual ante a constatação de que o meio processual em si mesmo configura um verdadeiro obstáculo, superável por uma reforma ampla dos institutos e instituições jurídico-processuais. Em consequência, afirma-se que tais reformas devem, necessariamente, passar por uma desburocratização das demandas, o que realça a importância dos meios alternativos de soluções de controvérsias.

A terceira onda renovatória, nos dizeres de Cappelletti e Garth,

> "encoraja a exploração de uma *ampla variedade de reformas,* incluindo alterações nas formas de procedimento, mudanças na estrutura dos tribunais ou a criação de novos tribunais, o uso de pessoas leigas ou paraprofissionais, tanto como juízes quanto como defensores, modificações no direito substantivo destinadas a evitar litígios ou facilitar sua solução e a utilização de mecanismos privados ou informais de solução dos litígios. Esse enfoque, em suma, não receia inovações radicais e compreensivas, que vão muito além da esfera de representação judicial. (...) O enfoque do acesso à Justiça tem um número imenso de implicações. Poder-se-ia dizer que ele exige nada menos que o estudo crítico e reforma de todo o aparelho judicial."[104]

Podemos resumir as propostas de Cappelletti e Garth no tocante às medidas de reforma decorrentes da terceira onda renovatória nos seguintes tópicos:

a) reforma dos procedimentos judiciais em geral;

[104] Cappelletti, Mauro; Garth, Bryant. *Acesso à Justiça*. Porto Alegre: Sergio Antonio Fabris Editor, 2002, p. 71-75.

b) métodos alternativos para decidir causas judiciais (juízo arbitral, conciliação);
c) especialização de instituições e procedimentos judiciais conforme tipos especiais de demandas (pequenas causas, "tribunais de vizinhança" ou "tribunais sociais", mecanismos especializados para os "novos direitos" - direito ambiental, habitação, instituto do "ombudsman");
d) reforma dos métodos utilizados na prestação do serviço jurisdicional;
e) simplificação do Direito.

É nesse contexto de superação de obstáculos processuais que muitas atribuições institucionais da Defensoria Pública do Estado de São Paulo podem ser classificadas. De fato, é bastante razoável relacionar muitas das atribuições do art. 5º da LCE 988/06 aos obstáculos processuais, uma vez que tais atribuições podem ser enquadradas, em alguma medida, à terceira onda renovatória.

Separamos tais atribuições afetas à terceira onda renovatória em três grupos:

ATRIBUIÇÕES AFETAS À TERCEIRA ONDA RENOVATÓRIA
Mediação e conciliação extrajudicial
Educação em direitos
Participação sociopolítica

Vejamos, abaixo, cada um desses grupos, examinando a relação de cada um deles com a superação dos obstáculos processuais imaginados por Cappelletti e Garth.

4.5.3.1 *Mediação e conciliação extrajudicial*

A Lei Complementar n. 988/06 estabelece, como atribuições institucionais, a promoção da mediação e conciliação extrajudicial, bem como a prestação de atendimento multidisciplinar.

De fato, a terceira onda renovatória (obstáculo processual) preconiza que o acesso à ordem jurídica justa passa pela adoção de métodos alternativos de resolução de conflitos. Essa terceira onda renovatória de acesso à justiça encontra respaldo dentre as atribuições da Defensoria Pública do Estado de São Paulo:

> **Artigo 5º – São atribuições institucionais da Defensoria Pública do Estado, dentre outras:**
> **(...)**
> **V – prestar atendimento interdisciplinar;**
> **VI – promover:**
> **a) a mediação e conciliação extrajudicial entre as partes em conflito de interesses;**
> **(...)**

Entendemos, pois, ser lícito afirmar que a atuação da DPESP na mediação e conciliação extrajudicial, mediante, inclusive, o atendimento multidisciplinar, **configura reflexo da terceira onda renovatória**. Saliente-se, a propósito, que a prevenção dos conflitos é um dos fundamentos de atuação da Defensoria Pública do Estado de São Paulo.

4.5.3.2 *A educação em direitos*

Por outro lado, a lei relaciona atribuições afetas à chamada "educação em direitos". Trata-se de denominação capaz de englobar, sob uma identidade minimamente comum, as atribuições voltadas à difusão do ordenamento jurídico no seio da população carente, historicamente apartada dos meios de acesso à educação formal e à informação[105]. Pretende a lei, com tais atribuições, resgatar e mitigar a situação de vulnerabilidade educacional da população assistida pela Defensoria Pública, mediante a efetiva inserção do Defensor Público no seio social, visando a conscientizar a população acerca dos direitos e garantias.[106] É uma "atividade inerente ao ideal de justiça social"[104].

[105] A educação em direitos também é denominada *educação jurídica popular* e *educação em direitos humanos*. Sobre o tema, veja-se: LUZ, Vladimir de Carvalho. *Assessoria Jurídica Popular no Brasil*. Rio de Janeiro: Lumen Juris, 2008.

[106] Note, a propósito, que a educação em direitos somente pode ser desenvolvida de forma plena em um modelo público de assistência jurídica gratuita, não encontrando respaldo pleno no sistema *judicare*. "As vantagens dessa sistemática [modelo público] sobre a do *judicare* são óbvias. Ela ataca outras barreiras ao acesso individual, além dos custos, particularmente os problemas derivados da desinformação jurídica pessoal dos pobres. Ademais, ela pode apoiar os interesses difusos ou de classe das pessoas pobres. (...) Advogados particulares,

Tais atribuições encontram respaldo no art. 4º, incisos I e III, da Lei Complementar 80/94, com a redação dada pela LC 132/09: "prestar orientação jurídica" e "promover a difusão e a conscientização dos direitos humanos, da cidadania e do ordenamento jurídico".

Na Lei Orgânica da Defensoria Pública paulista, a educação em direitos está estabelecida nos seguintes incisos do seu art. 5º:

- prestar aos necessitados orientação permanente sobre seus direitos e garantias (inciso I do art. 5º, LCE 988/06);
- informar, conscientizar e motivar a população carente, inclusive por intermédio dos diferentes meios de comunicação, a respeito de seus direitos e garantias fundamentais (inciso II do art. 5º, LCE 988/06).
- trabalho de orientação jurídica e informação sobre direitos humanos e cidadania em prol das pessoas e comunidades carentes, de forma integrada e multidisciplinar (inciso VI, alínea "j" do art. 5º, LCE 988/06) [108].

encarregados apenas de atender a indivíduos, geralmente não são capazes de assegurar essas vantagens" (Cappelletti, Mauro; Garth, Bryant. *Acesso à Justiça*. Porto Alegre: Sergio Antonio Fabris Editor, 2002, p. 40-41).

[107] Reis, Gustavo Augusto Soares dos. *Educação em direitos e defensoria pública: reflexões a partir da lei complementar nº 132/09*. São Paulo: Revista da Defensoria Pública, ano 4 – n. 2, 2011, p. 113.

[108] Gustavo Reis defende haver nítida **distinção entre orientação jurídica** (art. 5º, inciso I, da LCE 988/06) **e a educação em direitos** (art. 5, inciso II, da LCE 988/06) (*Educação em direitos e defensoria pública: reflexões a partir da lei complementar nº 132/09*. São Paulo: Revista da Defensoria Pública, ano 4 – n. 2, 2011, p. 122-125). Segundo ele, "a orientação jurídica é um discurso que enfatiza a dogmática, em que o defensor atua como agente de aconselhamento jurídico e como técnico para a solução da controvérsia." A orientação jurídica seria casuística e nela o "defensor público é um ator passivo, no sentido de que é a pessoa atendida pela Defensoria que traz o problema a ser esclarecido". Aduz, ainda, que "a orientação jurídica por vezes só será exigida da Defensoria Pública se a pessoa tiver um mínimo de noção a respeito disso" [dos direitos que possui]. A educação em direitos, de outro lado, "é a educação para a ação, que visa a contribuir para que as pessoas se sintam cidadãs e, com isso, assumam-se como um ser social, responsável pela sociedade". Nesse sentido, o conteúdo da educação em direitos seria diverso do da orientação jurídica, "pois nem mesmo visa apenas a apresentar as leis para as pessoas, e sim por vezes ajudá-las a entender as razões do surgimento da lei e até mesmo colocá-la em questão". Enquanto a orientação jurídica "se atrelaria mais aos assuntos privados", a educação em direitos "teria como meta o espaço público". Em que pese a distinção, com a qual concordamos conceitualmente, optamos por aglutinar os dois primeiros incisos do art. 5º da Lei como representações da educação em direitos, pois não se pode negar que, mesmo em um atendimento individual de esclarecimento sobre determinada dúvida ou

Note que a estrutura topográfica dos incisos – dois deles alocados como os primeiros do art. 5º – revela a importância institucional da questão da educação em direitos, o que se justifica ante o caráter emancipatório dessa atribuição, porque objetiva orientar a população a respeito do ordenamento jurídico, difundindo conhecimento capaz de evitar controvérsias jurisdicionais. A difusão da cultura dos direitos humanos, outrossim, contribui para uma almejada pacificação social, consentânea, por sua vez, com a atribuição afeta à promoção da mediação e conciliação (art. 5º, inciso VI, alínea "a"). Ademais, a Defensoria Pública "possui o dever de contribuir para que a população saiba de seus direitos e, mais que isso, para que saiba lutar pelos direitos, pois direito é conquista, e não um dado"[109].

Repare, igualmente, no caráter perene da prestação, aos necessitados, da orientação permanente sobre seus direitos e garantias. Sem esse atributo, a função poderia ser relegada a um segundo plano de importância, o que absolutamente não se pode admitir, uma vez que a construção de uma sociedade livre, justa e solidária decorre de atuação contínua, sendo certo, também, que seus frutos não são colhidos a curto prazo. Não se discute, assim, que a educação em direitos tem o caráter de atribuição ordinária dos Defensores Públicos do Estado de São Paulo, não podendo ser encarada como atividade voluntária dos membros da Instituição.

Gustavo Reis assevera que

> A educação em direitos não deve se limitar a ter conteúdo de exposição literal da Constituição e das leis para o conhecimento da população, ainda que isso seja feito mediante uma linguagem adequada. Quando a

situação jurídica, o Defensor Público acaba, **ainda que indiretamente**, exercendo educação em direitos, mesmo que destinada a apenas a um usuário individualmente. **Entendemos que toda orientação jurídica tem subjacente a si o potencial de difusão e conscientização dos direitos humanos, da cidadania e do ordenamento jurídico.** A corroborar esse posicionamento, veja o inciso VI, alínea "j" do art. 5º da Lei, que aglutina, no mesmo dispositivo legal, a "orientação jurídica e informação sobre direitos humanos e cidadania em prol das pessoas e comunidades carentes, **de forma integrada e multidisciplinar**" (destacamos).

109 Reis, Gustavo Augusto Soares dos. *Educação em direitos e defensoria pública: reflexões a partir da lei complementar nº 132/09*. São Paulo: Revista da Defensoria Pública, ano 4 – n. 2, 2011, p. 133.

> lei for injusta ou mesmo conservadora, cabe ao defensor público refletir junto à população se não seria o caso de revê-la, seja no plano político ou judicial, ou seja, mobilização social que se vale das regras do jogo democrático. Educar em direitos significa educar as pessoas para que saibam e tentem resolver racionalmente seus conflitos, inclusive em situações de violação de direitos humanos, evitando-se a justiça com as próprias mãos[110].

A educação em direitos apresenta, portanto, um relevante papel como ferramenta de efetivo acesso à justiça, com inegável função de transformação social.

4.5.3.3 *Participação sociopolítica*

Por fim, a lei prevê atribuições com cunho de participação sociopolítica, que, contudo, não deixam de guardar sintonia com a finalidade precípua da Defensoria Pública do Estado de São Paulo: prestar assistência jurídica integral e gratuita aos necessitados. Vejamos os incisos do art. 5º da LCE 988/06, que refletem o que denominamos de "participação sociopolítica":

- IV – manter comissões permanentes para formular e acompanhar propostas de elaboração, revisão e atualização legislativa;
- XI – integrar conselhos federais, estaduais e municipais cujas finalidades lhe sejam afetas, nos termos da lei;
- XII – contribuir no planejamento, elaboração e proposição de políticas públicas que visem a erradicar a pobreza e a marginalização e a reduzir as desigualdades sociais;
- XIII – receber, analisar, avaliar e encaminhar consultas, denúncias ou sugestões apresentadas por entidades representativas da sociedade civil, no âmbito de suas funções.

Destarte, tem-se que o rol de atribuições legais incumbidas aos Defensores Públicos do Estado de São Paulo caracteriza a necessária integralidade da assistência jurídica ao hipossuficiente, não encontrando

[110] Reis, Gustavo Augusto Soares dos. *Educação em direitos e defensoria pública: reflexões a partir da lei complementar nº 132/09*. São Paulo: Revista da Defensoria Pública, ano 4 – n. 2, 2011, p. 118-119.

limites na mera assistência judiciária. Em realidade, o amplo espectro de atribuições institucionais se coaduna com os fundamentos de atuação da Instituição e com a sua finalidade precípua.

4.6 Sistematização

Ante todo o exposto, tem-se que a sistematização das atribuições institucionais pode ser feita à luz dos obstáculos ao acesso à justiça e das ondas renovatórias, em consonância com a classificação proposta no item anterior.

Com efeito, o art. 134 da Constituição Federal institui a atribuição precípua da Defensoria Pública, relacionada à vulnerabilidade econômica, isto é, institui a forma de superação do obstáculo econômico, na forma da primeira onda renovatória.

No entanto, as atribuições da Instituição não se exaurem na tutela dos necessitados econômicos. Contemplam, outrossim, os socialmente vulneráveis (necessidade organizacional), de modo a superar os obstáculos organizacionais.

Do mesmo modo, há atribuições que dizem respeito à terceira onda renovatória, destinadas, portanto, a superar obstáculos processuais, com o objetivo de efetivar o acesso à ordem jurídica justa.

OBSTÁCULO	ATRIBUIÇÃO	INCISOS CORRESPONDENTES (art. 5º, LCE 988/06)
Econômico	• Precípua (tutela dos economicamente necessitados)	III VI, "b" VI, "f" VI, "h" X
Organizacional	• Tutela individual ou coletiva de pessoas ou grupos socialmente vulneráveis	VI, "c" VI, "d" VI, "e" VI, "g" VI, "i" VI, "l" VII VIII IX
Processual	• Participação sociopolítica • Educação em direitos • Mediação e conciliação extrajudiciais	I II IV V VI, "a" VI, "j" XI XII XIII

CAPÍTULO 5
A ORGANIZAÇÃO DA DEFENSORIA PÚBLICA

5.1 Noções gerais: Órgãos de Administração Superior, de Administração, Execução e Atuação e Auxiliares

Este Capítulo é dedicado à análise dos órgãos internos da Defensoria Pública do Estado de São Paulo.

Estudamos, nos Capítulos anteriores, artigos da Lei Complementar Estadual n. 988/2006 que disciplinam, de forma direta e precípua, a atividade-fim da Defensoria Pública do Estado de São Paulo, qual seja, a tutela jurídica integral e gratuita dos necessitados.

Além disso, referida lei organiza a instituição, prevendo a existência de órgãos e estabelecendo suas respectivas competências. Trata-se do exercício da competência conferida pelo constituinte ao legislador estadual de criar e organizar as Defensorias Públicas estaduais. Vale recordar, a propósito, que a Lei Complementar n. 80/1994 estabelece as normas gerais para a organização das Defensorias Públicas nos Estados, a ser efetivada pela legislação estadual.

Assim é que neste Capítulo iniciamos o exame da organização da Defensoria Pública do Estado de São Paulo, mediante a análise da disciplina legal dos órgãos internos da Instituição.

Há quatro grandes categorias de órgãos internos:

a) órgãos de Administração Superior;
b) órgãos de Administração;
c) órgãos de Execução e de Atuação;
d) órgãos Auxiliares.

Essas são categorias gerais de órgãos, sendo certo que cada categoria compreende órgãos com atribuições próprias. A divisão acima se justifica por aglutinar órgãos com atribuições mais próximas, similares, facilitando a compreensão de suas competências.

Vejamos: os órgãos de Administração Superior são encarregados das funções mais caras à Instituição, do ponto de vista administrativo. Suas competências impõem-lhe a gestão superior da Defensoria Pública do Estado de São Paulo.

Já os órgãos de Administração têm por incumbência a prática de atos de gestão ordinária, isto é, atos de um patamar inferior de relevância, em comparação com os órgãos da Administração Superior.

Os órgãos de execução e atuação, por sua vez, englobam os órgãos responsáveis pelo exercício da atividade-fim da DPESP.

Por fim, os órgãos auxiliares detêm competências administrativas especializadas por tema ou matéria, responsáveis pelo apoio de todos os demais grupos de órgãos (Administração Superior, Administração, Execução e Atuação), conforme a sua respectiva área técnica.

O quadro abaixo consolida o panorama geral da organização da Defensoria Pública do Estado de São Paulo:

ADMINISTRAÇÃO SUPERIOR	ADMINISTRAÇÃO	EXECUÇÃO E ATUAÇÃO	AUXILIARES
Gestão Superior	Gestão Ordinária	Atividade-fim	Competências administrativas especializadas-técnicas
• Defensoria Pública-Geral • Primeira Subdefensoria Pública-Geral • Segunda Subdefensoria Pública-Geral • Terceira Subdefensoria Pública-Geral • Conselho Superior • Corregedoria-Geral • Ouvidoria-Geral	• Defensorias Públicas Regionais • Defensoria Pública da Capital	• Defensoras e Defensores Públicos • Núcleos Especializados	• Escola da Defensoria Pública do Estado • Coordenadoria Geral de Administração • Grupo de Planejamento Setorial • Coordenadoria de Comunicação Social e Assessoria de Imprensa • Coordenadoria de Tecnologia da Informação • Centros de Atendimento Multidisciplinar • Estagiários

5.2 Órgãos da Administração Superior

A Administração Superior consiste na gestão mais elevada do ponto de vista administrativo. Suas competências revelam atribuições atinentes às decisões administrativas mais importantes, isto é, as decisões estratégicas. Examinemos, separadamente, cada um dos órgãos da Administração Superior.

5.2.1 *Defensoria Pública-Geral*

A Defensoria Pública-Geral do Estado exerce a chefia da Instituição e personifica a representação institucional. Trata-se do cargo mais elevado da carreira. É auxiliado, no exercício das suas funções, por Gabinete, composto por Defensor Público do Estado Chefe de Gabinete, Defensores Públicos do Estado Assessores, além de alguns órgãos auxiliares a ela diretamente subordinados.

O Defensor Público-Geral é nomeado pelo Governador do Estado dentre os membros da carreira que preencham os requisitos para tanto.

Como veremos abaixo, o Defensor Público-Geral será substituído em suas faltas, licenças, férias e impedimentos pelo Primeiro Subdefensor Público-Geral do Estado.

5.2.1.1 *Requisitos para ocupação do cargo*

Por se tratar do cargo administrativo mais elevado, cabendo-lhe a chefia institucional, a Lei impõe requisitos para a ocupação do cargo, de modo que o Governo do Estado, responsável pela sua nomeação, deve obedecer ao ritual previsto na lei. Neste ponto, importa cotejar as disposições da LCE 988/2006 com as normas gerais nacionais arroladas na LC 80/1994, em especial após as alterações promovidas pela LC 132/2009. Para tanto, cumpre lembrar que, em matéria de competência legislativa concorrente (art. 24, da Constituição), as normas gerais federais traduzem *critérios mínimos* a serem observados pelos demais entes políticos[111]. Assim, nada impede que a legislação estadual estabeleça outros requisitos, como registram Gustavo Junqueira, Daniel Zveibil e Gustavo Reis:

> A legislação estadual ou distrital, assim, pode prever outros requisitos, afinal, ao legislador estadual cabe a competência legislativa suple-

[111] Cf. ADI 2.903, rel. Min. Celso de Mello, j. 01/12/2005.

> mentar; tivessem eles que meramente reproduzir as normas de cunho nacional e não haveria sequer sentido lógico em a CF/88 lhes ter atribuído essa competência suplementar. Logo, os legisladores estaduais e distrital podem, sim, "olhar" para o regramento geral contido na LC n. 80/1994 e, a partir e nos limites dele, inovar. Os requisitos suplementares podem ser de cunho positivo e/ou negativo.[112]

Analisemos, assim, os requisitos de ocupação do cargo.

Em primeiro lugar, é preciso ter em conta que o Governador não pode nomear livremente, a seu critério, o/a integrante da carreira que preferir para ocupar o cargo. Ao contrário, cabe à carreira indicar ao Governador a sua preferência, enviando-lhe lista tríplice, contendo os/as membros/as mais bem votados/as em eleição interna. Trata-se de importante instrumento de autonomia institucional, na medida em que se autoriza a realização de pleito eleitoral, dentre as Defensoras e Defensores Públicos elegíveis para o cargo máximo. O voto é direto, secreto e aberto a todos os membros em atividade da Instituição. O voto, no entanto, não pode ser realizado por procurador ou portador e por via postal. Ademais, nos termos do art. 99, *caput*, da LC 80/1994, o voto é plurinominal, isto é, permite-se votar em mais de uma candidatura. Nada impede, porém, seja adotado sistema eletrônico de votação, desde que preserve os caracteres legais do voto acima indicados e se garanta a necessária transparência na apuração dos resultados.

Dessa maneira, a carreira vota nos candidatos e candidatas de sua preferência, compondo, ao final da eleição, lista tríplice, na qual figuram os três membros mais votados. O Governador somente poderá nomear um dentre os três indicados na lista tríplice. Respeita-se, portanto, a vontade da maioria da carreira, na medida em que se veda a nomeação de integrante da carreira que não conte com respaldo entre os seus pares.

Todavia, não é qualquer membro da carreira que pode concorrer, em eleições, a figurar na lista tríplice, devendo ser observados os requisitos de elegibilidade.

Tais requisitos se encontram atualmente disciplinados na Lei Complementar federal 80/1994. Com efeito, a LC 132/2009, ao conferir nova

[112] JUNQUEIRA, Gustavo; ZVEIBIL, Daniel; REIS, Gustavo. Comentários à Lei da Defensoria Pública. 2ª ed. São Paulo: Saraiva, 2021, p. 439.

redação ao art. 99 da lei orgânica nacional, estabeleceu apenas dois requisitos: ser o candidato ou candidata estável na carreira e ter mais de 35 anos. Com isso, conforme o art. 24, § 4º, da CF/88, por se tratar de norma geral federal superveniente, ficou suspensa a eficácia dos outros requisitos elencados no art. 13, da LCE 988/2006, quais sejam, ter o candidato ou candidata ingressado na carreira há pelo menos oito anos e estar em efetivo exercício, sem interrupção, nos últimos três anos que antecedam a data prevista para a realização das eleições.

Apesar de o art. 99, da LC 80/1994 não ser expresso a respeito, parece-nos evidente que a sua menção aos membros da carreira, como pessoas elegíveis ao cargo, refere-se àqueles do quadro ativo, circunstância, ademais, explicitamente indicada no art. 13, da LCE 988/2006.

A LCE 988/2006 prevê outro requisito de elegibilidade, a nosso ver compatível com o escopo da competência legislativa suplementar: a desincompatibilização do candidato. A desincompatibilização consiste no afastamento dos membros titulares de cargo em comissão ou que ocupem função de confiança[113]. A desincompatibilização deve ocorrer pelo menos 60 (sessenta) dias antes da data prevista para a realização da eleição, conforme o art. 16, inciso II, da legislação estadual.

Outro requisito estabelecido pelo legislador estadual a título de suplementação das normas gerais federais veicula uma condição negativa, a saber: a inelegibilidade daquele que estiver afastado da carreira (art. 16, inciso IV, da LCE 988/2006).

Após a realização das eleições e apurados os três candidatos mais votados, a lista tríplice é enviada ao Governador, que nomeará a Defensora ou Defensor Público-Geral, escolhendo um dos três nomes a ele submetidos, para mandato de 2 (dois) anos, permitida uma recondução. A recondução somente é possível desde que a Defensora ou Defensor Geral seja novamente eleito para a lista tríplice e novamente nomeado.

5.2.1.2 *Nomeação e destituição*

Como vimos acima, a nomeação do Defensor Público-Geral é incumbência da Chefia do Poder Executivo Estadual.

A nomeação deve recair, necessariamente, sobre um dos integrantes da lista tríplice. Isso quer dizer que o Governador deve minimamente

[113] Os cargos em comissão e as funções de confiança serão examinados no item 6.2, abaixo.

respeitar a vontade de toda a carreira, externada na eleição, uma vez que somente poderá nomear um dentre os três mais bem votados. Vale salientar que a lista deve ser imediatamente remetida ao Governador do Estado, após o término da votação e apuração do resultado (art. 16, inciso III, da LCE 988/2006).

Caso o Governador do Estado não efetive a nomeação do Defensor Público-Geral do Estado nos 15 (quinze) dias seguintes ao recebimento da lista tríplice, será investido automaticamente no cargo, para exercício do mandato, o membro da Defensoria Pública do Estado mais bem votado, isto é, o primeiro colocado na lista (art. 16, § 2º, da LCE 988/2006). A medida representa valorização da carreira, pois, na inércia do Chefe do Executivo, deve prevalecer a vontade da maioria dos membros da Instituição.

Apesar de o mandato durar por dois anos (permitida uma recondução, desde que regularmente eleito e nomeado novamente), poderá o Defensor Público-Geral do Estado ser destituído, pelo Governador, nas seguintes hipóteses:

1. abuso de poder;
2. conduta incompatível;
3. grave omissão nos deveres do cargo.

5.2.1.3 *Atribuições*

A lei arrola as atribuições da Defensoria Pública-Geral no seu art. 19. Trata-se de rol exemplificativo.

É possível sistematizar as atribuições à luz da autonomia institucional. Com efeito, as atribuições legais da Defensoria Pública-Geral, enquanto órgão de cúpula, decorrem, em alguma medida, do caráter autônomo da Instituição, conforme os ditames constitucionais e legais já apreciados. Em outras palavras: a autonomia administrativa, funcional e financeira ilumina (isto é, embasa, fundamenta) muitas das atribuições da Defensoria Pública-Geral, como não poderia ser diferente. É que, tratando-se da chefia da Instituição[114], seus atos devem estar fundados no estatuto constitucional e legal da Defensoria Pública do Estado, que lhe asseguram autonomias institucionais para bem e fielmente exercer o seu mister.

[114] Cabe lembrar que, nos termos do art. 100, da LC 80/1994, "Ao Defensor Público-Geral do Estado compete dirigir a Defensoria Pública do Estado, superintender e coordenar suas atividades, orientando sua atuação, e representandoa judicial e extrajudicialmente.".

Podemos, pois, agrupar as atribuições da Defensoria Pública-Geral na forma do quadro abaixo. Ressalta-se, obviamente, que muitas atribuições podem representar reflexo de mais de uma faceta das autonomias, havendo casos em que se mostra realmente difícil distinguir entre o fundamento na autonomia administrativa e funcional. Contudo, adotamos a categorização abaixo, vinculando as atribuições do cargo com a autonomia que nos parece mais próxima a cada uma das atribuições listadas.

AUTONOMIA ADMINISTRATIVA	AUTONOMIA FUNCIONAL	AUTONOMIA FINANCEIRA
• dirigir as atividades da Defensoria Pública do Estado e supervisionar sua atuação, sem prejuízo das competências dos demais órgãos superiores • prover os cargos iniciais da carreira e dos serviços auxiliares, bem como aqueles decorrentes de remoção, promoção, reintegração, aproveitamento e demais formas de provimento derivado, nos termos da Lei, e dar posse e exercício aos membros e servidores da Defensoria Pública do Estado • editar, após decisão do Conselho Superior sobre o estágio probatório, ato de confirmação ou exoneração de Defensor Público • nomear e exonerar os titulares de cargo em comissão, ressalvado o disposto no artigo 33 desta lei complementar • praticar atos e decidir questões relativas à administração da Defensoria Pública do Estado • organizar serviços de comunicação social e de assessoria de imprensa	• praticar todos os atos próprios de gestão, editar atos decorrentes da autonomia funcional e administrativa da instituição, bem como elaborar e propor ao Conselho Superior o plano anual de atuação da Defensoria Pública do Estado • zelar pelo cumprimento dos princípios institucionais da Defensoria Pública do Estado • zelar pelo respeito aos direitos dos necessitados • integrar, como membro nato, e presidir o Conselho Superior • firmar convênios com órgãos ou entidades, nacionais ou estrangeiras, visando à consecução das atribuições institucionais da Defensoria Pública do Estado • determinar correições extraordinárias • determinar a instauração de processo administrativo ou de sindicância • convocar, ordinária e extraordinariamente, o Conselho Superior • requisitar exames, perícias, vistorias, certidões, informações, diligências, processos, documentos e esclarecimentos a quaisquer autoridades públicas e seus agentes, observados os prazos estabelecidos nos artigos 32, 74 e 78, inciso I, da Lei nº 10.177, de 30 de dezembro de 1998	• gerir o Fundo de Assistência Judiciária • elaborar a proposta orçamentária anual da Defensoria Pública do Estado, atendendo aos princípios institucionais, às diretrizes estabelecidas no plano anual de atuação e aos limites definidos na lei de diretrizes orçamentárias • enviar, após aprovação pelo Conselho Superior, a proposta orçamentária anual da Defensoria Pública do Estado, observado o disposto no artigo 99, § 2º, da Constituição Federal

• editar atos de aposentadoria, exoneração, afastamentos e outros que importem vacância de cargos da carreira ou dos serviços auxiliares • editar atos de disponibilidade de membros e servidores da Defensoria Pública do Estado, ouvido o Conselho Superior • delegar suas funções administrativas • designar Defensor Público para as funções de confiança, observado o disposto nos §§ 1º e 2º do artigo 89 da Lei • autorizar o afastamento de que trata o artigo 150, inciso V, da Lei	• aplicar as penalidades previstas nesta lei, exceto no caso de demissão e cassação de aposentadoria, em que será competente para aplicá-las o Governador do Estado • determinar, atendendo a proposta do Corregedor-Geral, o afastamento de Defensor Público que esteja sendo submetido a sindicância ou processo administrativo disciplinar, observado o disposto no artigo 189 desta lei complementar • propor ao Conselho Superior, nas hipóteses do disposto no parágrafo único do artigo 14 da Lei, a destituição do Corregedor-Geral • encaminhar ao Governador do Estado a deliberação do Conselho Superior de que trata o artigo 31, inciso XVI, da Lei complementar (destituição do Corregedor-Geral)	

5.2.2 *Primeira Subdefensoria Pública-Geral*

A figura do Subdefensor Público-Geral diz respeito, precipuamente, ao cargo próprio à substituição do Defensor Público-Geral em suas ausências temporárias, pelo que bastaria, em tese, apenas um cargo de Subdefensor Geral.

Porém, conforme autorização dada pelo art. 99, § 2º, da LC 80/94, os Estados poderão criar mais de uma Subdefensoria Pública-Geral, segundo suas necessidades.

É este o caso do Estado de São Paulo, cuja Defensoria Pública conta com três Subdefensorias Gerais, conforme se verá abaixo.

O Primeiro Subdefensor Público-Geral do Estado é nomeado pelo Defensor Público-Geral do Estado, dentre os integrantes do quadro ativo da carreira. Compete-lhe auxiliar o Defensor Geral nos assuntos de interesse da instituição. Trata-se de atribuição genérica, indicando que sua intervenção ocorre independentemente da matéria ou de disposição geográfica do assessoramento.

Como já mencionado acima, compete exclusivamente ao Primeiro Subdefensor Público-Geral do Estado substituir o chefe da carreira em suas faltas, licenças, férias e impedimentos.

Do mesmo modo, é competência exclusiva do Primeiro Subdefensor Geral coordenar o planejamento da Defensoria Pública do Estado, observando o cumprimento das normas técnicas de elaboração de planos, programas, projetos e orçamentos, bem como acompanhando sua execução. Temos, aqui, uma nítida função técnica, destinada ao assessoramento do Defensor Público-Geral em matérias de gestão administrativa e financeira. Podemos exemplificar a atuação da Primeira Subdefensoria Pública-Geral nessa competência por meio de sua participação da elaboração do Plano Anual de Atuação, organizando, inclusive, os ciclos de conferências e a coordenação da gestão orçamentária e financeira da Instituição.

5.2.3 *Segunda Subdefensoria Pública-Geral*

O Segundo Subdefensor Público-Geral também é nomeado dentre os membros da carreira. Assim como o Primeiro Subdefensor, também tem por incumbência auxiliar o Defensor Geral nos assuntos institucionais.

Sua atuação, porém, se volta à administração, coordenação e orientação das Defensorias Públicas situadas na Capital e na sua Região Metropolitana.

5.2.4 *Terceira Subdefensoria Pública-Geral*

Seguindo os mesmos parâmetros adotados para os outros Subdefensores Gerais, o Terceiro Subdefensor Público-Geral é nomeado pelo Defensor Público-Geral, dentre os membros da carreira que estejam na ativa. Por também ser Subdefensor Geral, como o Primeiro e o Segundo, também tem a incumbência de auxiliar o chefe da carreira nos assuntos institucionais.

Exerce suas funções, no entanto, voltado à administração, coordenação e orientação das Defensorias Públicas situadas no interior do Estado.

Cabe observar que as Subdefensorias Públicas-Gerais (as três) integram a Administração Superior, porque a Lei lhes confere papel estratégico na administração interna, até porque se vale de expressões que denotam não exercerem atos de gestão ordinária: "coordenação", "orientação" etc.

5.2.5 *Conselho Superior*

O Conselho Superior é órgão colegiado da Administração Superior, cabendo-lhe, precipuamente, exercer o poder normativo no âmbito da Defensoria Pública do Estado.

Suas atribuições, porém, não ostentam caráter legislativo, porque, subordinadas que estão ao princípio da legalidade, devem complementar a lei no que lhe couber, não detendo função de inovar no ordenamento jurídico[115].

O exercício do poder normativo, do mesmo modo, não cabe ser confundido com atos de gestão administrativa e financeira, atribuídos por lei à Defensoria Pública-Geral. De fato, o art. 19, incisos I e XII, da LCE 988/2006 atribui expressamente à Defensoria Geral a prática dos atos próprios de gestão administrativa, no que é complementado pelas disposições que conferem às Subdefensorias Gerais a administração, coordenação e orientação dos órgãos de execução (arts. 23 e 25, da LCE 988/2006). Da perspectiva da gestão financeira, cumpre notar que o art. 19, inciso V, da lei comina à Defensoria Geral o ônus de gerir o Fundo de Assistência Judiciária, ao passo que o art. 33, inciso I, da Constituição do Estado de São Paulo e os arts. 2º, inciso III e 15 da Lei Orgânica do Tribunal de Contas do Estado de São Paulo (Lei Complementar estadual n. 709/1993) sujeitam à fiscalização do TCE os atos de ordenação de despesa praticados pela Defensoria Geral, a teor do elucidado no item 2.7.3 supra.

De toda sorte, o Conselho Superior é foro adequado para a discussão de temas relevantes da Defensoria Pública, por ser um órgão colegiado, cuja maioria dos membros é escolhida por eleição pelos Defensores e Defensoras Públicas. A composição democrática dos membros do Conselho Superior justifica a importância das atribuições que lhes foram conferidas pela Lei.

5.2.5.1 *Composição e suplência*

O Conselho Superior é integrado pelos seguintes membros:

a) o Defensor Público-Geral do Estado, que o presidirá;

[115] Aliás, nos termos do art. 19, inciso I, da LCE 988/2006, a edição dos atos decorrentes da autonomia funcional e administrativa da instituição constitui atribuição da Defensoria Pública-Geral.

b) o Segundo Subdefensor Público-Geral do Estado;
c) o Terceiro Subdefensor Público-Geral do Estado;
d) o Defensor Público do Estado Corregedor-Geral;
e) o Ouvidor-Geral da Defensoria Pública;
f) um representante dos Núcleos Especializados;
g) um representante das Defensorias Regionais[116];
h) um representante da Defensoria situada na Capital;
i) um representante de cada classe da carreira.

O Conselho Superior tem uma **forma de composição híbrida**: parte de seus membros é eleita por voto direto e secreto de toda a carreira, outra parte é integrada por membros natos, ou seja, compõem automaticamente o colegiado pelo fato de ocuparem outros cargos dentro da Administração Superior, como é o caso do Defensor Público-Geral, Segundo e Terceiro Subdefensores Gerais e Corregedor-Geral. Cabe ressaltar que, não obstante a existência de cargos natos, o Conselho Superior como um todo, isto é, por si só, representa um dos órgãos da Administração Superior, pois exerce atribuições de administração superior da Defensoria Pública.

São membros natos:

a) o Defensor Público-Geral do Estado, que o presidirá;
b) o Segundo Subdefensor Público-Geral do Estado;
c) o Terceiro Subdefensor Público-Geral do Estado;
d) o Defensor Público do Estado Corregedor-Geral;
e) o Ouvidor-Geral da Defensoria Pública.

O fato de a lei prever membros natos não retira o caráter democrático do órgão, eis que o Defensor Público-Geral é eleito pela carreira, de modo que ele e sua equipe gozam de legitimidade democrática. Do mesmo modo, o Corregedor-Geral, como explanado abaixo, é indicado pelo próprio Conselho Superior, mediante eleição para composição de lista tríplice para tal cargo.

De outro lado, os membros diretamente eleitos ocupam cargos que representam os seguintes setores:

[116] Conforme veremos no item 5.3, por Defensorias Públicas Regionais deve-se compreender as Defensorias situadas no interior do Estado.

a) um representante dos Núcleos Especializados;
b) um representante das Defensorias Regionais;
c) um representante da Defensoria situada na Capital;
d) um representante de cada classe da carreira.

Considerando que a carreira de Defensora ou Defensor Público do Estado é estruturada em 5 (cinco) diferentes níveis, conforme veremos abaixo, existem 5 (cinco) cargos no Conselho, ou seja, um para cada nível.

Percebe-se, assim, que o Conselho Superior é composto, majoritariamente, por membros diretamente eleitos, uma vez que são oito cargos escolhidos por eleição específica para o Conselho Superior, enquanto os membros natos representam cinco cargos cuja composição também é, ainda que indiretamente, fruto de eleições internas na carreira. Existem, assim, oito Conselheiros eleitos e cinco Conselheiros natos.

O Ouvidor-Geral, apesar de ser membro nato do Conselho Superior, não tem direito de voto, tendo apenas direito de voz (art. 26, § 2º). Isso significa que o Ouvidor-Geral ocupa um assento no colegiado e tem total liberdade para se manifestar nos debates, opinando, concordando, discordando (direito de voz), porém não pode votar nas questões sujeitas à apreciação do Conselho, ou seja, sua posição não é computável nas deliberações (não tem direito de voto). Essa mesma condição consta do art. 105-B, inciso IV, da LC 80/1994, ao atribuir à Ouvidoria-Geral "participar, com direito a voz, do Conselho Superior da Defensoria Pública do Estado".

Essa ressalva mostra que, em realidade, sob o ponto de vista das deliberações do Conselho, há quatro votos de membros natos (pois o Ouvidor-Geral não tem direito de voto) contra oito votos proferidos por membros eleitos.

Ademais, vale lembrar que o art. 101, § 5º, da LC 80/1994 determina que "o presidente da entidade de classe de maior representatividade dos membros da Defensoria Pública do Estado terá assento e voz nas reuniões do Conselho Superior". Cuida-se do direito de voz, idêntico ao conferido à Ouvidoria-Geral. Do ponto de vista da sua vinculação ao órgão colegiado, a presidência da entidade de classe parece ostentar a posição de membro nato do Conselho, pois seu ocupante não é escolhido por meio de eleições diretas para o Conselho Superior, mas decorre da assunção do cargo de Presidente da entidade de classe mais representativa dos membros da carreira.

Independentemente da cadeira que representam, os Conselheiros eleitos do Conselho têm mandato de dois anos. O art. 26, § 3º, da LCE 988/2006, no ponto em que vedava a reeleição para o período subsequente, teve a sua eficácia suspensa pela superveniência da LC 132/2009, que modificou a LC 80/1994 para o fim de permitir uma reeleição (art. 101, § 3º). Cabe registrar que somente são elegíveis os membros em efetivo exercício na carreira (art. 26, § 5º) e que dela não estejam afastados (art. 101, § 4º, da LC 80/1994).

Caso algum membro do Conselho Superior esteja impossibilitado de participar da votação colegiada, em virtude de impedimento ou afastamento, será ele substituído pelo suplente, conforme a ordem prevista no art. 30 da Lei:

a) Defensor Público-Geral do Estado → substituído pelo Primeiro Subdefensor Público-Geral do Estado;
b) Segundo e Terceiro Subdefensores Públicos-Gerais do Estado → substituídos por Defensores Públicos do Estado Assessores especialmente indicados[117];
c) Defensor Público do Estado Corregedor-Geral → substituído pelo Defensor Público do Estado Corregedor-Assistente;
e) Ouvidor-Geral → substituído pelo Subouvidor por ele indicado;
f) membros eleitos → substituídos pelos respectivos suplentes, em ordem decrescente de votação[118].

[117] A suplência da Segunda e Terceira Subdefensorias Gerais não está limitada aos 5 (cinco) cargos de Defensor Público do Estado Assessor, previstos no art. 239, inciso I, alínea "h", da LC 988/2006. Com efeito, o texto do art. 30, inciso II faz menção a assessores especialmente indicados para desempenhar a suplência nas sessões do Conselho Superior. A disposição legal prestigia a possibilidade de indicação de membros da Defensoria Pública-Geral (ainda que não ocupantes do cargo de Assessor) que tenham maior pertinência com as funções desempenhadas pelas Subdefensorias Gerais ou mesmo com os temas que vierem a ser discutidos ou deliberados na sessão em que o titular estiver pontualmente ausente. Assim é que a praxe consolidou, por exemplo, a possibilidade de que Defensores ou Defensoras Assistentes da Segunda ou Terceira Subdefensorias Gerais fossem indicados para substituir os respectivos titulares em ausências pontuais. A medida, como salientado, se justificou, inclusive, para garantir a prestação de contas ao colegiado sobre os temas afetos à Segunda ou Terceira Subdefensorias Públicas-Gerais, costumeiramente objeto de discussões no colegiado.

[118] O artigo 27 da Lei determina que "Os Defensores Públicos que se seguirem aos eleitos nas respectivas votações serão considerados seus suplentes". No entanto, o Regimento Interno do Conselho Superior autoriza que o suplente não seja chamado a integrar o colegiado nos casos de férias ou licenças-prêmio do Conselheiro titular de até 30 dias. É o que dispõe

O quadro abaixo sumariza a questão:

	CARGO TITULAR	SUPLENTE
Natos	Defensor Público-Geral	Primeiro Subdefensor Público-Geral
	Segundo Subdefensor Público-Geral	Defensor Assessor designado
	Terceiro Subdefensor Público-Geral	Defensor Assessor designado
	Corregedor-Geral	Corregedor-Assistente
	Ouvidor-Geral*	Subouvidor por ele indicado
	Presidente da entidade de classe*	Defensor Público por ele indicado[116]
Eleitos	Representante dos Núcleos Especializados	Segundo mais votado para esta cadeira
	Representante das Defensorias Regionais	Segundo mais votado para esta cadeira
	Representante das Defensorias da Capital	Segundo mais votado para esta cadeira
	Representante do Nível I	Segundo mais votado para esta cadeira
	Representante do Nível II	Segundo mais votado para esta cadeira
	Representante do Nível III	Segundo mais votado para esta cadeira
	Representante do Nível IV	Segundo mais votado para esta cadeira
	Representante do Nível V	Segundo mais votado para esta cadeira

*Tem apenas direito de voz, sem direito a voto.

Por fim, cabe observar que Lei Complementar estadual n. 1.295, de 02 de janeiro de 2017, alterou o art. 26 da LCE 988/2006 para o fim de criar cadeira no Conselho Superior destinada a representante da entidade de classe do quadro de servidores com maior representatividade no Estado. Tal lei atribuía à presidência da entidade de classe de servidores e servidoras da instituição a condição de membro nato do Conselho Superior e, portanto, com direito de voto.

A LC estadual 1.295/2017 foi julgada inconstitucional pelo Órgão Especial do Tribunal de Justiça do Estado de São Paulo em controle con-

o art. 4º, §1º da Deliberação n. 01/2006 do Conselho Superior: "Durante as férias ou licenças-prêmio de até trinta dias, é facultado ao Conselheiro titular exercer suas funções no Conselho, mediante prévia comunicação ao Presidente, que fará constar esta circunstância da ata da reunião do Conselho Superior da Defensoria Pública".

119 O Regimento Interno do Conselho Superior nada dispõe sobre a suplência da cadeira reservada ao Presidente da entidade de classe. A praxe, contudo, indica a substituição por Defensor Público por ele indicado, geralmente membro da Diretoria da entidade de classe representada.

centrado de constitucionalidade em acórdão que restou assim ementado no ponto que interessa nesta oportunidade:

> **AÇÃO DIRETA DE INCONSTITUCIONALIDADE - ARTIGOS 2º E 3º DA LEI COMPLEMENTAR ESTADUAL Nº 1.295, DE 02 DEJANEIRO DE 2017 - ATOS NORMATIVOS ORIUNDOS DE EMENDA PARLAMENTAR QUE INTRODUZIU MODIFICAÇÕES SUBSTANCIAIS AO PROJETO DE LEI INICIALMENTE ENCAMINHADO PELO DEFENSOR PÚBLICO-GERAL DO ESTADO - DESCARACTERIZAÇÃO DA PROPOSIÇÃO LEGISLATIVA ORIGINAL - DESVIO DE PODER DE EMENDA PARLAMENTAR POR IMPERTINÊNCIA TEMÁTICA - RECONHECIMENTO - DISPOSITIVOS IMPUGNADOS, ADEMAIS, QUE EXTRAPOLAM REGRAS GERAIS DE ALCANCE NACIONAL - USURPAÇÃO DE COMPETÊNCIA PRIVATIVA DO PRESIDENTE DA REPÚBLICA PARA LEGISLAR SOBRE NORMAS GERAISDE ORGANIZAÇÃO DA DEFENSORIA PÚBLICA DO ESTADO - OFENSA AO PACTO FEDERATIVO E AOS ARTIGOS 1º, 24, § 2º, ITEM 3, PARTE FINAL, E 103, PARÁGRAFO 1º, TODOS DA CARTA BANDEIRANTE E ARTIGOS 24, INCISO XIII, E 61, §1º, INCISO II, ALÍNEA "D", AMBOS DA CONSTITUIÇÃO FEDERAL - INCONSTITUCIONALIDADE DECLARADA - AÇÃO PROCEDENTE**
> (ADI 2073085-92.2017.8.26.0000, Órgão Especial, rel. Des. Renato Sartorelli, j. 09.08.2017)

Foram reconhecidos dois vícios formais relativamente aos arts. 2º e 3º da LC estadual 1.295/2017:

a) Falta de pertinência temática da emenda parlamentar a projeto de lei de iniciativa legislativa privativa, e
b) Violação das normas gerais federais em matéria de composição do Conselho Superior das Defensorias Públicas estaduais.

Vejamos os fundamentos para o reconhecimento destas duas inconstitucionalidades formais.

Em primeiro lugar, o TJSP consignou que a disposição legal em comento foi oriunda de emenda parlamentar a projeto de lei de iniciativa reservada da Defensoria Pública-Geral e que visava unicamente instituir vantagem não pecuniária de compensação aos Defensores e Servidores que viessem a atuar em dias não úteis[120]. Assim, não poderia uma emenda parlamentar modificar a composição do Conselho Superior em projeto de lei destinado singelamente a disciplinar a atuação da Defensoria Pública em dias não úteis.

Com efeito, os arts. 2º e 3º, da Lei Complementar estadual n. 1.295/17 foram inseridos por emenda parlamentar no então Projeto de Lei Complementar n. 25/2016, de iniciativa reservada do Defensor Público-Geral do Estado, exercida com base no art. 134, § 4º c.c. art. 96, inciso II, da Constituição Federal. Vale recordar que tais disposições da Constituição Federal conformam o ordenamento constitucional local, como examinado no item 1.3 acima, o que autorizou o conhecimento da ADI estadual, dado que a EC 80/2014 passou a integrar o parâmetro de controle da Constituição estadual.

De outro vértice, o TJSP entendeu que a criação de assento no Conselho Superior à entidade de classe do quadro de servidores contraria as normas gerais federais que disciplinam a composição do colegiado. Neste particular, o art. 103, § 1º, da Constituição paulista estabelece que "Lei Orgânica disporá sobre a estrutura, funcionamento e competência da Defensoria Pública, observado o disposto na Constituição Federal e nas normas gerais prescritas por lei complementar federal". Reputou-se, assim, que a emenda parlamentar em tela teria invadido a competência legislativa da União para dispor sobre normas gerais da Defensoria Pública (art. 24, inciso XIII, da Constituição Federal).

5.2.5.1.1 *O desempate nas deliberações do Conselho Superior*

Questão que pode suscitar algum debate diz respeito ao art. 26, § 2º, da Lei Complementar 988/2006 que dá ao Defensor Público-Geral, quando for o caso, o voto de desempate, nos seguintes termos: "Todos os membros do Conselho Superior, excetuado o Ouvidor-Geral, terão direito a voto, cabendo ao Defensor Público-Geral do Estado, quando for o caso, também o de desempate". Eventual dúvida sobre a interpretação deste dispositivo pode se dar quando cotejado com o teor do art. 101, § 1º, da LC 80/1994, que assim estabelece: "O Conselho Superior é pre-

[120] A proposição original, contemplada pela LC estadual 1.295/2017, alterou o art. 134 da LCE 988/2006.

sidido pelo Defensor Público-Geral, que terá voto de qualidade, exceto em matéria disciplinar".

Em primeiro lugar, cumpre observar que o Conselho Superior ostenta natureza administrativa, de modo que incabível qualquer paralelo com a forma de superação de impasse no âmbito judicial.

Sob esta perspectiva é que cabe interpretar a disposição da lei estadual em comparação com a norma geral federal sobre a matéria.

E, neste particular, importa observar, inicialmente, que a LC 80/1994 não proíbe que normas estaduais regulamentem a questão, tanto que inúmeras Defensorias Públicas estaduais, mesmo após a edição da LC 132/2009, disciplinaram de forma bastante variada o voto da Defensoria Geral nos respectivos Conselhos Superiores[121]. E, considerando apenas as leis orgânicas estaduais editadas ou modificadas após a LC 132/2009, se verifica que a presidência dos respectivos Conselhos Superiores, desempenhada pelas Defensorias Públicas-Gerais locais, ostenta o voto ordinário e, se houver necessidade, o de desempate[122].

Há, pois, um cenário de manifesta pluralidade de opções legislativas – após a LC 132/2009, inclusive – a evidenciar haver margem legislativa local para conferir ou não às Defensorias Gerais, além do voto de desempate, o voto ordinário. Em suma, a norma geral federal impõe apenas que os ordenamentos locais prevejam o voto de desempate, exceto em matéria disciplinar, deixando aos estados a liberdade de conformação legislativa que abranja, inclusive, o voto ordinário da Defensoria Geral nas votações havidas no Conselho Superior.

[121] Veja-se, neste particular, que algumas leis orgânicas de Defensorias Públicas estaduais estabeleceram o voto de qualidade da Defensoria Geral, exceto em matéria disciplinar (casos das Defensorias do Distrito Federal, Rio de Janeiro, Goiás, Paraná). A lei orgânica da Defensoria Pública do Mato Grosso, por sua vez, atribui ao Defensor Geral o direito de voto, como membro, somente nos casos de procedimentos eleitorais da Corregedoria, Ouvidoria e Diretoria da Escola Superior da Defensoria Pública, resguardado, nos demais casos, apenas o voto de qualidade, exceto em procedimento administrativo disciplinar. Já a lei orgânica da Defensoria Pública do Mato Grosso do Sul optou por prever que o respectivo Defensor Público-Geral, além do seu voto de membro, terá o voto de qualidade, exceto nas deliberações sobre remoção, promoção e matéria disciplinar. Há, por fim, aquelas leis complementares estaduais que repetiram o teor do art. 26, § 2º, da LCE 988/2006, como é o caso das Defensorias Públicas de Sergipe, Alagoas e Paraíba.

[122] Vale registrar que algumas leis orgânicas estaduais anteriores à LC 132/2009 preferiram conferir à Defensoria Pública-Geral apenas o voto de desempate, e não o voto ordinário, como é o caso das Defensorias Públicas de Minas Gerais e de Rondônia.

Examinando, de outro lado, as disposições da LC 80/1994 no que toca à organização da Defensoria Pública da União, verifica-se que o seu art. 9º, § 1º atribui expressamente ao Defensor Público-Geral Federal o voto ordinário e o de desempate, nestes termos: "O Conselho Superior é presidido pelo Defensor Público-Geral, que, além do seu voto de membro, tem o de qualidade, exceto em matéria de remoção e promoção, sendo as deliberações tomadas por maioria de votos". Cuida-se de circunstância relevante na interpretação do art. 26, § 2º, da LCE 988/2006, na medida em que a LC 80/1994 seria contraditória ao garantir o voto duplo na esfera federal e, ao mesmo tempo, proibi-lo em âmbito estadual.

Por fim, importa notar que, havendo 12 integrantes com direito de voto, como exposto acima, se não houvesse o voto ordinário da Defensoria Geral, ter-se-ia apenas 11 votos ordinários computáveis, o que impediria qualquer empate (dado o número ímpar), tornando inútil qualquer previsão normativa voltada a sanar impasses deliberativos.

5.2.5.2 *Competências*

Como dissemos acima, o Conselho Superior é órgão colegiado da Administração Superior – aliás, o único órgão colegiado na Administração Superior. Assim, cabe ao Conselho Superior deliberar sobre temas de destaque da Instituição, mediante votação havida entre os Conselheiros e Conselheiras.

As competências do Conselho Superior se encontram descritas no art. 31 da Lei Orgânica.

Podemos destacar as competências do art. 31 por tipo de deliberação:

I – Atos atinentes à autonomia administrativa, funcional e financeira:
elaborar seu regimento interno e as normas reguladoras da eleição de seus membros;
exercer o poder normativo no âmbito da Defensoria Pública do Estado;
discutir e deliberar sobre matéria relativa à autonomia funcional e administrativa da Defensoria Pública do Estado;
deliberar acerca do afastamento de membro ou servidor da Defensoria Pública do Estado, ressalvada a hipótese do artigo 150, inciso V, da LC 988/06;
aprovar a lista de antiguidade dos Defensores Públicos e decidir sobre as reclamações a ela concernentes;

decidir, por voto da maioria absoluta de seus membros, a partir dos relatórios enviados pela Corregedoria Geral e pela Escola de Defensoria Pública, sobre a avaliação de estágio probatório dos membros da Defensoria Pública do Estado, submetendo a decisão à homologação do Defensor Público-Geral do Estado;
deliberar sobre a abertura e organização de concurso de ingresso na carreira de Defensor Público, observado o disposto no artigo 90 da LCE 988/06;
sugerir ao Defensor Público-Geral do Estado a edição de recomendações aos órgãos da Defensoria Pública do Estado para o desempenho de suas funções e a adoção de medidas convenientes ao aprimoramento dos serviços;
aprovar o plano anual de atuação da Defensoria Pública do Estado, garantida a ampla participação popular, em especial de representantes de todos os conselhos estaduais, municipais e comunitários, de entidades, organizações não governamentais e movimentos populares, através da realização de conferências estaduais e regionais, observado o regimento interno[120];
fixar, ouvida a Escola da Defensoria Pública, rotinas para atuação dos Defensores Públicos;
opinar sobre a criação e extinção dos cargos da carreira da Defensoria Pública do Estado e de seus serviços auxiliares, bem como sobre a fixação e o reajuste dos respectivos vencimentos;
fixar o número de estagiários de direito e distribuí-los entre as Defensorias Regionais e da Capital, os Núcleos Especializados e a Escola da Defensoria Pública do Estado;
fixar o número de estagiários para as atividades afins, nos termos do artigo 70 dessa lei complementar, e distribuí-los entre os Centros de Atendimento Multidisciplinar;
selecionar estagiários e fixar o valor de sua bolsa de estudos;
opinar sobre atos de disponibilidade de membros e servidores da Defensoria Pública do Estado;
aprovar a proposta orçamentária da Defensoria Pública do Estado;
fixar parâmetros mínimos de qualidade para a atuação dos Defensores Públicos.

II – Atos atinentes à nomeação ou destituição de cargos
elaborar as normas reguladoras do processo eleitoral e formação da lista tríplice para escolha do Defensor Público-Geral do Estado, observadas as disposições dessa lei complementar;
elaborar lista sêxtupla, dentre os integrantes da classe mais elevada da carreira, para o cargo de Defensor Público do Estado Corregedor-Geral;
indicar, ao Defensor Público-Geral do Estado, o Diretor da Escola da Defensoria Pública do Estado;
decidir, por voto de 2/3 (dois terços) de seus membros, sobre a representação ao Governador do Estado visando à destituição do Defensor Público-Geral do Estado, nos termos do disposto no parágrafo único do artigo 14 dessa lei complementar;
decidir, por voto de 2/3 (dois terços) de seus membros, sobre proposta do Defensor Público-Geral do Estado visando à destituição do Corregedor-Geral.

[123] Cabe lembrar, em matéria de Plano Anual de Atuação, que o Conselho Superior regulamentará e organizará a Conferência Estadual da Defensoria Pública e as Pré-Conferências Regionais, contando com o auxílio das Defensorias Regionais do Interior, da Capital e da Região Metropolitana (art. 31, parágrafo único).

III – Atos atinentes a matéria correcional e disciplinar
requisitar ao Corregedor-Geral os relatórios de correições ordinárias ou extraordinárias;
recomendar correições extraordinárias;
recomendar ao Defensor Público-Geral do Estado a instauração de processo administrativo disciplinar em face de integrantes da carreira de Defensor Público;
representar à Corregedoria-Geral visando à instauração de sindicância envolvendo Defensor Público;
opinar em processo administrativo disciplinar envolvendo Defensor Público.

Há um quórum de instalação para as sessões do Conselho: deve estar presente a maioria absoluta de seus membros. O quórum ordinário de deliberação, contudo, é o de maioria simples de votos (art. 29, § 1º).

Cumpre observar que as decisões do Conselho Superior serão sempre motivadas e publicadas por extrato, salvo nas hipóteses legais de sigilo (art. 29, § 2º).

Vale lembrar que nas sessões públicas será franqueada a palavra a qualquer pessoa ou membro ou servidor da Defensoria Pública, nos termos do regimento interno do Conselho Superior (art. 29, § 4º), o chamado momento aberto nas sessões do Conselho Superior, considerado um dos mais expressivos exemplos de participação social direta nos rumos da Defensoria Pública paulista.

5.2.6 *Corregedoria-Geral*

5.2.6.1 *Finalidade*

A Corregedoria-Geral é o órgão da Administração Superior encarregado da orientação e fiscalização da atividade funcional e da conduta pública dos membros da instituição, bem como da regularidade do serviço (art. 32).

Orientação Fiscalização	• Atividade funcional • Conduta pública dos membros da Instituição • Regularidade do serviço

O papel correcional envolve, portanto, o exercício de duas atividades: orientação e fiscalização. Enquanto a orientação se pauta por uma postura preventiva, destinada à expedição de esclarecimentos, a fiscalização diz respeito a uma postura repressiva, voltada à sanção de irregularidades. Vale observar que a função correcional, seja sob o aspecto da orientação, seja sob o ponto de vista da fiscalização, dirige-se à (i) atividade funcional, (ii) à conduta pública dos membros da Instituição e (iii) à regularidade do serviço.

5.2.6.2 *Nomeação e destituição*

Nos termos do art. 33, *caput*, da Lei, o Corregedor-Geral é um Defensor Público nomeado pelo Governador do Estado, após a elaboração de lista sêxtupla pelo Conselho Superior. Do mesmo modo, atribui-se ao Governador do Estado a competência para destituir o Corregedor-Geral, após aprovação de proposta para tal, enviada pelo Defensor Público-Geral, por, no mínimo 2/3 (dois terços) do Conselho Superior (art. 33, parágrafo único).

No entanto, após a edição da Lei Complementar n. 132/2009, que modificou a LC 80/94, a nomeação e a destituição do Corregedor-Geral passaram a ser incumbência do Defensor Público-Geral.

Com efeito, as normas gerais para a organização das Defensorias Públicas estaduais foram alteradas pela LC 132/09 e, nesse ponto, houve sensível modificação, sendo certo que a Lei Complementar Estadual n. 988/06 ainda não foi alterada nesse particular.

É que a redação originária (e ainda vigente) da LCE 988/2006 atribui ao Governador do Estado a nomeação e a destituição do Corregedor Geral, enquanto a Lei Complementar 80/94 confere, atualmente, tais competências ao Defensor Público-Geral, conforme se extrai do seu art. 104:

> **Art. 104. A Corregedoria-Geral é exercida pelo Corregedor-Geral indicado dentre os integrantes da classe mais elevada da Carreira, em lista tríplice formada pelo Conselho Superior, e nomeado pelo Defensor Público-Geral para mandato de 2 (dois) anos, permitida 1 (uma) recondução. (Redação dada pela Lei Complementar nº 132, de 2009).**
>
> **§ 1º O Corregedor-Geral poderá ser destituído por proposta do Defensor Público-Geral, pelo voto de dois terços do Conselho Superior, antes do término do mandato. (Renumerado pela Lei Complementar nº 132, de 2009).**

> **§ 2º A lei estadual poderá criar um ou mais cargos de Subcorregedor, fixando as atribuições e especificando a forma de designação. (Incluído pela Lei Complementar nº 132, de 2009).**

Desse modo, o regime jurídico da nomeação e destituição do Corregedor-Geral se encontra atualmente disciplinado pelo art. 104 da LC 80/1994, acima transcrito. Pode-se afirmar, portanto, que, o art. 33 e seu parágrafo da Lei Complementar 988/06 tiveram suas eficácias suspensas pelo art. 104 da LC 80/94, após a redação dada pela LC 132/09.

É, aliás, o que restou decidido pelo Supremo Tribunal Federal:

> **4. A lei estadual que atribui competência ao Governador de Estado de nomear ocupantes de cargos administrativos na estrutura de Defensoria Pública Estadual (Subdefensor Público-Geral, Ouvidor-Geral, Corregedor-Geral, Defensor Público-Chefe etc) viola a autonomia administrativa da Defensoria Púbica Estadual (art. 134 e parágrafos da CRFB/88), bem como as normas gerais estabelecidas pela União na Lei Complementar nº 80/1994 pelo exercício de competência legislativa concorrente (art. 24, XIII, e §§ 1º e 2º, da CRFB/88).**
>
> (ADI 5.286, rel. Min. Luiz Fux, j. 18.05.2016, DJe 01.08.2016)

Tem-se, assim, que a Defensoria Pública do Estado de São Paulo, assim como todas as demais Defensorias Públicas estaduais, sujeitando-se às normas gerais nacionais (LC 80/94), passou a ter seu Corregedor-Geral designado por ato do Defensor Público-Geral.

Do mesmo modo, a destituição do Corregedor-Geral, em razão do paralelismo das formas, também é incumbência do Defensor Geral. Só há destituição antes do fim do mandato do Corregedor-Geral, que é de dois anos, permitida uma recondução.

5.2.6.3 *Requisitos para a ocupação do cargo*

Além da modificação no que concerne à competência para nomeação e destituição do Corregedor-Geral, a Lei Complementar 80/94 implementou pequena alteração nos requisitos para a ocupação do cargo. De fato, o Defensor Público-Geral (competente para a indicação do nome) deve continuar observando o disposto no art. 31, inciso V, da Lei Orgânica estadual, que dispõe:

Artigo 31 – Ao Conselho Superior compete:

(...)

V – elaborar lista sêxtupla, dentre os integrantes da classe mais elevada da carreira, para o cargo de Defensor Público do Estado Corregedor-Geral;

(...)

É necessário interpretar esse dispositivo conjuntamente com o art. 104 da LC 80/94, que prevê, em vez de lista sêxtupla, lista tríplice formada pelo Conselho Superior.

Assim, aplicando a Lei Orgânica estadual de forma harmônica ao disposto nas normais gerais (art. 104, LC 80/1994), temos os seguintes requisitos para a ocupação do cargo:

a) ser integrante da classe mais elevada da carreira (Defensor Público do Estado Nível V);
b) indicado em lista tríplice formada pelo Conselho Superior (ou seja, são os Conselheiros que elegem os nomes);
c) nomeação pelo Defensor Público-Geral do Estado.

Note que o Conselho Superior forma lista tríplice, enviada ao Defensor Público-Geral, a quem compete nomear um dentre os três integrantes da lista para ocupar a Corregedoria-Geral.

5.2.6.4 *Competências*

As competências da Corregedoria-Geral guardam relação com a finalidade desse órgão, que é a orientação e a fiscalização da atividade funcional e da conduta pública dos membros da instituição, bem como da regularidade do serviço. As competências encontram-se dispostas no art. 34 e podemos sistematizá-las, separando-as em competências de orientação e competências de fiscalização, na forma exposta na tabela abaixo. Vale observar que muitas das competências podem ser classificadas como de orientação e, ao mesmo, como de fiscalização, razão pela qual inserimos aquelas competências com mais de uma faceta nos campos correspondentes.

	ATIVIDADE FUNCIONAL	CONDUTA PÚBLICA	REGULARIDADE DO SERVIÇO
ORIENTAÇÃO	• acompanhar o estágio probatório dos Defensores Públicos, enviando relatórios individuais ao Conselho Superior • organizar o serviço de estatística das atividades da Defensoria Pública do Estado • aconselhar qualquer órgão de execução ou atuação da Defensoria Pública do Estado sobre o procedimento correto a ser adotado em casos de irregularidades reputadas de menor gravidade • fazer publicar, integral ou resumidamente, os dados estatísticos a que se refere o inciso X do art. 34 • fazer recomendações que julgar cabíveis aos Defensores Públicos, diante de informações recebidas ou obtidas durante inspeção ou correição, bem como dar-lhes ciência dos elogios, determinando as anotações pertinentes nos assentos individuais	• aconselhar qualquer órgão de execução ou atuação da Defensoria Pública do Estado sobre o procedimento correto a ser adotado em casos de irregularidades reputadas de menor gravidade • fazer recomendações que julgar cabíveis aos Defensores Públicos, diante de informações recebidas ou obtidas durante inspeção ou correição, bem como dar-lhes ciência dos elogios, determinando as anotações pertinentes nos assentos individuais	• estabelecer os meios de coleta dos dados que deverão compor o relatório mensal, bem como a forma de preenchimento e encaminhamento • organizar o serviço de estatística das atividades da Defensoria Pública do Estado • aconselhar qualquer órgão de execução ou atuação da Defensoria Pública do Estado sobre o procedimento correto a ser adotado em casos de irregularidades reputadas de menor gravidade • fazer recomendações que julgar cabíveis aos Defensores Públicos, diante de informações recebidas ou obtidas durante inspeção ou correição, bem como dar-lhes ciência dos elogios, determinando as anotações pertinentes nos assentos individuais
FISCALIZAÇÃO	• realizar a fiscalização das atividades funcionais dos Defensores Públicos, por meio de correições ordinárias e extraordinárias;	• instaurar e instruir processos administrativos disciplinares em face de Defensores Públicos, encaminhando-os, com parecer conclusivo, ao Defensor Público-Geral do Estado	• realizar a fiscalização da regularidade do serviço, por meio de inspeções

	• instaurar e instruir processos administrativos disciplinares em face de Defensores Públicos, encaminhando-os, com parecer conclusivo, ao Defensor Público-Geral do Estado • representar ao Defensor Público-Geral do Estado visando ao afastamento provisório de membro da carreira que figure como sindicado ou indiciado, nos termos do artigo 189 dessa lei complementar • representar ao Conselho Superior visando à exoneração de Defensor Público que não cumprir as condições do estágio probatório, assegurada a ampla defesa • solicitar, a qualquer órgão de execução ou atuação, esclarecimentos sobre os dados fornecidos nos relatórios mensais • solicitar, a qualquer órgão de execução ou atuação, relatórios específicos, sempre que necessários à análise do desempenho ou do zelo no exercício das atribuições institucionais • requisitar, às secretarias dos Tribunais Superiores e do Tribunal de Justiça, aos diversos cartórios ou repartições judiciárias e a qualquer repartição pública, cópias ou certidões referentes a processos judiciais ou administrativos, bem como informações em geral • acompanhar o cumprimento do plano anual de atuação da Defensoria Pública do Estado	• representar ao Defensor Público-Geral do Estado visando ao afastamento provisório de membro da carreira que figure como sindicado ou indiciado, nos termos do artigo 189 da LCE 988/06	• receber e analisar os relatórios mensais de atividades dos Defensores Públicos • acompanhar o cumprimento do plano anual de atuação da Defensoria Pública do Estado

Ressalte-se que os procedimentos de fiscalização exercidos pela Corregedoria-Geral serão oportunamente analisados nos Capítulos 8 e 9.

Por fim, cabe salientar que o Corregedor-Geral é auxiliado por Corregedor-Assistente e Corregedor-Auxiliar, por ele indicados ao Defensor Público-Geral, anotando-se que, nos termos do art. 35, não poderão exercer o cargo de Corregedor-Assistente e as funções de Corregedor-Auxiliar os Defensores Públicos que tenham:

> I – ingressado na carreira há menos de 5 (cinco) anos;
> II – sofrido sanção disciplinar, no âmbito da Defensoria Pública do Estado, nos últimos 5 (cinco) anos.

5.2.7 *Ouvidoria-Geral*

A Ouvidoria-Geral, conforme examinamos no Capítulo 2 (item 2.25) constitui um dos principais mecanismos de participação da sociedade civil na gestão da Defensoria Pública paulista. Cuida-se, além disso, de uma das principais inovações da Lei Orgânica da DPESP, que, inclusive, motivou a alteração da norma geral aplicável a todas as Defensorias Públicas Estaduais (LC 132/09), ao instituir a previsão obrigatória de uma Ouvidoria externa, nos moldes da Ouvidoria paulista. Em realidade, a Defensoria Pública Paulista "foi o primeiro órgão jurídico do Brasil a ter um cargo de ouvidor ocupado por um membro fora da carreira, indicado por entidades de direitos humanos"[124].

Trata-se, pois, de um órgão da Administração Superior, devendo participar da gestão e fiscalização da instituição e de seus membros e servidores (art. 36). É composta pelo Ouvidor-Geral, que não poderá ser membro da Defensoria Pública (isto é, Defensor ou Defensora Pública do Estado), o que revela o seu caráter externo, porque a participação na gestão e fiscalização da Instituição é feita por Ouvidor-Geral necessariamente estranho aos quadros da carreira. Cabe ressaltar, porém, que o caráter externo diz respeito apenas à origem da pessoa nomeada para o cargo de Ouvidor-Geral (pessoa fora dos quadros da carreira de Defensor ou Defensora Pública). O cargo em si, no entanto, não é alheio

[124] HADDAD, Eneida Gonçalves de Macedo. *A Defensoria Pública Paulista: Caminhando na Contramão. In*: Revista da Defensoria Pública. São Paulo: Revista da Defensoria Pública, ano 4 – n. 2, 2011, p. 82.

à organização da Defensoria Pública, eis que a integra, na condição, inclusive, de órgão da Administração Superior (art. 11, inciso VII, da LCE 988/2006). Da perspectiva da organização administrativa, tem-se um cargo que compõe a estrutura da Defensoria Pública, sujeitando-se ao mesmo arcabouço jurídico, mas cujo acesso é reservado a pessoa que não integra a instituição.

5.2.7.1 *Nomeação*

Assim como ocorre em relação à nomeação do Corregedor-Geral, há um descompasso entre o texto vigente da Lei Complementar Estadual n. 988/06 e a redação atual da LC 80/94, alterada pela LC 132/09.

Com efeito, assim dispõe o art. 37 da LCE 988/2006:

> **Artigo 37 – O Ouvidor-Geral será nomeado pelo Governador do Estado, dentre os indicados em lista tríplice organizada pelo Conselho Estadual de Defesa dos Direitos da Pessoa Humana – CONDEPE, para mandato de 2 (dois) anos, permitida uma recondução, respeitado o mesmo procedimento.**
> **§ 1º – Caso o Governador do Estado não efetive a nomeação do Ouvidor-Geral nos 15 (quinze) dias que se seguirem ao recebimento da lista tríplice, será investido automaticamente no cargo, para exercício do mandato, o primeiro indicado na mesma lista.**
> **§ 2º – O Ouvidor-Geral é membro nato do Conselho Superior, sem direito a voto.**
> **§ 3º – O cargo em comissão de Ouvidor-Geral será exercido em jornada integral, vedada qualquer outra atividade remunerada, salvo o magistério.**
> **§ 4º – Não poderá integrar a lista tríplice a que se refere o "caput" deste artigo membro da Defensoria Pública do Estado.**

Cuida-se da redação originária do dispositivo e que se mantém vigente nestes termos até a presente data, eis que a Lei Orgânica da Defensoria Pública do Estado de São Paulo não sofreu, neste particular, qualquer alteração legislativa desde a sua promulgação.

De outro lado, cumpre recordar que, em âmbito nacional, vigora a Lei Complementar federal n. 80, de 12 de janeiro de 1994, que organiza a Defensoria Pública da União, do Distrito Federal e dos Territórios e prescreve normas gerais para sua organização nos Estados, eis que o art. 134, § 1º, da Constituição exige lei complementar nacional prescrevendo normas gerais para a organização das Defensorias Públicas nos Estados-membros. Trata-se de lei complementar editada pelo Congresso Nacional e, no que toca às Defensorias Públicas estaduais, veicula, também com fundamento no art. 24, inciso XIII, da Constituição Federal, as regras gerais para formatação de tais instituições nos Estados-membros.

Ocorre que, como já ressaltado, no ano de 2009, houve uma ampla reforma na Lei Complementar 80/94 por meio da Lei Complementar federal n. 132, de 07 de outubro de 2009, que, dentre outros pontos, passou a prever e a disciplinar a Ouvidoria-Geral das Defensorias Públicas estaduais.

Deste modo, a composição e forma de seleção do Ouvidor-Geral passaram a ser tratadas em âmbito nacional, a título de normas gerais, mediante a inserção do art. 105-B na Lei Complementar federal n. 80/94:

> **Art. 105-B. O Ouvidor-Geral será escolhido pelo Conselho Superior, dentre cidadãos de reputação ilibada, não integrante da Carreira, indicados em lista tríplice formada pela sociedade civil, para mandato de 2 (dois) anos, permitida 1 (uma) recondução. (Incluído pela Lei Complementar nº 132, de 2009).**
>
> **§ 1º O Conselho Superior editará normas regulamentando a forma de elaboração da lista tríplice. (Incluído pela Lei Complementar nº 132, de 2009).**
>
> **§ 2º O Ouvidor-Geral será nomeado pelo Defensor Público-Geral do Estado. (Incluído pela Lei Complementar nº 132, de 2009).**
>
> **§ 3º O cargo de Ouvidor-Geral será exercido em regime de dedicação exclusiva. (Incluído pela Lei Complementar nº 132, de 2009).**

Importante frisar que a edição da Lei Complementar nº 132/2009 fundamentou-se na competência concorrente da União para legislar sobre "assistência jurídica e Defensoria Pública", prevista no art. 24, inciso XIII, da Constituição Federal. Neste âmbito, cumpre destacar que, em consonância com os parágrafos primeiro e segundo do art. 24 da Constituição da República, cabe à União estabelecer normas gerais, possuindo os Estados-membros competência legislativa suplementar, a fim de especificar as normas de acordo com a respectiva realidade regional.

Como consequência do exercício desta competência legislativa concorrente, é preciso recordar que a superveniência de lei federal sobre normas gerais suspende a eficácia da lei estadual, no que lhe for contrário (art. 24, § 4º, da Constituição Federal). Percebe-se, portanto, que, diferentemente da composição da Corregedoria-Geral, a Lei Complementar federal n. 132/2009 não se limitou a alterar a autoridade que nomeia o Ouvidor-Geral. Em realidade, a leitura dos dispositivos da lei estadual (de 2006) e da lei nacional (de 2009) revela, sinteticamente, as seguintes diferenças:

Assunto regulado	Lei Complementar estadual 988/06	Lei Complementar federal 80/94, após as alterações introduzidas pela LC 132/09
Elaboração da lista tríplice	CONDEPE	Sociedade civil
Órgão responsável pela escolha de um nome da lista tríplice	-	Conselho Superior
Autoridade responsável pela nomeação	Governo do Estado	Defensoria Pública-Geral

Nota-se, pois, que a essência do processo de escolha da Ouvidora ou Ouvidor-Geral reside na ampla participação da sociedade civil na composição deste órgão. Ainda que que o CONDEPE (Conselho Estadual de Defesa dos Direitos da Pessoa Humana) não detenha mais o monopólio da elaboração da lista tríplice, o cerne do art. 105-B, da LC 80/1994 exige seja esta lista elaborada pela sociedade civil. Este nos parece o critério central adotado na legislação nacional, que pode ser disciplinado pelas Defensorias estaduais desde que não desvirtuado o protagonismo da sociedade civil neste processo de escolha,

Atualmente, o processo de formação da lista tríplice e escolha da Ouvidora ou Ouvidor-Geral da Defensoria paulista se encontra regulamentada pela Deliberação CSDP nº 373, de 17 de janeiro de 2020, que concretiza, no plano estadual, as normas gerais da LC 80/1994. De fato, cabe ao Conselho Superior editar as normas regulamentadoras do processo de elaboração da lista tríplice (art. 105-B, § 1º, da LC 80/1994) e, com base neste fundamento legal é que o colegiado expediu as normas constantes da Deliberação CSDP 373/2020.

Segundo o art. 8º desta Deliberação, a lista tríplice a ser apresentada ao Conselho Superior da Defensoria Pública do Estado será composta a partir de três colégios eleitorais, a saber:

a) Colégio eleitoral do Conselho Consultivo da Ouvidoria: composto pelos membros do Conselho Consultivo da Ouvidoria-Geral da Defensoria Pública do Estado[125];
b) Colégio eleitoral de Conselhos Estaduais de Direitos: composto pelos Conselhos Estaduais de Direitos integrados na estrutura da Secretaria de Estado da Justiça e da Defesa da Cidadania, que possuam composição paritária ou majoritária da sociedade civil e que se habilitem como eleitores nos termos desta Deliberação e respectivos editais[126], e
c) Colégio eleitoral de entidades: composto por pessoas jurídicas de direito privado, sem fins lucrativos, legalmente constituídas há, no mínimo, 5 (cinco) anos, cujos objetivos estejam diretamente relacionados à promoção dos direitos humanos, à erradicação da pobreza e da marginalidade ou à redução das desigualdades sociais e regionais, com atuação em ao menos 1 (um) município do Estado de São Paulo e que se habilitem como eleitoras nos termos da Deliberação e respectivos editais.

Percebe-se, pois, que, a partir do marco legal estabelecido pelo art. 105-B, da LC 80/1994, o Conselho Superior disciplinou a forma de elaboração da lista tríplice para eleição da Ouvidora ou Ouvidor-Geral, assegurando à sociedade civil três diferentes portas de entrada, cada uma delas correspondendo a uma posição na lista tríplice. Entende-se garantido, deste modo, o aspecto fundamental na escolha da Ouvidora ou Ouvidor-Geral, que é justamente e ampla participação da sociedade civil nesta tarefa. Esquematicamente, observadas as balizas da LC 80/1994, tem-se o seguinte quadro atual para escolha da Ouvidora ou Ouvidor-Geral da DPESP:

[125] Vide o item abaixo, que explicita ser o Conselho Consultivo da Ouvidoria *locus* de participação da sociedade civil na definição das diretrizes da Ouvidoria, que, ademais, presta contas de sua atuação a este colegiado.

[126] Note que o CONDEPE, que antes detinha exclusividade na elaboração da lista tríplice, tem garantida a sua participação no processo eleitoral, por se tratar de Conselho estadual que integra a estrutura da Secretaria de Justiça.

LISTA TRÍPLICE	Composta pela sociedade civil, sendo um colégio eleitoral para cada vaga na lista tríplice
ESCOLHA	Conselho Superior da Defensoria Pública
NOMEAÇÃO	Defensoria Pública-Geral

Por fim, cabe lembrar que o Ouvidor-Geral é membro nato do Conselho Superior, com direito de voz, mas sem direito de voto. O cargo em comissão de Ouvidor-Geral será exercido em jornada integral, vedada qualquer outra atividade remunerada, salvo o magistério (art. 37, § 3º). Ademais, a Ouvidoria-Geral conta, para seu pleno funcionamento, com membros e servidores da Defensoria Pública do Estado (art. 36, parágrafo único).

5.2.7.2 *O Conselho Consultivo da Ouvidoria*

A lei institui, no âmbito da Ouvidoria-Geral, o seu Conselho Consultivo. Cuida-se de um órgão que assessora a Ouvidoria-Geral, com a incumbência de acompanhar os trabalhos da Ouvidoria e formular críticas e sugestões para o aprimoramento de seus serviços, constituindo canal permanente de comunicação com a sociedade civil, nos termos do art. 39, *caput*.

É composto por 11 (onze) integrantes indicados pelo Ouvidor-Geral e designados por ato do Defensor Público-Geral, que se limitará a designar aqueles indicados pelo Ouvidor-Geral.

A Lei prevê expressamente que o Ouvidor-Geral somente poderá indicar pessoas e representantes de entidades notoriamente compromissadas com os princípios e atribuições da Defensoria Pública do Estado (art. 39, § 2º), o que ratifica que, mesmo se tratando de órgão integrado por pessoas externas à carreira, deve ele ser composto por pessoas ligadas com a finalidade da Defensoria Pública do Estado de São Paulo.

O funcionamento do Conselho Consultivo é disciplinado por Regimento Interno elaborado pelo Conselho Superior da Defensoria Pública do Estado de São Paulo.

No entanto, ao contrário do Ouvidor-Geral, os onze membros do Conselho Consultivo não são remunerados, mas o exercício da função será considerado serviço público de natureza relevante (art. 39, § 3º).

5.2.7.3 *As Subouvidorias*

O parágrafo único do art. 36 da Lei autoriza a participação de membros da carreira de Defensora ou Defensor Público do Estado para o pleno funcionamento da Ouvidoria-Geral. Essa participação, contudo, não mitiga o fato de a Ouvidoria-Geralser integrada por alguém de fora de carreira.

Com efeito, a participação de Defensoras ou Defensores Públicos nas atribuições conferidas à Ouvidoria-Geral se dá pela figura dos Subouvidores (que integram as chamadas Subouvidorias), prevista no art. 40 da Lei. Os Subouvidores auxiliam o Ouvidor-Geral nos assuntos relacionados às suas unidades, constituindo um canal de comunicação mais próximo com os usuários e usuárias residentes no interior do Estado.

De fato, considerando que a Defensoria Pública presta seus serviços em Regionais e Unidades espalhadas por todo o território do Estado de São Paulo, seria extremamente difícil concretizar, satisfatoriamente, as atribuições da Ouvidoria-Geral em todos os locais em que atuem órgãos de execução, pois o Ouvidor-Geral, integrando a Administração Superior, exerce suas funções na Capital.

É por essa razão que se determina a instituição de Subouvidorias, como mecanismo de capilarização das funções da Ouvidoria-Geral em todo o Estado, sem prejuízo, é certo, do uso de canais digitais e remotos de acesso à Ouvidoria por qualquer pessoa em qualquer lugar.

Note-se, portanto, que os Subouvidores atuam como *longa manus* do Ouvidor-Geral, tanto que a nomeação deles, apesar de ser feita pelo Defensor Geral, decorrem de proposta feita pela Ouvidoria-Geral. Repare, a propósito, que, no exercício de seu cargo ou de suas funções, o Ouvidor-Geral e os Subouvidores terão livre acesso a todos os locais e documentos necessários à verificação da reclamação (art. 43).

Sem a figura dos Subouvidores, haveria maior dificuldade para a concretização fática da missão atribuída à Ouvidoria-Geral.

Dessa maneira, permite-se que uma parcela das competências da Ouvidoria seja exercida por membros da carreira, sendo certo, porém, que os Subouvidores designados atuam em nome da Ouvidoria e seus trabalhos são coordenados pelo Ouvidor-Geral. É essa, justamente, a participação de Defensoras e Defensores Públicos na Ouvidoria aludida no art. 36, parágrafo único da Lei.

5.2.7.4 *Competências*

O art. 42 institui o rol exemplificativo de competências da Ouvidoria-Geral.

A atribuição precípua consiste no recebimento, processamento e encaminhamento de reclamações e sugestões, dadas pelo público externo ou por membros da Defensoria Pública.

Note que o art. 42, inciso I, menciona reclamações e sugestões dadas pelo público externo, conceito que não guarda total identidade com a noção de usuário ou usuária dos serviços da Defensoria Pública. Trata-se, em realidade, de conceito mais amplo, que abrange toda a sociedade civil. Imagine, por exemplo, uma sugestão elaborada por uma organização não governamental voltada à proteção de direitos humanos, destinada ao aprimoramento dos serviços da Defensoria Pública em uma determinada matéria. Essa sugestão, ainda que não emanada de um específico usuário da Defensoria Pública, deve ser recebida e tratada pela Ouvidoria, porque a ela compete receber e acompanhar reclamações e sugestões advindas do público externo. Desse modo, o conceito de público externo adotado no art. 42, inciso I da Lei alcança não somente os usuários, mas também entidades civis, associações, outros órgãos e entidades públicas, enfim, toda a sociedade civil organizada. A interpretação que ora se dá à expressão em tela nos parece a mais adequada com o ideário democrático que inspirou a elaboração da LCE 988/06.

Registre-se, ainda, que inciso I do art. 42 não contemplou reclamações ou sugestões emanadas de servidores e servidoras do quadro de apoio da Defensoria Pública ou mesmo de estagiários ou estagiárias. A omissão legislativa, contudo, não nos parece ter retirado a possibilidade de acionamento da Ouvidoria por parte deles e delas, até porque se a Ouvidoria recebe reclamações e sugestões de todo o público externo, não poderia deixar de processar aquelas advindas dos próprios quadros da Instituição.

Voltemos à competência precípua: recebimento e encaminhamento de reclamações e sugestões.

Registre-se que a lei incumbe à Ouvidoria (e às Subouvidorias, nos limites do poder a elas delegados) receber reclamações e sugestões e encaminhá-las às áreas competentes, ou seja, o órgão interno da Defensoria responsável pelo serviço reclamado ou objeto de sugestão. Esse órgão pode ser tanto o de execução (e.g. Defensor Público natural, responsável pelo atendimento a um específico usuário), assim como pode ser o órgão incumbido da gestão global do serviço em uma área específica, como, por exemplo, uma Subdefensoria Pública-Geral, um Núcleo Especializado, a Escola da Defensoria Pública etc. Como se vê, a Ouvidoria pode encaminhar a reclamação/sugestão ao órgão competente à solução daquilo que foi solicitado, podendo encaminhar a demanda a qualquer um dos órgãos da Defensoria Pública, desde que o órgão provocado tenha funções que guardem pertinência temática, funcional e administrativa com a apuração da reclamação ou sugestão.

As funções da Ouvidoria, no entanto, não se esgotam no mero encaminhamento, pois deve ela acompanhar a tramitação do pleito, zelando pela celeridade na resposta (art. 42, inciso II). Além disso, deve ela concluir pela procedência ou improcedência da reclamação, informando-a ao interessado (art. 42, inciso III). Veja-se que a Ouvidoria não conclui a respeito da medida adotada pelo órgão destinatário da reclamação. A conclusão de que trata a Lei recai sobre a procedência ou não da reclamação, após ouvido o órgão interno interessado.

De outro lado, a Lei atribui outras competências à Ouvidoria-Geral, não relacionadas diretamente ao processamento de reclamações e sugestões, quais sejam:

- propor aos órgãos competentes a instauração dos procedimentos destinados à apuração de responsabilidade administrativa, civil ou criminal, quando for o caso;
- estimular a participação do cidadão na identificação dos problemas, fiscalização e planejamento dos serviços prestados pela Defensoria Pública do Estado;
- propor à Defensoria Pública-Geral do Estado e à Corregedoria-Geral a adoção de medidas que visem ao aprimoramento dos serviços prestados pela Defensoria Pública do Estado;
- manter contato permanente com os vários órgãos da Defensoria Pública do Estado, estimulando-os a atuar em permanente sintonia com os direitos dos usuários;
- publicar relatório semestral de atividades, que conterá também as medidas propostas aos órgãos competentes e a descrição dos resultados obtidos;

- coordenar a realização de pesquisas periódicas referentes ao índice de satisfação dos usuários;
- preservar o sigilo de identidade do denunciante, desde que solicitado.

5.3 Órgãos de Administração

Examinados os órgãos que compõem a Administração Superior, passamos à análise dos órgãos de Administração, que exercem funções de gestão ordinária na Instituição. Consoante dispõe o art. 45, às Defensorias Públicas Regionais e à Defensoria Pública da Capital, dirigidas por Defensores Públicos-Coordenadores, competem a implementação e a coordenação administrativa da estrutura material necessária ao efetivo desempenho das atribuições institucionais da Defensoria Pública.

Prevê a Lei, como se percebe, uma Defensoria Pública na Capital e Defensorias Públicas Regionais no interior do Estado, competentes para o exercício das atribuições administrativas a ela impostas por lei. Pretendeu-se dividir territorialmente o Estado de São Paulo para fins administrativos no âmbito da DPESP, de modo que os/as Defensores/as Públicos/as Coordenadores/as (da Capital e os das Regionais sediadas no interior) exerçam a administração ordinária afeta aos órgãos por eles coordenados.

Atualmente, contudo, a Defensoria Pública do Estado de São Paulo conta com uma divisão geográfico-administrativa diferente daquela imaginada na Lei, mais detalhada, regulada na Deliberação n. 21/2006 (Defensorias Públicas Regionais da Capital e de sua Região Metropolitana) e na Deliberação n. 132/2009, ambas do Conselho Superior da Defensoria Pública. Segundo essas Deliberações, a Defensoria Pública é dividida em Regionais (tanto no Interior, quanto na Capital e na sua Região Metropolitana), sendo que cada Regional contém uma ou mais Unidades. Assim, aprimorou-se o sistema legal para o fim de se instalarem Regionais (não só no interior, como também na Capital e região metropolitana), sendo estas subdivididas em Unidades. As Defensoras e Defensores Públicos, portanto, são lotados em Regionais e, dentro delas, em Unidades, sendo certo que a abrangência territorial das Regionais e Unidades guarda, na medida do possível, relação com a divisão judiciária do Estado em Comarcas, Foros Regionais, Distritais etc.

De todo modo, a criação e a organização das Regionais e Unidades, nos termos do art. 44, § 1º, é encargo do Conselho Superior, que deverá assegurar prioridade para as regiões com maiores índices de exclusão social e adensamento populacional. De fato, à luz dos fundamentos de atuação da Defensoria Pública do Estado de São Paulo (art. 3º), a atuação da Defensoria Pública em novos locais deve sempre estar fundada nos índices de exclusão social e adensamento populacional. A reforçar o comando do art. 44, § 1º, cumpre lembrar do art. 98, do Ato das Disposições Constitucionais Transitórias, incluído na Constituição Federal pela EC 80/2014:

> **Art. 98. O número de defensores públicos na unidade jurisdicional será proporcional à efetiva demanda pelo serviço da Defensoria Pública e à respectiva população. (Incluído pela Emenda Constitucional nº 80, de 2014)**
>
> **§ 1º No prazo de 8 (oito) anos, a União, os Estados e o Distrito Federal deverão contar com defensores públicos em todas as unidades jurisdicionais, observado o disposto no caput deste artigo. (Incluído pela Emenda Constitucional nº 80, de 2014)**
>
> **§ 2º Durante o decurso do prazo previsto no § 1º deste artigo, a lotação dos defensores públicos ocorrerá, prioritariamente, atendendo as regiões com maiores índices de exclusão social e adensamento populacional. (Incluído pela Emenda Constitucional nº 80, de 2014)**

Importante destacar que, nos termos do art. 47, sem prejuízo das demais atribuições institucionais da Defensoria Pública, nas Defensorias Públicas Regionais e nas Defensorias Públicas da Capital e da sua Região Metropolitana, será instituído órgão de execução voltado à defesa dos direitos coletivos e metaindividuais. Cabe observar que, atualmente, esse artigo se encontra regulamentado pela Deliberação n. 139, de 06 de novembro de 2009, do Conselho Superior, que disciplina a distribuição, organização, funcionamento e atribuições das Defensorias de Tutela Coletiva no âmbito das Regionais da Defensoria Pública do Estado.

Outra importante atribuição das Defensorias Públicas Regionais (art. 45, § 2º) consiste no auxílio prestado ao Conselho Superior na organização das Pré-Conferências Regionais que precedem a Conferência Estadual da Defensoria Pública, nas quais se garante a participação da sociedade civil na definição das diretrizes institucionais (art. 6º, inciso III, da Lei).

Por fim, tendo em conta que a prevenção dos conflitos consiste em um dos fundamentos de atuação (art. 3º), além de ser atribuição institucional promover o atendimento multidisciplinar (art. 5º inciso V e inciso VI, alínea "a"), assegura-se às Defensorias Públicas Regionais a instalação de ao menos um Centro de Atendimento Multidisciplinar, visando ao assessoramento técnico e interdisciplinar para o desempenho das atribuições da instituição (art. 48).

5.4 Órgãos de Execução e de Atuação

Superados os órgãos administrativos (Administração Superior e Administração), chega a Lei à disciplina dos órgãos de execução e atuação.

Nessa categoria, incluem-se as Defensoras e Defensores Públicos e os Núcleos Especializados.

5.4.1 *Defensoras e Defensores Públicos*

Segundo o art. 49, são órgãos de execução os Defensores Públicos do Estado. Pela expressão "órgão de execução", deve-se entender o órgão competente para o exercício das atribuições institucionais arroladas no art. 5º, acima estudado. Depreende-se, portanto, que as atribuições institucionais são exercidas pela Defensora ou Defensor Público que, no exercício das suas funções, presta os serviços da Defensoria Pública aos necessitados, representando a Instituição. Observe que cada Defensora ou Defensor Público é um órgão de execução, pois tem ele a possibilidade de exercer o leque de atribuições institucionais, obedecida, obviamente, a divisão interna das atribuições. Essa divisão interna de atribuições permite encontrar o chamado Defensor Natural (veja item 3.5 acima).

Esse é o sentido do art. 50 da Lei, ao estabelecer que "aos Defensores Públicos cumpre a execução das atribuições institucionais da Defensoria Pública do Estado, competindo-lhes a defesa judicial e extrajudicial, individual e coletiva, dos necessitados".

Por ser cada Defensoras ou Defensor Público, no limite de suas atribuições, um órgão de execução, deve ele se submeter ao disposto no art. 51, que institui um verdadeiro microrregime jurídico da execução das atribuições, sem prejuízo dos deveres, proibições e impedimentos previstos na Lei. Analisemos os incisos do art. 51:

I – cumprir suas atribuições de modo a alcançar a mais ampla defesa jurídica, valendo-se dos meios necessários para agilizar a solução dos conflitos: a mais ampla defesa jurídica nada mais é do que a finalidade da Defensoria Pública (tutela jurídica integral e gratuita aos necessitados). O uso dos meios necessários à agilização da solução dos conflitos mostra, mais uma vez, que a Defensoria Pública se destina à superação de todos os obstáculos ao acesso à justiça, inclusive o obstáculo processual (terceira onda renovatória). Daí porque a instituição não se limita a prestar mera assistência judiciária, com ela não se confundindo[127].

II – acompanhar e impulsionar os processos judiciais e administrativos, comparecendo a todos os atos processuais que exijam a sua presença;

III – esgotar todas as instâncias recursais judiciais e administrativas possíveis no caso concreto, salvo se houver motivo justificado: o esgotamento das instâncias recursais judiciais e administrativas só não deverá ser observado quando o órgão de execução, valendo-se de sua independência funcional, constatar que tal medida não é a mais adequada à tutela dos interesses da parte que assiste, devendo justificar suas razões de modo fundamentado. A este propósito, cumpre consignar que a necessária litigância estratégica que deve nortear a atuação da Defensoria Pública exige uma atuação, tanto quanto possível, coesa e concertada. Para isso, sem prejuízo da independência funcional, foi instituído o Comitê de Precedentes Qualificados pelo Ato Normativo DPG 216/2022. Referido órgão se destina a expedir sugestões de atuação coordenada no âmbito dos instrumentos voltados à fixação de teses vinculantes na sistemática de precedentes qualificados[128].

IV – recorrer ao Sistema Interamericano dos Direitos Humanos, quando cabível, comunicando o Defensor Público-Geral do Estado e o Núcleo Especializado: cuida-se do desdobramento da atribuição institucional elencada no art. 5º, inciso VI, alínea "b" da Lei.

[127] Sobre a distinção entre assistência jurídica, assistência judiciária e justiça gratuita confira o item 1.5 supracitado.

[128] Vide, a propósito, o item 7.2 abaixo.

5.4.2 *Núcleos Especializados*

Os Núcleos Especializados são órgãos permanentes que atuam prestando suporte e auxílio aos membros da carreira, no desempenho de suas atividades funcionais (art. 52). Os Núcleos são criados pela própria Instituição, segundo a sua autonomia funcional e administrativa, sempre seguindo temas ou naturezas específicas de atuação (não é à toa que se denominam Núcleos Especializados). Porém, a Lei Complementar 988/06 já previu alguns temas a serem objeto de Núcleos Especializados:

- interesses difusos e coletivos;
- cidadania e direitos humanos;
- infância e juventude;
- consumidor e meio ambiente;
- habitação e urbanismo;
- situação carcerária;
- segunda instância e Tribunais Superiores.

Esse é um rol exemplificativo, nada impedindo a criação de outros Núcleos Especializados, destinados a contemplar outras áreas de atuação.

Atualmente, a Defensoria Pública do Estado de São Paulo conta com os seguintes Núcleos Especializados, já instalados e em pleno funcionamento:

- Núcleo Especializado de Cidadania e Direitos Humanos;
- Núcleo Especializado de Infância e Juventude;
- Núcleo Especializado de Defesa do Consumidor;
- Núcleo Especializado de Habitação e Urbanismo;
- Núcleo Especializado de Situação Carcerária;
- Núcleo Especializado de Segunda Instância e Tribunais Superiores;
- Núcleo Especializado de Defesa da Diversidade e da Igualdade Racial;
- Núcleo Especializado de Promoção e Defesa dos Direitos da Mulher;
- Núcleo Especializado de Direitos do Idoso e da Pessoa com Deficiência;

Havia a antiga previsão do art. 54 da Lei, segundo a qual os Núcleos Especializados deveriam ser integrados por integrantes da carreira que contassem ao menos 5 (cinco) anos de efetivo exercício no cargo de

Defensor Público (art. 54). Referida exigência foi revogada pela Lei Complementar estadual 1.315/2017. Mantém-se, porém, a regra pela qual as Defensoras e Defensores Públicos integrantes dos Núcleos Especializados são designados pelo Defensor Público-Geral do Estado, após realização de seleção pelo Conselho Superior, para um período de 2 (dois) anos, permitida a recondução por igual prazo (art. 55).

O Núcleo Especializado é, portanto, um órgão colegiado, integrado por membros e subordinados à uma Coordenação (art. 89, inciso II, da LCE 988/2006).

As competências dos Núcleos Especializados estão descritas, em rol *numerus apertus*, no art. 53:

> **Artigo 53 – Compete aos Núcleos Especializados, dentre outras atribuições:**
> **I – compilar e remeter informações técnico-jurídicas, sem caráter vinculativo, aos Defensores Públicos;**
> **II – propor medidas judiciais e extrajudiciais, para a tutela de interesses individuais, coletivos e difusos, e acompanhá-las, agindo isolada ou conjuntamente com os Defensores Públicos, sem prejuízo da atuação do Defensor Natural;**
> **III – realizar e estimular o intercâmbio permanente entre os Defensores Públicos, objetivando o aprimoramento das atribuições institucionais e a uniformidade dos entendimentos ou teses jurídicas;**
> **IV – realizar e estimular o intercâmbio com entidades públicas e privadas, bem como representar a instituição perante conselhos e demais órgãos colegiados, por qualquer de seus membros, mediante designação do Defensor Público-Geral do Estado;**
> **V – atuar e representar junto ao Sistema Interamericano dos Direitos Humanos, propondo as medidas judiciais cabíveis;**
> **VI – prestar assessoria aos órgãos de atuação e de execução da Defensoria Pública do Estado;**
> **VII – coordenar o acionamento de Cortes Internacionais.**

Depreende-se do rol acima que as atribuições dos Núcleos Especializados estão centradas em funções estratégicas, de articulação com todos os entes que atuem na área de determinado Núcleo Especializado. Exercem, também, uma função sociopolítica, na medida em que lhes cabe representar a Defensoria Pública perante Conselhos e demais órgãos colegiados.

De outra parte, não se afasta dos Núcleos Especializados a atribuição para ajuizamento de ações judiciais para a tutela de interesses individuais e coletivos versando sobre o tema que lhe é afeto. A atuação judicial dos Núcleos Especializados pode se dar de forma isolada ou em conjunto com o órgão de execução, que também se mostre responsável por uma determinada demanda, à luz da organização interna das atribuições.

Todavia, atribui-se aos Núcleos Especializados a atuação prioritária em demandas coletivas mais complexas, o que restou ratificado na Deliberação n. 139/2009 do Conselho Superior[129].

Tem-se que, em suma, os Núcleos Especializados atuam prestando suporte e auxílio aos membros da carreira, no desempenho de suas atividades funcionais, conforme o art. 52 da Lei[130].

Note que estamos tratando da categoria de órgãos intitulada **"órgãos de execução e atuação"**, assim denominada no Título II, Capítulo I, Seção III, da Lei Complementar n. 988/06.

Repare, de outro lado, que o art. 52 se vale do verbo "atuar" ("atuação") ao determinar a atribuição dos Núcleos Especializados, enquanto o art. 40, ao tratar dos Defensores Públicos, utiliza o termo "execução".

Podemos concluir, assim, que a Seção III, ora em comento, aglutina, sob uma mesma rubrica, órgãos de execução (Defensoras e Defensores Públicos) e órgãos de atuação (Núcleos Especializados).

Essa diferenciação de nomenclaturas se presta para identificar uma linha tênue que distingue, em alguma medida, órgãos de execução (Defensoras e Defensores Públicos) dos órgãos de atuação (Núcleos Especializados). Em que pese os Núcleos Especializados poderem agir

[129] Confira, a propósito, o § 6º do art. 2º, da Deliberação n. 139/2009 do CSDP: § 6º. A atuação dos Núcleos Especializados será subsidiária e suplementar à das Defensorias de Tutela Coletiva, justificando-se por critérios de complexidade, amplitude e relevância da questão ou pela inexistência daquele órgão de tutela coletiva na respectiva Unidade da Defensoria Pública. (Parágrafo acrescentado pela Deliberação CSDP nº 204, de 17 de dezembro de 2010).

[130] Cabe anotar que o Núcleo Especializado de Segunda Instância e Tribunais Superiores se consolidou como Núcleo de natureza instrumental, eis que, articulando a litigância estratégica no segundo grau de jurisdição e tribunais superiores, atua em todas as temáticas afetas à Instituição, participando da atuação nos feitos de todas as naturezas.

como verdadeiros órgãos de execução[131], essa atribuição somente lhes é residual, cabendo aos Núcleos Especializados, prioritariamente, o exercício das atribuições de apoio aos demais órgãos de execução. Esse apoio se consubstancia justamente pelas atribuições do art. 53 que, na sua maioria, dizem mais respeito à atuação na prestação "de suporte e auxílio no desempenho da atividade funcional dos membros da instituição".

5.5 Órgãos Auxiliares

Os órgãos auxiliares detêm competências administrativas especializadas por tema ou matéria, responsáveis pelo apoio de todos os demais grupos de órgãos (Administração Superior, Administração, Execução e Atuação), conforme a sua respectiva área técnica.

O art. 56 arrola os órgãos auxiliares da Defensoria Pública do Estado, indicados no quadro abaixo:

ÓRGÃOS AUXILIARES
Escola da Defensoria Pública do Estado
Coordenadoria Geral de Administração
Grupo de Planejamento Setorial
Coordenadoria de Comunicação Social e Assessoria de Imprensa
Coordenadoria de Tecnologia da Informação
Centros de Atendimento Multidisciplinar
Estagiários

Examinaremos, separadamente, apenas os órgãos auxiliares mais relevantes para os fins deste livro, quais sejam: a Escola da Defensoria Pública – EDEPE, os Centros de Atendimento Multidisciplinar e os Estagiários.

5.5.1 *A Escola da Defensoria Pública do Estado de São Paulo – EDEPE*

A Escola da Defensoria Pública do Estado de São Paulo – EDEPE é o órgão acadêmico da Instituição, o que decorre do exame das suas

[131] Veja, por exemplo, a atribuição do art. 5º, inciso V: "atuar e representar junto ao Sistema Interamericano dos Direitos Humanos, **propondo as medidas judiciais cabíveis**" (destacamos).

competências, voltadas, em especial, à capacitação técnica de Defensores/as Públicos/as, estagiários/as e servidores/as. Essa capacitação se dá pela promoção de cursos, atividades científicas, edição de revistas e boletins periódicos, manutenção de biblioteca, atualização legislativa, doutrinária e jurisprudencial etc.

O Diretor ou Diretora da Escola da Defensoria Pública do Estado será indicada dentre os membros do quadro ativo da carreira que contem mais de 5 (cinco) anos de efetivo exercício. O Diretor ou Diretora da Escola exercerá mandato de dois anos, autorizada uma recondução (art. 59).

Destaque-se que a EDEPE promove o curso de preparação à carreira, voltado às Defensoras e Defensores Públicos ingressantes e em estágio probatório. Além disso, cabe à Escola acompanhar e avaliar a qualidade das atividades executadas pelos membros em estágio probatório. Ademais, compete-lhe auxiliar o Conselho Superior na fixação de parâmetros mínimos de qualidade para atuação dos órgãos de execução.

Deve a Escola, ainda, organizar o Encontro Anual dos Defensores Públicos para a definição de teses institucionais, que deverão ser observadas por todos os membros da carreira, constituindo parâmetros mínimos de qualidade para atuação. O tema das teses institucionais e sua relação com os princípios institucionais já foi abordado no item 3.4.

5.5.2 *Os Centros de Atendimento Multidisciplinar*

Tivemos a oportunidade de ressaltar que a prevenção dos conflitos é um dos fundamentos de atuação da Defensoria Pública paulista (art. 3º). De outro vértice, constitui atribuição institucional prestar atendimento interdisciplinar (art. 5º, inciso V), bem como promover a mediação e conciliação extrajudicial entre as partes em conflito de interesses (art. 5º, inciso VI, alínea "a").

É com base nessas premissas que a Lei Complementar n. 988/06 criou os Centros de Atendimento Multidisciplinar, destinados a assessorar os órgãos de execução e Núcleos Especializados nas áreas relacionadas às suas atribuições (art. 69).

Com efeito, cabendo à Defensoria Pública a prestação de assistência jurídica integral e gratuita aos necessitados, não poderia deixar ela de contar com profissionais de outros campos do conhecimento, com o objetivo de atender a cidadãos e cidadãs que trazem consigo problemas das mais variadas ordens. É que a solução jurídica dada pelo órgão de execução ou atuação pode não resolver completamente as necessidades do usuário, na medida em que ele pode se ver envolto a problemas afetos à psicologia, assistência social etc.

Daí porque o art. 70 estabelece que os Centros de Atendimento Multidisciplinar contarão com profissionais e estagiários das áreas de psicologia, serviço social, engenharia, sociologia, estatística, economia, ciências contábeis e direito, dentre outras. Os profissionais dessas áreas integram o cargo de Agente de Defensoria, fazendo parte do quadro de apoio da Instituição (Lei Complementar estadual n. 1.050/2008).

5.5.3 *Estagiárias e Estagiários*

Os estagiários de Direito, auxiliares dos órgãos de execução e Núcleos Especializados, serão credenciados por ato do Defensor Público-Geral do Estado, pelo prazo de até 2 (dois) anos, após seleção pelo Conselho Superior (art. 72). O credenciamento depende de prévia aprovação em concurso público de provas e títulos (art. 75), porém não confere qualquer vínculo empregatício com o Estado (art. 74), limitando-se ao exercício transitório de funções auxiliares (art. 73).

Para o estágio somente são admitidos os candidatos matriculados a partir do antepenúltimo ano do curso de graduação em Direito (art. 75, § 4º, com a redação dada pela Lei Complementar estadual 1.366/2021).

O estagiário será descredenciado a pedido a qualquer tempo. Haverá descredenciamento automático (art. 78, inciso II):

a) quando da conclusão do curso de graduação;
b) ao completar o período de 2 (dois) anos de estágio;
c) caso venha a se ausentar de suas atividades, durante o ano civil, por mais de 10 (dez) dias sem justificação, ou por mais de 20 (vinte) dias, mesmo motivadamente;
d) caso não haja renovado sua matrícula no curso de graduação ou venha a ser reprovado em duas disciplinas do respectivo currículo;

Por fim, poderá ser o estagiário descredenciado mediante procedimento administrativo sumário, garantida ampla defesa, desde que viole os deveres previstos na Lei.

São direitos do estagiário (art. 82):

> I – férias anuais de 30 (trinta) dias após o primeiro ano de exercício, podendo gozá-las em dois períodos iguais, sem prejuízo da bolsa mensal;
> II – licença de até 10 (dez) dias por ano, sem prejuízo da bolsa mensal, para realização de provas atinentes ao curso de graduação em Direito, com prévia autorização da Defensora ou Defensor Público a que estiver subordinado, devendo ser requerida com antecedência mínima de 10 (dez) dias;
> III – a contar o tempo do estágio, desde que cumprido o período integral de 2 (dois) anos, para fins de concurso de ingresso na Defensoria Pública do Estado.

Vale registrar que, por força da Lei Complementar estadual 1.366/2021, "o período de exercício na função de estagiário será considerado tempo de serviço público para todos os fins, exceto para aposentadoria e disponibilidade" (art. 82-A, da LCE 988/2006).

CAPÍTULO 6
DA CARREIRA DE DEFENSORA OU DEFENSOR PÚBLICO DO ESTADO DE SÃO PAULO

6.1 Introdução

O Título III da Lei Complementar Estadual n. 988/06, intitulado "Dos Cargos e Funções Privativos de Defensor Público do Estado", traz a disciplina da carreira de Defensora ou Defensor Público do Estado de São Paulo, tratando das normas que regem desde o concurso de ingresso, passando pela posse, exercício, mobilidade funcional, promoção e vantagens não-pecuniárias. Examinemos, pois, estes temas.

6.2 Estrutura da carreira: níveis, cargos de provimento efetivo, em comissão e funções de confiança

A carreira de Defensor Público do Estado de São Paulo – cargo de provimento efetivo – está estruturada em Níveis, que variam conforme o Defensor Público obtenha promoção. São eles:

> I – Defensor Público do Estado Nível I;
> II – Defensor Público do Estado Nível II;
> III – Defensor Público do Estado Nível III;
> IV – Defensor Público do Estado Nível IV;
> V – Defensor Público do Estado Nível V.

Estes são cargos de provimento efetivo, sendo certo que o ingresso na carreira se dá sempre no Nível I. A promoção, abaixo estudada, consiste justamente na ascensão de Nível, obedecidos os critérios de promoção e merecimento.

A Lei Complementar Estadual n. 1.098, de 04.11.09 deu nova redação ao art. 87 da LCE 988/06 para o fim de extinguir o cargo de Defensor Público do Estado Substituto. Atualmente, todo o ingressante na carreira, por meio de concurso público, passa a ocupar o cargo de Defensor Público do Estado Nível I.

Além dos cargos de provimento efetivo[132] (cujo acesso se dá mediante aprovação em concurso público), a LCE 988/06 cria cargos de provimento em comissão[133] e funções de confiança.

Nos termos do art. 37, inciso V, da Constituição Federal, "as funções de confiança, exercidas exclusivamente por servidores ocupantes de cargo efetivo, e os cargos em comissão, a serem preenchidos por servidores de carreira nos casos, condições e percentuais mínimos previstos em lei, destinam-se apenas às atribuições de direção, chefia e assessoramento".

Os cargos em comissão e as funções de confiança configuram exceção na disciplina dos agentes públicos, uma vez que a regra é a existência de cargos efetivos, isto é, cargos acessíveis por concurso público (art. 37, inciso II, da CF/88).

Há um ponto comum entre cargos em comissão e funções de confiança: ambos se destinam apenas às atribuições de direção, chefia e assessoramento.

Contudo, há uma evidente distinção conceitual entre eles: enquanto o cargo em comissão pode ser ocupado por pessoa que não ocupe outro cargo efetivo na Administração Pública, a função de confiança somente é acessível a servidores ocupantes de cargo efetivo daquele órgão ou entidade pública, como elucida a tabela abaixo:

132 "*Cargo de provimento efetivo* é aquele que, segundo a lei, deve ser preenchido em caráter definitivo" (Silva, José Afonso da. *Curso de Direito Constitucional Positivo.* 33ª. ed. São Paulo: Malheiros, p. 697).

133 É aquele que, "segundo a lei, será ocupado em caráter transitório, querendo isso dizer que seu ocupante não é o titular definitivo, mas nele permanecerá enquanto bem servir ou enquanto merecer a confiança da autoridade (daí, *cargo de confiança*) que o indicou ou nomeou." (Silva, José Afonso da. *Curso de Direito Constitucional Positivo.* 33ª. ed. São Paulo: Malheiros, p. 697).

Cargo em Comissão	atribuições de direção, chefia e assessoramento	Pode ser ocupado por pessoa não integrante de cargo efetivo dentro daquele órgão ou entidade pública
Função de Confiança	atribuições de direção, chefia e assessoramento	Exercida exclusivamente por servidores ocupantes de cargo efetivo daquele órgão ou entidade pública

Esta é a regra prevista na Constituição Federal, destinada a compatibilizar o interesse em poder nomear pessoa que não pertença aos quadros efetivos de um órgão ou entidade (cargo em comissão) com o interesse em reservar algumas atribuições especiais a servidores efetivos, premiando-os (função de confiança).

O regime jurídico da carreira de Defensor Público do Estado de São Paulo, porém, conta com uma particularidade: tanto os cargos em comissão quanto as funções de confiança elencadas na LCE 988/06 são privativas de Defensoras ou Defensores Públicos do Estado. Em outras palavras: somente quem já ocupa um cargo efetivo (de Defensor Público do Estado Nível I, II, etc.) poderá ser nomeado para cargo em comissão ou função de confiança, observadas as regras abaixo postas.

Assim, exclui-se a distinção conceitual entre estes dois tipos de cargos, na medida em que somente poderão ser ocupados por Defensores Públicos.

São os seguintes os **cargos em comissão** na Defensoria Pública (art. 88):

> I – Defensor Público do Estado Corregedor-Assistente;
> II – Defensor Público do Estado Diretor de Escola;
> III – Defensor Público do Estado Assessor;
> IV – Defensor Público do Estado Chefe de Gabinete;
> V – Terceiro Subdefensor Público-Geral do Estado;
> VI – Segundo Subdefensor Público-Geral do Estado;
> VII – Primeiro Subdefensor Público-Geral do Estado;
> VIII – Defensor Público do Estado Corregedor-Geral;
> IX – Defensor Público-Geral do Estado.

Cabe frisar que **somente Defensoras e Defensores Públicos em atividade poderão ocupar tais cargos.** Importa notar que o fato de tais cargos, a maioria integrante, inclusive, da Administração Superior, serem em comissão não afasta as regrais legais para a nomeação de cada um deles. Por exemplo: o cargo de Defensor Público-Geral do Estado, apesar de ser cargo em comissão, tem um rito próprio para a sua nomeação, que é feita pelo Governador do Estado, que escolhe um dentre os três nomes constantes de lista tríplice formada em eleições diretas, etc. O mesmo se diga com o cargo de Corregedor-Geral, que é nomeado pelo Defensor Geral após a elaboração de lista tríplice pelo Conselho Superior. Enfim, para cada cargo em comissão acima listado devem ser observados os requisitos para a respectiva nomeação ou ocupação.

De maneira simétrica, não se há falar em livre exoneração de cargos tidos em comissão cuja destituição demanda procedimento específico. É o caso, por exemplo, do Defensor Público-Geral que, não obstante ocupar cargo catalogado como sendo "em comissão", só pode ser dele destituído em hipóteses específicas (art. 14[134]) e seguindo um procedimento próprio (art. 31, inciso XV[135])

Já as **funções de confiança** são as seguintes (art. 89):

> I – Coordenador de Defensoria Pública Regional e da Defensoria Pública da Capital[136];

[134] Artigo 14 – O mandato do Defensor Público-Geral do Estado será de 2 (dois) anos, permitida uma recondução, observado o mesmo procedimento de que trata o artigo 13 desta lei complementar.
Parágrafo único – O mandato referido no "caput" deste artigo não impede a destituição pelo Governador do Estado, nas seguintes hipóteses:
1. abuso de poder;
2. conduta incompatível;
3. grave omissão nos deveres do cargo

[135] Artigo 31 – Ao Conselho Superior compete:
(...)
XV – decidir, por voto de 2/3 (dois terços) de seus membros, sobre a representação ao Governador do Estado visando à destituição do Defensor Público-Geral do Estado, nos termos do disposto no parágrafo único do artigo 14 desta lei complementar;

[136] Como ressaltado no item 5.3 supra, atualmente a Defensoria Pública é dividida em Regionais (tanto no Interior, quanto na Capital e na sua Região Metropolitana), sendo que cada Regional contém uma ou mais Unidades. Nos termos do art. 3º, do Ato Normativo DPG 81/2014, a Coordenação Regional, estabelecida na Unidade sede da Defensoria Pública Regional é composta por um Defensor Público Coordenador Regional, enquanto a Coordenação Auxiliar, estabelecida em cada Unidade da Defensoria Pública é composta, cada qual, por um Defensor Público Coordenador-Auxiliar.

II – Coordenador de Núcleo Especializado;
III – Coordenador da Coordenadoria Geral da Administração;
IV – Coordenador do Grupo de Planejamento Setorial;
V – Coordenador de Comunicação Social e Assessoria de Imprensa;
VI – Coordenador de Tecnologia da Informação;
VII – Coordenador de Centro de Atendimento Multidisciplinar;
VIII – Corregedor-Auxiliar;
IX – Coordenador-Auxiliar.

Estes cargos também só podem ser ocupados por Defensoras ou Defensores Públicos do Estado.

O parágrafo 1º do art. 89 estatui um importante pré-requisito para a ocupação das funções de confiança: somente são admitidos a elas a Defensora ou Defensor que seja estável na carreira. A lei não exige esse requisito apenas para a função de Coordenador-Auxiliar (de Núcleo Especializado, de Unidade, etc), visando facilitar o preenchimento desta função. Cumpre ressaltar, ainda, que, nos termos do art. 89, § 2º, todos os Coordenadores indicados nos incisos I a VII acima poderão ser auxiliados por Coordenadores-Auxiliares (art. 89, inciso IX), por eles indicados, desde que prevista a função de coordenação auxiliar para aquele órgão, Unidade, etc.

6.3 Do concurso de ingresso

Consoante vimos logo acima, o cargo efetivo de Defensor Público do Estado de São Paulo só é ocupado por alguém aprovado em concurso de provas e títulos. Somente após esta aprovação é que se poderá cogitar da nomeação para alguma função de confiança ou cargo em comissão, se preenchidos os requisitos para cada um deles.

O concurso é promovido pelo Conselho Superior da Defensoria Pública e necessariamente conta a participação da Ordem dos Advogados do Brasil, mediante a indicação de um nome para compor a banca examinadora (art. 90).

Atualmente, o concurso de ingresso está regulamentado pela Deliberação CSDP n. 10/2006, vez que tal atribuição pertence ao Conselho Superior por força do art. 31 inciso XVII, da Lei.

De todo modo, o art. 91 estabelece normas obrigatórias relativas aos requisitos para o ingresso na carreira, que devem necessariamente constar da regulamentação feita pelo Conselho Superior e dos editais dos concursos. Eis os requisitos exigidos pelo art. 91 para o regulamento do concurso:

> I – ser brasileiro;
> II – ser bacharel em direito;
> III – estar em dia com as obrigações militares;
> IV – estar no gozo dos direitos políticos;
> V – contar, na data do pedido de inscrição, 2 (dois) anos, no mínimo, de prática profissional na área jurídica, devidamente comprovada;
> VI – não possuir condenações criminais ou antecedentes criminais incompatíveis com o exercício das funções;
> VII – não possuir condenação em órgão de classe, em relação ao exercício profissional.

O concurso público aberto terá validade por até 2 (dois) anos, a partir da publicação oficial de seu resultado, sendo permitida uma única prorrogação, pelo mesmo prazo, mediante deliberação do Conselho Superior (art. 93, parágrafo único).

6.3.1 *Atividade jurídica como requisito para inscrição no certame e posse no cargo*

Com a edição da EC 80/2014, passou-se a debater sobre a exigência, nos concursos de ingresso na carreira de Defensora ou Defensor Público do Estado, dos 3 anos de atividade jurídica como requisito para a inscrição, tal qual ocorre nos concursos da Magistratura e Ministério Público, por força do art. 93, inciso I, da Constituição. Importante recordar que, segundo a orientação firmada pelo STF, "os três anos de atividade jurídica contam-se da data da conclusão do curso de Direito e o fraseado 'atividade jurídica' é significante de atividade para cujo desempenho se faz imprescindível a conclusão de curso de bacharelado em Direito"[137].

Neste contexto, o Conselho Superior da Defensoria Pública editou a Deliberação CSDP 317, de 06 de agosto de 2015, adaptando o regulamento do concurso à nova exigência constitucional, para o fim de contemplar no regulamento do concurso a norma constitucional em análise.

[137] ADI 3.460, rel. Min. Carlos Britto, j. 31.08.2006, DJe 15.06.2007.

Vale ressaltar que, na linha do quanto decidido pelo STF na ADI 3.460, acima indicada, o tempo de atividade jurídica computável para o ingresso na Defensoria Pública é somente aquele exercido após o bacharelado. A superveniência da EC 80/2014, tal qual interpretada, no ponto, pela ADI 3.460 acima indicada, permite a aplicação do art. 145, § 3º, da LC 80/1994 apenas para o tempo de estágio exercido após o bacharelado.

Como se pode perceber, a Defensoria Pública paulista, em razão da EC 80/2014, ostenta o mesmo regime jurídico no que toca à forma de ingresso na carreira, exigindo-se a comprovação de 3 anos de prática jurídica, computável apenas o tempo de atividade realizada após o bacharelado em direito.

6.3.2 *Do momento de aferição dos requisitos para posse*

Os requisitos para a posse no cargo de Defensor Público do Estado devem ser aferidos no momento da inscrição definitiva do concurso, que ocorre antes da prova oral, nos termos do art. 16, da Deliberação CSDP 10/2006. Com efeito, ao tempo da inscrição inicial no concurso, opera-se inscrição meramente provisória, eis que, antes da prova oral, exige-se a comprovação definitiva de todos os requisitos para eventual posse no cargo. Assim, caso não demonstrados os requisitos, a inscrição provisória deve ser julgada insubsistente, indeferindo-se a inscrição definitiva no certame.

Da mesma forma que ocorre nos concursos da Magistratura e do Ministério Público, a comprovação dos requisitos – em especial o preenchimento do tempo de prática jurídica – ocorre antes da prova oral, não se exigindo a demonstração deles na inscrição inicial, tampouco admitindo-se a comprovação no momento da posse.

De fato, para os concursos da Defensoria Pública, Magistratura e Ministério Público, não se aplica a Súmula 266 do STJ[138], eis que, a estas carreiras, incide a tese firmada no Tema 509 da repercussão geral do STF: "A comprovação do triênio de atividade jurídica exigida para o ingresso no cargo de juiz substituto, nos termos do inciso I do art. 93 da Constituição Federal, deve ocorrer no momento da inscrição definitiva

[138] "O diploma ou habilitação legal para o exercício do cargo deve ser exigido na posse e não na inscrição para o concurso público."

no concurso público". Veja-se, a propósito, a ementa do RE 655.265, *leading case* do referido Tema:

> **INGRESSO NA CARREIRA DA MAGISTRATURA. ART. 93, I, CRFB. EC 45/2004. TRIÊNIO DE ATIVIDADE JURÍDICA PRIVATIVA DE BACHAREL EM DIREITO. REQUISITO DE EXPERIMENTAÇÃO PROFISSIONAL. MOMENTO DA COMPROVAÇÃO. INSCRIÇÃO DEFINITIVA. CONSTITUCIONALIDADE DA EXIGÊNCIA. ADI 3.460. REAFIRMAÇÃO DO PRECEDENTE PELA SUPREMA CORTE. PAPEL DA CORTE DE VÉRTICE. UNIDADE E ESTABILIDADE DO DIREITO. VINCULAÇÃO AOS SEUS PRECEDENTES. STARE DECISIS. PRINCÍPIOS DA SEGURANÇA JURÍDICA E DA ISONOMIA. AUSÊNCIA DOS REQUISITOS DE SUPERAÇÃO TOTAL (*OVERRULING*) DO PRECEDENTE.**
> **1. A exigência de comprovação, no momento da inscrição definitiva (e não na posse), do triênio de atividade jurídica privativa de bacharel em Direito como condição de ingresso nas carreiras da magistratura e do ministério público (arts. 93, I e 129, §3º, CRFB – na redação da Emenda Constitucional n. 45/2004) foi declarada constitucional pelo STF na ADI 3.460.**
> **2. Mantidas as premissas fáticas e normativas que nortearam aquele julgamento, reafirmam-se as conclusões (*ratio decidendi*) da Corte na referida ação declaratória.**
> **3. O papel de Corte de Vértice do Supremo Tribunal Federal impõe-lhe dar unidade ao direito e estabilidade aos seus precedentes.**
> **4. Conclusão corroborada pelo Novo Código de Processo Civil, especialmente em seu artigo 926, que ratifica a adoção – por nosso sistema – da regra do *stare decisis*, que "densifica a segurança jurídica e promove a liberdade e a igualdade em uma ordem jurídica que se serve de uma perspectiva lógico-argumentativa da interpretação". (MITIDIERO, Daniel. Precedentes: da persuasão à vinculação. São Paulo: Revista dos Tribunais, 2016).**
> **5. A vinculação vertical e horizontal decorrente do *stare decisis* relaciona-se umbilicalmente à segurança jurídica, que "impõe imediatamente a imprescindibilidade de o direito ser cognoscível, estável, confiável e efetivo, mediante a formação e o respeito aos precedentes como meio geral para obtenção da tutela dos direitos".**

(MITIDIERO, Daniel. Cortes superiores e cortes supremas: do controle à interpretação, da jurisprudência ao precedente. São Paulo: Revista do Tribunais, 2013).

6. Igualmente, a regra do *stare decisis* ou da vinculação aos precedentes judiciais "é uma decorrência do próprio princípio da igualdade: onde existirem as mesmas razões, devem ser proferidas as mesmas decisões, salvo se houver uma justificativa para a mudança de orientação, a ser devidamente objeto de mais severa fundamentação. Daí se dizer que os precedentes possuem uma força presumida ou subsidiária." (ÁVILA, Humberto. Segurança jurídica: entre permanência, mudança e realização no Direito Tributário. São Paulo: Malheiro, 2011).

7. Nessa perspectiva, a superação total de precedente da Suprema Corte depende de demonstração de circunstâncias (fáticas e jurídicas) que indiquem que a continuidade de sua aplicação implicam ou implicarão inconstitucionalidade.

8. A inocorrência desses fatores conduz, inexoravelmente, à manutenção do precedente já firmado.

9. Tese reafirmada: "é constitucional a regra que exige a comprovação do triênio de atividade jurídica privativa de bacharel em Direito no momento da inscrição definitiva".

10. Recurso extraordinário desprovido.

(RE 655.265, rel. Min. Luiz Fux, redator para acórdão Min. Edson Fachin, j. 13.04.2016, DJe 05.08.2016)

6.4 Nomeação, posse e exercício

Após a aprovação no concurso público de provas e títulos, o Defensor Público-Geral nomeia os aprovados e aprovadas, seguindo a ordem de classificação, para o cargo de Defensor Público Nível I, ocupando cargo de provimento efetivo. Ressalte-se que a nomeação é feita pelo Defensor Público-Geral, com fundamento no art. 19, inciso VII, da LCE 988/06[139] e ante a autonomia administrativa conferida à Defensoria

[139] Artigo 19 – São atribuições do Defensor Público-Geral do Estado, dentre outras:
(...)
VII – prover os cargos iniciais da carreira e dos serviços auxiliares, bem como aqueles decorrentes de remoção, promoção, reintegração, aproveitamento e demais formas de provimento

Pública pela Constituição. Repare que a possibilidade de nomeação pelo Defensor Público-Geral não é uma regra geral a ser aplicada por todas as outras Defensorias Públicas Estaduais, a teor do disposto no art. 113, da LC 80/94[140]. A Defensoria Pública paulista, porém, contando com uma lei orgânica de vanguarda, tem garantido o poder de prover, por si própria, os cargos iniciais da carreira, independentemente de qualquer outro ato do Poder Executivo.

Em seguida à nomeação ocorre a posse, também conferida pelo Defensor Público-Geral (art. 95), com base nos mesmos fundamentos que o autorizam nomear os Defensores aprovados. Ressalte-se que existe um prazo máximo para a posse, que é de 30 dias contados da nomeação (art. 96), sob pena de se tornar sem efeito a nomeação, caso a posse não ocorra no prazo previsto.

O art. 97 traz os **requisitos para a posse**:

> I – inscrição na Ordem dos Advogados do Brasil;
> II – habilitação em exame de sanidade e capacidade física, compatível com o exercício das funções, realizado por órgão médico oficial;
> III – declaração:
> a) de bens;
> b) relativa à ocupação de outro cargo, função ou empregos públicos;
> c) relativa ao percebimento de proventos de inatividade ou pensão originários de regime previdenciário próprio;
> IV – estar em dia com o serviço militar;
> V – estar em gozo dos direitos políticos.

Concretizadas a nomeação e posse, segue-se o início do exercício, que corresponde ao início efetivo das atividades inerentes ao cargo do qual se tomou posse. A Defensora ou Defensor nomeado e empossado deve entrar em exercício em 10 dias, contados da posse.

Interessante observar que, em caso de remoção (que se dá quando o Defensor altera o seu local de atuação, ocupando cargo anteriormente

derivado, nos termos desta lei complementar, e dar posse e exercício aos membros e servidores da Defensoria Pública do Estado;

[140] Art. 113. O candidato aprovado no concurso público para ingresso na carreira da Defensoria Pública do Estado será nomeado pelo Governador do Estado para cargo inicial da carreira, respeitada a ordem de classificação e o número de vagas existentes.

vago), haverá exercício desde a data da publicação do relativo à nova classificação, após a remoção (art. 100, *caput*). Ressalva-se, porém, o caso de remoção para Município diverso de onde a Defensora ou o Defensor antes atuava. Neste caso, deverá assumir as novas funções, entrando em exercício no novo local, no prazo de 8 dias, a contar da publicação do ato de remoção (art. 100, parágrafo único).

6.4.1 *A capacidade postulatória e a desnecessidade de inscrição na OAB*

Como visto acima, a LCE 988/06 prevê, como requisito para a posse, a inscrição na OAB. Cuida-se de disposição constante da redação originária da lei e ainda não revogada. No entanto, desde 2009, por força da Lei Complementar federal 132/2009, foi inserida norma geral nacional segundo a qual **"a capacidade postulatória do Defensor Público decorre exclusivamente de sua nomeação e posse no cargo público" (art. 4º, § 6º, da Lei Complementar 80/94).**

Este dispositivo teve a sua constitucionalidade questionada pelo Conselho Federal da OAB, que ajuizou ação direta de inconstitucionalidade perante o STF (ADI 4.636). O Supremo Tribunal Federal, porém, julgou improcedente a ação, decidindo que a capacidade postulatória das Defensoras e Defensores Públicos decorre da nomeação e posse no cargo, sendo indevida a necessidade de inscrição na OAB.

No ponto, especificamente, da capacidade postulatória dos membros da Defensoria Pública, o voto do relator, Min. Gilmar Mendes, consignou o seguinte, dentre outros fundamentos:

> **Partindo-se do raciocínio do autor da ação, forçoso concluir que, com a alteração constitucional de 2014, que alterou a disposição do Capítulo IV da Constituição Federal, não resta mais dúvidas, portanto, em relação à natureza da atividade dos membros da Defensoria Pública. Tais membros definitivamente não se confundem com advogados privados ou públicos.**
>
> **A topografia constitucional atual, assim, não deixa margem a discussão. São funções essenciais à Justiça, em categorias apartadas, mas complementares: Ministério Público, Advocacia Pública, Advocacia e Defensoria Pública. Ainda que assim não fosse, as distinções vão além.**
>
> **Ora, usando do raciocínio exposto na inicial, pode-se afirmar que os membros do Ministério Público também peticionam, sustentam**

oralmente suas teses, recorrem, participam de audiências. Todavia, não se cogita a exigência de inscrição nos quadros da Ordem dos Advogados do Brasil.

A diferença entre a atuação de um advogado (particular) e a de um defensor público é clamorosa, perceptível inclusive antes do advento da EC 80/14. O primeiro, em ministério privado, tem por incumbência primordial a defesa dos interesses pessoais do cliente. O segundo, detentor de cargo público, tem por escopo principal assegurar garantia do amplo acesso à justiça, não sendo legitimado por qualquer interesse privado. Tais características não afastam, obviamente, a prestação de serviço público e exercício de função social pelo advogado, tampouco dispensa o defensor do interesse pessoal do assistido. O ponto nevrálgico é a definição das finalidades transcendentes. A diferença entre a atuação de um advogado (particular) e a de um defensor público é clamorosa, perceptível inclusive antes do advento da EC 80/14. O primeiro, em ministério privado, tem por incumbência primordial a defesa dos interesses pessoais do cliente. O segundo, detentor de cargo público, tem por escopo principal assegurar garantia do amplo acesso à justiça, não sendo legitimado por qualquer interesse privado. Tais características não afastam, obviamente, a prestação de serviço público e exercício de função social pelo advogado, tampouco dispensa o defensor do interesse pessoal do assistido. O ponto nevrálgico é a definição das finalidades transcendentes.

O Defensor Público tem assistido, e não cliente. A ele é vinculado pelas normas de Direito Público, e não por contrato. Sendo assim, a função dos membros da Defensoria Pública é, evidentemente, marcada pela impessoalidade, porquanto o assistido não escolhe seu defensor, tampouco o remunera diretamente. Ao contrário do cliente, que gratifica o trabalho feito com honorários, tendo poder de escolha sobre o profissional de sua preferência, trazendo à função do advogado feição personalíssima.

Via de mão dupla, advogados podem escolher suas causas e seus Via de mão dupla, advogados podem escolher suas causas e seus clientes. Defensores Públicos estão adstritos às funções institucionais, não podendo, de forma alguma, atuar fora delas ou receber honorários.

> **Pertinente ressaltar que as funções institucionais e prerrogativas da Defensoria Pública são previstas sempre em benefício dos assistidos, e não dos membros da instituição. Sendo assim, com direitos, deveres e prerrogativas tão diversos, não vejo necessidade de submeter os defensores públicos a dois regimes administrativos diferentes.**
> **A Defensoria Pública, assim como o Ministério Público, já detém hierarquia institucional estabelecida, com regime disciplinar específico, estatutário, com fiscalização de uma corregedoria. Os termos estão devidamente definidos na lei de regência da instituição.**
> (ADI 4.636, rel. Min. Gilmar Mendes, j. 04.11.2021, DJe 10.02.2022)

E, assim, o Supremo Tribunal Federal decretou a constitucionalidade do art. 4º, § 6º, da LC 80/1994, bem como atribuiu interpretação conforme ao Estatuto da OAB para o fim de afastar-lhe qualquer interpretação que resulte no condicionamento da capacidade postulatória dos membros da Defensoria Pública à inscrição dos Defensores Públicos na Ordem dos Advogados do Brasil[141].

Deste modo, ante a superveniência do art. 4º, § 6º, da LC 80/1994, pacificada a questão no âmbito do STF, não mais se aplica o art. 97, inciso I, da LC 988/2006, que exigia a inscrição na OAB como condição para a posse no cargo.

6.5 Estágio probatório

Dispõe o art. 41 da Constituição Federal que "são estáveis após três anos de efetivo exercício os servidores nomeados para cargo de provimento efetivo em virtude de concurso público". A estabilidade confere ao titu-

[141] Eis o dispositivo do voto neste particular: "Forte nos fundamentos apresentados acima, concluo, portanto, que a Lei Complementar nº 80, lei de regência da carreira de Defensor Público, em nada viola a Constituição Federal ao dispor, no atual §6º do artigo 4º, que a capacidade postulatória do defensor decorre de nomeação e posse no cargo, sendo descabida a pretensão formulada na inicial da presente ação. Ademais, considerando que a aplicação literal do Estatuto da OAB pode vir a contrariar o fundamento da presente decisão, confiro ainda interpretação conforme à Constituição ao art. 3º, § 1º, da Lei 8.906/1994, a fim de afastar qualquer interpretação que resulte no condicionamento da capacidade postulatória dos membros da Defensoria Pública à inscrição dos Defensores Públicos na Ordem dos Advogados do Brasil."

lar de cargo efetivo a segurança de somente perder o cargo público em casos taxativamente previstos na Constituição (art. 41, § 1º). É atributo exclusivo dos cargos de provimento efetivo, como o é o cargo de Defensor Público do Estado (art. 94).

Por estágio probatório se entende o período de três anos que se inicia com o efetivo exercício no cargo, "durante o qual a administração apura a conveniência de sua confirmação no serviço, mediante aferição dos requisitos de assiduidade, aptidão, eficiência, idoneidade moral etc."[142]. É neste contexto que deve se interpretar o art. 101, ao estabelecer que, durante o estágio probatório, "será apurado o preenchimento dos requisitos necessários à confirmação na carreira". Ultrapassado o estágio probatório sem qualquer apontamento desabonador, haverá a confirmação da Defensora ou Defensor Público na carreira, ou seja, receberá ele a estabilidade no cargo efetivo para o qual fora aprovado.

A Lei Orgânica da Defensoria Pública do Estado de São Paulo prevê dois requisitos para a confirmação no cargo, isto é, para a aquisição da estabilidade, conforme disposto no seu art. 101, parágrafo único:

a) aproveitamento no curso de preparação à carreira;

b) fiel cumprimento das funções inerentes ao cargo.

Estes requisitos são aferidos por meio de relatórios da Corregedoria-Geral e do próprio Defensor em estágio probatório.

Tem-se, destarte, um sistema de aferição da atuação do integrante da carreira durante o estágio probatório, gerenciado em grande parte pela Corregedoria-Geral.

O primeiro requisito para a confirmação é o aproveitamento satisfatório do curso de preparação (ou de formação) à carreira.

Trata-se de curso organizado e promovido pela Escola da Defensoria Pública (arts. 58, inciso XII e 102), que objetiva realizar "treinamento específico para o desempenho das funções técnico-jurídicas, integrado com noções fundamentais de psicologia, ciência política, sociologia, mediação, criminologia e de filosofia do direito, necessárias à consecução dos princípios e atribuições institucionais da Defensoria Pública do Estado" (art. 102, parágrafo único).

[142] Silva, José Afonso da. *Curso de Direito Constitucional Positivo*. 33ª. ed. São Paulo: Malheiros, p. 698.

Superada a fase do curso de preparação, o estágio probatório passa a ser acompanhado pela Corregedoria, que acompanhará a atuação do Defensor Público em estágio probatório por meio do exame de relatórios semestrais apresentados pelo Defensor, na forma do art. 103. São produzidos cinco relatórios semestrais, averiguados pela Corregedoria e remetidos ao Conselho Superior que decide, em cada semestre, pela continuidade ou não do estágio confirmatório.

No quinto relatório, encaminhado 6 (seis) meses antes do término do estágio probatório, a Corregedoria-Geral opinará motivadamente pela confirmação ou exoneração do Defensor Público (art. 103, § 2º). Reitere-se que todos os relatórios de estágio probatório são examinados pela Corregedoria e encaminhados ao Conselho Superior que dá a palavra final sobre cada um deles e sobre a confirmação ou não do Defensor Público.

Havendo aprovação do estágio probatório pela Corregedoria e pelo Conselho, caberá ao Defensor Público-Geral expedir ato de confirmação do interessado na carreira, conforme a atribuição prevista no art. 19, inciso VIII da LCE 988/06, que se fundamenta na autonomia administrativa da Instituição. Veja que a apuração do estágio probatório, até eventual confirmação ou exoneração, é feita integralmente pela Defensoria Pública, vedada qualquer ingerência externa.

De outro lado, caso o membro da carreira não apresente atuação compatível com a sua confirmação, o que será apurado pela Corregedoria, tal conclusão será encaminhada ao Conselho Superior. O Conselho, caso decida pela não confirmação, intimará pessoalmente o Defensor interessado. Procede-se, ainda, ao imediato afastamento do exercício das suas funções e o vínculo com a Instituição se encerra com a expedição de ato pelo Defensor Público-Geral exonerando-o do cargo (art. 104, § 2º)

Da decisão do Conselho que não confirmar o Defensor Público, entendendo pela insuficiência do período de estágio probatório, caberá apenas pedido de reconsideração, na forma do Regimento Interno do Conselho (art. 105, parágrafo único).

6.6 Da mobilidade funcional

Por mobilidade funcional se compreende o conjunto de regras que disciplinam a lotação inicial da Defensora ou Defensor Público, bem como os casos de alteração desta lotação.

6.6.1 *Lotação e classificação*

Padrão de lotação é o **local de atuação da Defensoria Pública em todo o Estado**. O padrão de lotação indica qual **Defensoria Pública** será ocupada por cada membro da carreira, isto é, o cargo por ele ocupado. A definição do padrão de lotação parte de critérios territoriais (Regional, Unidade) e chega até a especificação da atuação, relacionando-a às atribuições do cargo (ex.: 1ª Defensoria Pública da Unidade Fazenda Pública da Capital, com atuação perante as Varas da Fazenda Pública, etc.)[143].

Os Defensores Públicos, uma vez empossados, são **classificados nos padrões de lotação** disponíveis à época da posse. Há, ainda, nova classificação quando ocorre remoção da Defensora ou Defensor para outro cargo, transferindo sua atuação para outro padrão de lotação.

Importante observar que tanto os padrões de lotação quanto a classificação dos Defensores Públicos são definidos por ato do Defensor Público-Geral (art. 106)[144]. Esquematicamente:

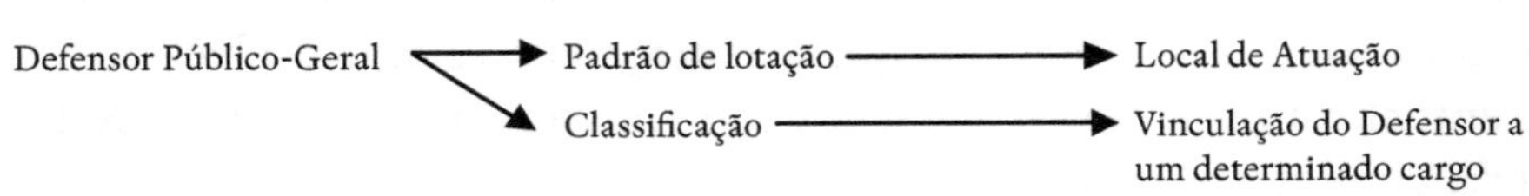

Como se vê, toda vez que um cargo vago é ocupado, ocorre nova classificação do Defensor Público que nele passará a atuar. Esta classificação pode decorrer da posse de Defensor recém-nomeado, bem como pode

[143] Com o avanço das ferramentas de atendimento e de trabalho remotos se mostra viável rediscutir-se o papel do critério territorial para definição do padrão de lotação. Ante a possibilidade de atuação remota, seja perante o Poder Judiciário, seja prestando o atendimento à população, impõe-se avaliar o melhor uso das ferramentas tecnológicas disponíveis para viabilizar a expansão da atuação institucional, sem prejuízo, é certo, à qualidade do atendimento prestado à população. Neste contexto, garantido o atendimento físico às pessoas com dificuldades de acesso e manejo a tais ferramentas, nada impede sejam conferidos novos contornos aos limites territoriais (comarcas, foros regionais, etc), com vistas a ampliar, com qualidade, a assistência jurídica integral a gratuita prestada pela Defensoria Pública. Tais limites territoriais, se interpretados e aplicados em um paradigma destoante das novas tecnologias, podem engessar novas (e mais eficazes) formas de atuação institucional.

[144] Cabe ao Conselho Superior "opinar sobre a criação e extinção dos cargos da carreira da Defensoria Pública do Estado e de seus serviços auxiliares, bem como sobre a fixação e o reajuste dos respectivos vencimentos", na forma do art. 31, inciso XXI, da LCE 988/2006.

decorrer de remoção. No caso da primeira classificação, ou seja, Defensores Públicos recém-nomeados para o cargo inicial da carreira, a escolha do cargo é feita seguindo o critério de ordem de classificação no concurso, cabendo ao primeiro colocado escolher um dentre os cargos disponíveis e assim sucessivamente.

Em matéria de definição do padrão de lotação, a competência legal é da Defensoria Pública-Geral, a teor do art. 106 da Lei, como exposto. O ato de definir em que locais haverá atuação de membros da carreira constitui sensível expressão da autonomia funcional, eis que a definição destes locais, desde que observados os requisitos de adensamento populacional e índices de exclusão social, compete com exclusividade à própria instituição, por meio de seu órgão máximo de representação.

E, assim, não cabe ao Poder Judiciário, apreciando demandas que busquem instalar a atuação da Defensoria em certa localidade, fixar os locais em que a Instituição deva atuar. De fato, não obstante os quadros enxutos de todas as Defensorias do país, algumas das quais ainda não estruturadas por completo, a definição sobre onde prestar os serviços é exclusiva da própria Instituição.

O Supremo Tribunal Federal possui precedentes que, nesta linha, entendem que o ato de definição do padrão de lotação, por ser expressão da autonomia funcional e ato administrativo discricionário, é insuscetível de controle judicial:

> **Agravo regimental em recurso extraordinário. 2. Direito Administrativo. 3. Defensoria pública. Implantação de plantão permanente na cidade de Erechim. Mérito administrativo. Impossibilidade de ingerência do Poder Judiciário ante a ausência de ilegalidade ou abuso de poder. Princípio da separação dos poderes. Precedentes. Inexistência de argumentos capazes de infirmar a decisão agravada. 5. Agravo regimental a que se nega provimento.**
> (RE 636.686-AgR, rel. Min. Gilmar Mendes, j. 25.06.2013, DJe 16.08.2013)

Relevante, ainda, a decisão da Presidência da Suprema na Suspensão de Tutela Antecipada n. 800:

> **"consigno que a decisão de origem, de fato, ao interferir com a autonomia da Defensoria Pública da União, de forma alheia ao contexto**

> **institucional do órgão de assistência jurídica oficial, constitucionalmente fixado, acabou por caracterizar uma interferência abusiva e inconstitucional.**
> **Desse modo além de ser dotada de potencial lesivo à ordem pública, constitui ainda risco à economia do órgão e da União, na medida em que determina claramente sua efetiva interiorização, o que, diante da atual limitação orçamentária e de recursos humanos, apenas se poderia promover em detrimento de outras atividades essenciais já desenvolvidas.**
> **(...)**
> **Não se pode, assim, deixar de considerar que a jurisprudência desta Suprema Corte tem firme entendimento no sentido de não ser cabível ao Poder Judiciário interferir em questões internas de órgão público, principalmente em casos como o presente, em que, além de ilegal, representa uma violação à expressa previsão constitucional, nos termos de seu art. 134, § 1º.**
> **(...)**
> **Verifica-se, portanto, em uma análise perfunctória daqueles autos, que as determinações contidas nos provimentos jurisdicionais que ora se buscam suspender, violam diretamente comando constitucional que atribuiu à Defensoria Pública autonomia administrativa e financeira, o que gera, na esteira do entendimento já desenvolvido na presente decisão, risco de lesão à ordem e à economia públicas, a ensejar a extensão da presente medida, conforme postulado.**
> (STA 800, rel. Dias Toffoli (presidente), decisão de 16.06.2020)

No mesmo sentido:

> **Agravos regimentais na suspensão de liminar. Decisão que suspendeu a implantação de núcleo da Defensoria Pública na Subseção Judiciária de Cachoeiro de Itapemirim/ES, com lotação de pelo menos um defensor público federal. Agravo parcialmente provido, tão somente para afastar a aplicação da multa imposta.**
> **1. A Defensoria Pública tem a garantia de estar em juízo para defesa de suas prerrogativas e funções institucionais, não se mostrando necessário, nessa hipótese, que sua representação judicial fique a cargo da Advocacia-Geral da União.**

2. A imposição de multa diária pode gerar maior prejuízo à coletividade, afetando sensivelmente a economia pública.
3. A lotação de Defensor Público em determinada unidade faz parte da estruturação administrativa do órgão, não cabendo ao Poder Judiciário interferir em suas questões internas.
4. Houve nítida interferência na atribuição exclusiva da DPU para proceder à lotação de seus defensores, em violação do comando do art. 134, §1º, da Constituição Federal.
5. Agravo regimental parcialmente provido, tão somente para afastar a aplicação da multa cominada.
(Suspensão de Liminar 866, rel. Min. Dias Toffoli (presidente), j. 13.09.2019. DJe 02.10.2019)

Este entendimento foi consolidado no julgamento do Tema 847 da repercussão geral do STF (*leading case* RE 887.671), em que se fixou a seguinte tese: "**Ofende a autonomia administrativa das Defensorias Públicas decisão judicial que determine a lotação de defensor público em localidade desamparada, em desacordo com os critérios previamente definidos pela própria instituição, desde que observados os critérios do art. 98, *caput* e § 2º, do Ato das Disposições Constitucionais Transitórias - ADCT**".

Por fim, cumpre registrar que o Órgão Especial do TJSP já assinalou que a decisão judicial que determina a atuação - direta ou mediante convênio - em todas as audiências de conciliação de determinada comarca cerceia a liberdade institucional para organizar os seus serviços (Suspensão de Tutela Antecipada n. 2173956-04.2015.8.26.0000, rel. Des. José Renato Nalini, j. 07.10.2015)

6.6.2 *Remoção*

Remoção consiste na mudança do padrão de lotação de uma Defensora ou Defensor Público, que se remove para outro cargo, deixando vago aquele que anteriormente ocupava.

A remoção pode ser voluntária ou compulsória. A regra é a remoção voluntária, enquanto a remoção compulsória constitui sanção disciplinar. Nos dois casos, porém, depende de decisão do Conselho Superior.

A LCE 988/06 prevê **quatro tipos de remoção voluntária** (art. 108):

a) remoção a pedido;
b) remoção por permuta;
c) remoção qualificada;
d) remoção por união de cônjuges ou companheiros.

A **remoção a pedido** (art. 109) é a mais comum e ocorre toda vez que há cargos vagos em razão de aposentadoria, exoneração, etc. Nos termos do art. 109, parágrafo único, "havendo mais de um candidato à remoção, será removido, sucessivamente, o mais antigo na carreira, o mais antigo no serviço público, o mais idoso e o melhor classificado no concurso para ingresso na Defensoria Pública do Estado".

Interessante destacar que, após definidas a ocupação dos padrões de lotação anteriormente vagos, preenchidos após o concurso de remoção, os cargos que se tornarem vagos a partir daí serão preenchidos por novos ingressantes na carreira, aprovados em concurso público. Estes, portanto, escolherão seus cargos, na primeira classificação, seguindo um critério diferente, qual seja, a ordem de classificação no concurso de ingresso, conforme o art. 106, parágrafo único.

A **remoção por permuta** (art. 110), por sua vez, se dá pela troca de cargos entre dois Defensores interessados. O pedido, contudo, é apreciado pelo Conselho Superior, que levará em consideração a conveniência ao serviço e os requisitos exigidos para a mudança de classificação. Somente se admite remoção por permuta entre interessados que estejam em efetivo exercício.

A **remoção qualificada** (art. 111) destina-se à escolha dos Defensores Públicos que integrarão os Núcleos Especializados. Neste caso, compete ao Conselho Superior escolher os integrantes, analisando os requerimentos dos interessados. Considerando que os membros dos Núcleos Especializados são designados para mandato de dois anos, eles não perdem seus postos originais; são removidos de forma qualificada para lá permanecerem durante estes dois anos (admitida uma recondução por igual prazo), após os quais voltam aos seus cargos originários.

O último caso de remoção voluntária é aquela decorrente de **união de cônjuges ou companheiros** (art. 112) De fato, a lei garante à Defensora ou Defensor Público, desde que haja vaga, o direito de se remover para igual cargo ou função em Município onde resida seu cônjuge ou companheiro. Este cônjuge ou companheiro, evidentemente, deve exercer cargo, emprego ou função pública ou ser titular de mandato eletivo estadual ou municipal.

A **remoção compulsória**, por fim, configura sanção disciplinar, aplicável, nos termos do art. 177, inciso III, "quando a falta praticada, pela sua gravidade e repercussão, tornar incompatível a permanência do faltoso no órgão de atuação de sua lotação"[145].

6.7 Provimento derivado

A nomeação é forma de provimento originário, vez que investe, pela primeira vez, alguém no cargo efetivo de Defensora ou Defensor Público do Estado, lembrando que o ingresso na carreira sempre se dá sempre no Nível I.

Todas as outras formas de alteração ou reingresso no cargo configuram formas de provimento derivado. Deste modo, haverá provimento derivado quando o Defensor ascende para Nível mais elevado (promoção), bem como quando ele, por algum motivo, reingressa na carreira.

Confira o quadro esquemático abaixo, contendo as formas de provimento derivado.

- PROMOÇÃO
- REINGRESSO
  - Reintegração
  - Reversão
  - Aproveitamento

6.7.1 *Promoção*

A promoção consiste na elevação do mesmo cargo de Defensor Público, de uma classe para outra imediatamente superior da carreira (art. 114), de maneira, que o ocupante de um determinado Nível passe a ocupar o imediatamente superior. Trata-se de verdadeiro concurso de promoção, regulamentado e organizado, anualmente, pelo Conselho Superior.

Cuida-se de forma de provimento derivado, uma vez que consiste na progressão na carreira, até porque o provimento originário ocorre somente com a nomeação e posse. Nos termos do parágrafo único do

[145] O estudo aprofundado da remoção compulsória, incluindo o debate acerca de sua constitucionalidade, será feito no item 8.2.3.

art. 114, promove-se, anualmente, 15% dos cargos existentes em cada um dos Níveis para aquele superior. Assim, por exemplo, 15% dos cargos existentes de Defensor Público do Estado Nível I são, anualmente, promovidos para o Nível II.

Importante ressaltar que a promoção deve seguir sempre os critérios de antiguidade e merecimento, alternadamente. Esta alternância opera do seguinte modo: a cada concurso de promoção aberto anualmente (Nível I para Nível II, Nível II pra Nível III, etc.), apura-se o número de vagas disponíveis, mediante a aplicação dos 15% sobre o número de cargos de cada nível. Alcançado o número de vagas a serem promovidas, tem-se que uma delas será promovida por merecimento, a seguinte por antiguidade, a subsequente por merecimento e assim por diante. O Conselho Superior elabora, assim, duas listas: candidatos inscritos à promoção por antiguidade e candidatos inscritos por merecimento.

Então, cada uma das vagas a serem ocupadas no Nível superior passa a ser preenchida, uma a uma e alternadamente, por candidato inscrito por merecimento e por candidato inscrito por antiguidade.

Vejamos, agora, a disciplina legal de cada um dos critérios para promoção: merecimento e antiguidade.

A antiguidade (art. 115), em primeiro lugar, é apurada pelo tempo de efetivo exercício na classe, ou seja, no Nível atual. No mês de "janeiro de cada ano, o Defensor Público-Geral do Estado mandará publicar, na imprensa oficial, a lista de antiguidade dos membros da Defensoria Pública do Estado, em cada classe, contendo, em anos, meses e dias, o tempo de serviço na classe, na carreira, no serviço público, bem como aquele computado para efeito de aposentadoria e disponibilidade" (art. 115, § 1º).

Nos termos do art. 115, § 2º, em caso de empate entre dois ou mais Defensores, aplicar-se-á o disposto no artigo 109, parágrafo único, da LCE 988/06. Com isso, aplica-se à promoção, em caso de empate, a ordem de critérios prevista para a preferência na remoção a pedido, a saber: o mais antigo na carreira, o mais antigo no serviço público, o mais idoso e o melhor classificado no concurso para ingresso na Defensoria Pública do Estado.

Já o critério de merecimento visa premiar, com a promoção, o Defensor Público que demonstre o mérito para tanto, apurado sob o ponto de vista funcional.

A LCE 988/06 visa conferir um grau elevado de objetividade e transparência na apuração e classificação do merecimento dos membros da carreira para que a promoção, sob este critério, beneficie aquele que de fato tenha mais mérito.

O art. 116 estabelece um rol exemplificativo de fatores a serem levados em conta pelo Conselho Superior, tanto ao estabelecer as regras para a promoção por merecimento, quanto para o julgamento de cada concurso de promoção. Vejamos os fatores elencados pela Lei:

> **I – eficiência no cumprimento dos deveres funcionais, de acordo com as diretrizes e os parâmetros definidos pelo Conselho Superior, bem como a dedicação e presteza no desempenho das atribuições próprias do cargo, avaliadas por meio de:**
> **a) relatório circunstanciado das atividades, na forma a ser disciplinada pelo Conselho Superior;**
> **b) petições, trabalhos jurídicos e peças processuais em geral, bem como defesas orais e escritas, que demonstrem pesquisa doutrinária ou jurisprudencial;**
> **c) observações feitas nas correições e atenção às instruções emanadas dos órgãos de administração superior da Defensoria Pública do Estado.**
> **II – aprovação em cursos de aperfeiçoamento, de natureza jurídica, promovidos pela Escola da Defensoria Pública do Estado ou por estabelecimentos de ensino superior;**
> **III – publicação de trabalhos forenses ou pareceres de autoria do Defensor Público;**
> **IV – aprimoramento da cultura jurídica do Defensor Público, por meio de cursos especializados, publicação de livros, teses, estudos e artigos, bem como obtenção de prêmios, relacionados com a atividade funcional.**

Cabe lembrar que após o julgamento das promoções realizado pelo Conselho Superior, o ato administrativo que efetivamente promove um Defensor Público do Estado para o Nível imediatamente superior é editado pela Defensoria Pública-Geral, nos termos do art. 119 e com fundamento na competência que lhe é atribuída pelo art. 19, inciso VII.

A lei estabelece ainda algumas regras aplicáveis a todas as promoções (independentemente do critério):

- É obrigatória a promoção do Defensor Público que figurar por 3 (três) vezes consecutivas ou por 5 (cinco) vezes alternadas em lista de promoção por merecimento (art. 120).
- O Defensor Público que houver sofrido imposição de penalidade em processo administrativo disciplinar estará impedido de concorrer à promoção por merecimento pelo prazo de 2 (dois) anos, contados do cumprimento da pena (art. 121)[146].

O art. 118 da LCE 988/2006 determina que somente será admitida a promoção para os Defensores que já estejam há mais de três anos no Nível (art. 118). Esse lapso temporal, contudo, não atende ao disposto no art. 115, § 4º, da LC 80/1994, que exige apenas dois anos de interstício no nível.

De outro lado, com a superveniência da EC 80/2014, que determinou a aplicação, no que couber, do art. 93, inciso II, alínea "b", da Constituição[147], somente podem disputar a promoção por merecimento, em cada certame, as Defensoras ou Defensores que integrem a primeira quinta parte da lista de antiguidade do respectivo Nível. Assim, somente o primeiro quinto da lista de antiguidade dos membros que sejam Nível podem postular a promoção por merecimento ao Nível II de um determinado ano.

Essa restrição, contudo, não se aplica à promoção por antiguidade. A norma constitucional, como se percebe, busca equiparar os dois critérios de promoção, vez que insere a antiguidade como requisito para disputar a promoção por merecimento.

6.7.2 *Reingresso*

A expressão reingresso contempla as outras formas de provimento derivado e abrange: a reintegração, a reversão e o aproveitamento. O quadro abaixo sintetiza tais categorias:

[146] O art. 117, § 2º, da LC 80/1994 expressamente delega à legislação estadual "os prazos durante os quais estará impedido de concorrer à promoção por merecimento o membro da instituição que tiver sofrido imposição de penalidade em processo administrativo disciplinar.".

[147] "a promoção por merecimento pressupõe dois anos de exercício na respectiva entrância e integrar o juiz a primeira quinta parte da lista de antiguidade desta, salvo se não houver com tais requisitos quem aceite o lugar vago;".

REINTEGRAÇÃO (art. 123)
Pressuposto: retorno ao cargo em decorrência de decisão judicial ou revisão do processo administrativo disciplinar
É o reingresso da Defensora ou Defensor Público no cargo anteriormente ocupado
A Defensora ou Defensor Público reintegrado terá direito ao ressarcimento dos vencimentos e vantagens que deixou de perceber em razão da pena, inclusive o cômputo do tempo de serviço
Se o cargo estiver ocupado, seu ocupante, se estável, será reconduzido ao cargo de origem ou aproveitado em outro cargo

REVERSÃO (art. 124)
Pressuposto: se verificada, por órgão médico oficial, a insubsistência dos motivos determinantes da aposentadoria
É o reingresso, de ofício, da Defensora ou Defensor Público aposentado por invalidez
A reversão far-se-á, de ofício, pela Defensoria Pública-Geral do Estado, na classe a que pertencia o aposentado.
A reversão dependerá de parecer favorável do Conselho Superior
Será cassada a aposentadoria do servidor inativo que não comparecer à inspeção de s aúde ou não entrar em exercício dentro do prazo legal

APROVEITAMENTO (arts. 125 a 127)
Pressuposto: extinto o cargo ou declarada sua desnecessidade, a Defensora ou Defensor Público ficará em disponibilidade com remuneração proporcional ao tempo de serviço
O aproveitamento é o reingresso do Defensor Público colocado em disponibilidade
O aproveitamento dar-se-á na classe a que pertencer o Defensor Público e, preferencialmente, no mesmo órgão de atuação ou assemelhado
O aproveitamento terá precedência sobre as demais formas de provimento (inclusive provimento originário – nomeação – e outras formas de provimento derivado – promoção, reintegração, etc.)
Havendo mais de um concorrente à mesma vaga, terá preferência o Defensor Público que contar com maior tempo de disponibilidade e, em caso de empate, maior tempo de serviço na carreira da Defensoria Pública do Estado
Será tornado sem efeito o aproveitamento e cassada a disponibilidade se o Defensor Público, cientificado expressamente do ato que o determinar, não entrar em exercício no prazo pertinente, salvo doença comprovada em inspeção médica oficial

6.8 Das Vantagens Não-Pecuniárias

Ao lado da retribuição pecuniária dos membros da Defensoria Pública, a Lei Complementar Estadual n. 988/06 prevê, a partir do art. 134, vantagens não-pecuniárias:

> **I – férias;**
> **II – licença para tratamento de saúde;**
> **III – licença por doença em pessoa da família;**
> **IV – licença por casamento;**
> **V – licença por luto;**
> **VI – licença-maternidade, licença-adoção e licença-paternidade;**
> **VII – licença-prêmio por assiduidade;**
> **VIII – licença para tratar de interesses particulares;**
> **IX – licença para assistência ao filho portador de deficiência física, sensorial ou mental;**
> **X – compensação em razão de atividades realizadas nos finais de semana, feriados ou recessos, mediante designação por Ato do Defensor Público-Geral do Estado, observados os critérios definidos pelo Conselho Superior, e**
> **X – outras previstas em lei.**

Relevante apontar que o "Defensor Público não perderá o direito às vantagens pecuniárias quando se afastar em virtude de férias, tratamento de saúde, casamento, luto, licença-prêmio e outros afastamentos que a legislação considerar como de efetivo exercício para todos os efeitos legais" (art. 134, § 1º). Destacamos, a seguir, as vantagens não-pecuniárias mais relevantes.

6.8.1 *Férias*

Conforme o art. 135, os membros da Defensoria Pública do Estado terão direito a férias anuais de 30 (trinta) dias, após completarem 1 (um) ano de efetivo exercício na carreira, sendo-lhes facultado o respectivo gozo em 2 (dois) períodos iguais.

Caso o Defensor se remova durante o período de suas férias, o prazo para assumir as funções na nova lotação somente passará a correr após o término do gozo das férias.

O período do gozo de férias será computado como sendo de efetivo exercício nos termos do art. 157, inciso I.

6.8.2 *Licença para tratamento de saúde*

Permite a lei que o membro da Defensoria Pública que estiver impossibilitado de exercer as suas funções por motivo de saúde tenha concedida licença para tratamento de saúde. Esta licença tem o prazo máximo de quatro anos e, durante o seu transcurso, garante-se todos os direitos e vantagens do cargo ocupado. Ressalte-se que a sua concessão depende de inspeção médica e poderá ser deflagrada a pedido do Defensor Público interessado ou de ofício pela Instituição.

Atente-se para o fato de que esta licença é concedida para tratamento de saúde do próprio Defensor e, portanto, não se confunde com a licença por doença em pessoa da família do Defensor, tratada nos arts. 138 e 139.

Na licença para tratamento de saúde de que ora cuidamos, prevê-se que, ao cabo do prazo de quatro anos da licença, se realizará uma inspeção médica no Defensor licenciado. Verificada a sua invalidez, determina-se a sua aposentadoria. Ressalva-se, contudo, que a licença prossiga para além do prazo inicial de quatro anos, quando não houver motivo que justifique a aposentadoria.

Esta licença também não prejudica a contagem do tempo de serviço de quem usufruí-la (art. 157, inciso II).

6.8.3 *Licença por doença em pessoa da família*

Esta licença, consoante o disposto no art. 138, é concedida aos membros da Defensoria Pública do Estado no caso de haver doença em pessoa da família, comprovada por perícia médica.

Consideram-se pessoas da família, para efeitos desta licença, o cônjuge ou companheiro e os ascendentes e descendentes em 1º grau.

Aponte-se que a licença em apreço tem prazo máximo de 12 meses e, ao contrário da licença acima examinada, não garante a retribuição pecuniária de forma integral.

O art. 139 estabelece uma redução progressiva da retribuição pecuniária do Defensor, à medida em que se mantenha afastado no gozo da licença por doença em pessoa da sua família, do seguinte modo:

Até 1 mês	Retribuição pecuniária total
Acima de 1 mês e inferior a 3 meses	Redução de 1/3 da retribuição
Acima de 3 meses e inferior a 6 meses	Redução de 2/3 da retribuição
Acima de 6 meses até o limite de 12 meses	Sem retribuição

6.8.4 *Licença Maternidade, Licença-Adoção e Licença-Paternidade*

Segundo os arts. 142 e 143 da LCE 988/2006, será concedida à Defensora Pública gestante licença-maternidade pelo prazo de 120 dias, podendo ser iniciada a partir do oitavo mês de gestação, salvo prescrição médica em contrário. As Defensoras Públicas, porém, gozam o prazo de 180 dias, em razão do art. 198 do Estatuto dos Funcionários Públicos Civis do Estado (Lei estadual 10.261/1968) e do art. 2º, da Lei federal 11.170/2008. Caso sobrevenha o parto sem que tivesse sido requerida a licença, esta se iniciará a partir da data de nascimento, mediante a apresentação da certidão de nascimento.

A Defensora Pública em estágio probatório, que passa a gozar de licença-maternidade, deve ter computado este tempo durante o período em avaliação. De fato, o art. 8º, da Lei Complementar estadual n. 1.199/2013 estipula que o período de licença à funcionária gestante deverá ser computado para fins de estágio probatório. Ante a omissão na LCE 988/2006 sobre esta questão específica, tal dispositivo, não obstante se dirija ao Poder Executivo, comporta aplicação à Defensoria Pública, na forma do art. 243, da LCE 988/2006[148].

O Supremo Tribunal Federal apreciou o art. 8º, da LC estadual 1.199/2013, tendo proclamado a sua validade nestes termos:

> **AÇÃO DIRETA DE INCONSTITUCIONALIDADE. REQUERIMENTO DE MEDIDA CAUTELAR. DIREITO CONSTITUCIONAL. AL. G DO INC. VII DO ART. 1º E DO ART. 8º DA LEI COMPLEMENTAR PAULISTA N. 1.199/2013. EMENDA PARLAMENTAR. INOVAÇÃO DO PROJETO DE LEI PARA TRATAR DE MATÉRIA DE INICIATIVA DO CHEFE DO PODER EXECUTIVO. AUMENTO DE DESPESA. REPRODUÇÃO OBRIGATÓRIA. INCONSTI-**

[148] Artigo 243 – Aplicam-se, subsidiariamente, aos membros da Defensoria Pública do Estado as disposições da Lei nº 10.261, de 28 de outubro de 1968 – Estatuto dos Funcionários Públicos Civis do Estado, e da Lei Complementar nº 180, de 12 de maio de 1978.

TUCIONALIDADE. CÔMPUTO DE LICENÇA À GESTANTE EM ESTÁGIO PROBATÓRIO. MÁXIMA EFETIVIDADE DE DIREITOS FUNDAMENTAIS. CONSTITUCIONALIDADE. AÇÃO JULGADA PARCIALMENTE PROCEDENTE.

1. Compete privativamente ao Chefe do Poder Executivo a iniciativa de leis dispondo sobre as matérias previstas nas als. a e c do inc. II do § 1º do art. 61 da Constituição da República, sendo vedado o aumento das despesas previstas por emendas parlamentares (inc. I do art. 63 da Constituição da República).

2. É inconstitucional emenda parlamentar que gere aumento de despesas a projeto de lei que compete privativamente ao Chefe do Poder Executivo estadual.

3. O disposto no art. 41 da Constituição da República, pelo qual se estabelece que a obtenção da estabilidade no serviço público ocorre após três anos de efetivo exercício, deve ser interpretado em consonância com os princípios constitucionais da igualdade de gênero, proteção à maternidade, dignidade da mulher e planejamento familiar.

4. É constitucional o cômputo do período de licença à gestante no período do estágio probatório da servidora pública pelo imperativo da máxima efetividade dos direitos fundamentais.

5. Ação direta conhecida e julgada parcialmente inconstitucional o disposto na al. g do inc. VII do art. 1º da Lei Complementar paulista n. 1.199/2013, na parte em que incluiu o recebimento da gratificação "pro labore" aos Agentes de Rendas Fiscais quando do "exercício de mandato eletivo federal, estadual ou municipal e nos termos da Lei Complementar n. 343, de 6.1.1984".

(ADI 5.220, rel. Min. Cármen Lúcia, j. 15.03.2021, Dje 23.03.2021)

A licença-adoção (art. 144), por sua vez, é concedida à Defensora Pública que adotar criança de até sete anos de idade, com o prazo de 120 dias contados a partir da expedição do termo de guarda para fins de adoção ou mesmo do termo de adoção. Tanto na licença-maternidade quanto na licença-adoção, a Defensora Pública manterá os vencimentos e todas as demais vantagens de seu cargo.

Destaque-se que a licença-adoção também será concedida ao Defensor Público, nos termos do art. 144, § 1º, desde que ele seja o único adotante.

As condições de fruição da licença-adoção fixadas no art. 144 da LCE 988/2006 parecem não mais guardar compatibilidade com a interpretação dada pelo STF à matéria. Ao julgar o Tema 782 da repercussão geral[149], a Suprema Corte fixou a seguinte tese: "Os prazos da licença adotante não podem ser inferiores aos prazos da licença gestante, o mesmo valendo para as respectivas prorrogações. Em relação à licença adotante, não é possível fixar prazos diversos em função da idade da criança adotada.". No mesmo sentido, examinando licença-adoção no âmbito do funcionalismo militar, veja-se a decisão do STF na ADI 6.603:

> **Ação direta de inconstitucionalidade. Art. 3º da lei 13.109/2015. Licença maternidade às adotantes no âmbito das Forças Armadas. Proteção à mulher, à maternidade, à criança e à família. Distinção entre maternidade biológica e socioafetiva. Impossibilidade. Procedência do pedido.**
> **1. Nos termos da jurisprudência firmada por esta Suprema Corte, a Constituição da República não permite discrímen entre a mãe biológica e a mãe adotiva, de modo que se revela inconstitucional ato normativo que institui períodos distintos de licença maternidade para as hipóteses e, da mesma forma, mostram-se colidentes com a Carta Política prazos de licença diferentes em razão da idade da criança adotada.**
> **2. O art. 3º, caput, § 1º e 2º, da Lei 13.109/2015, estabeleceu prazos distintos, em relação à maternidade biológica, para licença maternidade decorrente da adoção e, ainda, períodos diferentes em razão da idade da criança adotada, a evidenciar a manifesta inconstitucionalidade dos dispositivos impugnados.**
> **3. Ação direta de inconstitucionalidade conhecida. Pedido julgado procedente.**
> (ADI 6.603, rel. Min. Rosa Weber, j. 14.09.2022, DJe 29.09.2022)

Como se percebe, o art. 144 da LCE 988/2006 parece não se compatibilizar com a Constituição Federal nos seguintes pontos: (i) distinção do prazo da licença para mães biológicas e adotivas e (ii) restrição do gozo da licença às crianças adotadas que tenham até 7 anos de idade.

[149] *Leading case*: RE 778.889, rel. Min. Roberto Barroso, j. 10.03.2016, DJe 01.08.2016.

Por fim, ao Defensor Público será concedida licença-paternidade (art. 145) em dois casos:

a) nascimento de filho ou
b) adoção conjunta de menor.

A licença-paternidade, nestas duas hipóteses, terá o prazo de cinco dias, contados da data do nascimento ou da expedição do termo de guarda para fim de adoção ou do termo de adoção, conforme o caso. A licença-paternidade é prorrogada por mais 15 dias, totalizando 20, nos termos do art. 2º, da Lei federal 11.170/2008.

Acerca da filiação monoparental, o Supremo Tribunal Federal já decidiu que "À luz do art. 227 da CF, que confere proteção integral da criança com absoluta prioridade e do princípio da paternidade responsável, a licença maternidade, prevista no art. 7º, XVIII, da CF/88 e regulamentada pelo art. 207 da Lei 8.112/1990, estende-se ao pai genitor monoparental." (tese fixada no Tema 1.182 da repercussão geral). Eis a ementa do acórdão do *leading case* do tema:

> **RECURSO EXTRAORDINÁRIO COM REPERCUSSÃO GERAL. SERVIDOR PÚBLICO FEDERAL. GENITOR MONOPARENTAL DE CRIANÇAS GÊMEAS GERADAS POR MEIO DE TÉCNICA DE FERTILIZAÇÃO IN VITRO E GESTAÇÃO POR SUBSTITUIÇÃO ("BARRIGA DE ALUGUEL"). DIREITO AO BENEFÍCIO DE SALÁRIO-MATERNIDADE PELO PRAZO DE 180 DIAS. 1. Não há previsão legal da possibilidade de o pai solteiro, que optou pelo procedimento de fertilização in vitro em "barriga de aluguel", obter a licença-maternidade.**
>
> **2. A Constituição Federal, no art. 227, estabelece com absoluta prioridade a integral proteção à criança. A *ratio* dos artigos 6º e 7º da CF não é só salvaguardar os direitos sociais da mulher, mas também efetivar a integral proteção ao recém-nascido.**
>
> **3. O art. 226, § 5º, da Lei Fundamental estabelece que os direitos e deveres referentes à sociedade conjugal são exercidos igualmente pelo homem e pela mulher, não só em relação à sociedade conjugal em si, mas, sobretudo, no que tange ao cuidado, guarda e educação dos filhos menores.**

4. A circunstância de as crianças terem sido geradas por meio fertilização *in vitro* e utilização de barriga de aluguel mostra-se irrelevante, pois, se a licença adotante é assegurada a homens e mulheres indistintamente, não há razão lógica para que a licença e o salário -maternidade não seja estendido ao homem quando do nascimento de filhos biológicos que serão criados unicamente pelo pai. Entendimento contrário afronta os princípios do melhor interesse da criança, da razoabilidade e da isonomia.
5. A Nota Informativa SEI nº 398/2022/ME, e Nota Técnica SEI nº 18585/2021/ME, emitidas pela Secretaria de Gestão e Desempenho de Pessoal do Ministério da Economia, trazidas aos autos pelo INSS, informam que "'em consonância com a proteção integral da criança', a Administração Pública federal reconhece 'o direito, equivalente ao prazo da licença à gestante a uma das pessoas presentes na filiação, independente de gênero e estado civil, desde que ausente a parturiente na composição familiar do servidor'".
6. As informações constantes nas aludidas Notas emitidas pelo Ministério da Economia apenas confirmam que o entendimento exposto no voto acompanha a compreensão que esta CORTE tem reiteradamente afirmado nas questões relativas à proteção da criança e do adolescente, para os quais a atenção e o cuidado parentais são indispensáveis para o desenvolvimento saudável e seguro.
7. Recurso Extraordinário a que se nega provimento. Fixada, para fins de repercussão geral, a seguinte tese ao Tema 1182: "À luz do art. 227 da CF que confere proteção integral da criança com absoluta prioridade, bem como do princípio da isonomia de direitos entre o homem e a mulher (art. 5º, I, CF), a licença maternidade, prevista no art. 7º, XVIII, da CF/88, e regulamentada pelo art. 207 da Lei 8.112/1990, estende-se ao pai, genitor monoparental, servidor público."
(RE 1.348.854, rel. Min Alexandre de Moraes, j. 12.05.2022, DJe 24.10.2022)

Frise-se que todas as licenças examinadas neste item serão computadas como tempo de efetivo exercício, nos moldes do art. 157, inciso V.

6.8.5 *Licença-Prêmio*

O art. 146 institui a chamada licença-prêmio, que é concedida aos membros da Defensoria Pública do Estado, a cada cinco anos de ininterrupto e efetivo exercício no serviço público estadual. A licença consiste em 90 dias de prêmio por assiduidade, durante os quais o Defensor em licença permanece com todos os direitos e vantagens do cargo, observadas as disposições da legislação estadual pertinente. O seu prazo, ademais, é tido como efetivo exercício, conforme o art. 157, inciso VI.

Note que o prazo de cinco anos tido como pressuposto da licença-prêmio é contado não só no exercício do cargo de Defensor Público, como também pode ser aproveitado tempo anterior no serviço estadual[150], desde que entre um cargo de outro (ou outros) não tenha tido nenhum intervalo de tempo (o efetivo exercício deve ser ininterrupto).

6.8.6 *Licença para tratar de interesses particulares*

A Lei Complementar 988/06 possibilita ao membro da carreira que tenha, no mínimo, três anos de efetivo exercício, goze de licença para tratar de interesses particulares, mediante prévia aprovação do Conselho Superior. Durante esta licença, a Defensora ou Defensor afastado não fará jus aos seus vencimentos.

O tempo da licença depende do requerimento do interessado e da aprovação do Conselho, porém não poderá nunca ultrapassar o prazo máximo de dois anos, ressaltando-se que idêntica licença só será deferida após decorridos cinco anos do término da anterior.

Não se trata de direito subjetivo público da Defensora ou Defensor Público, vez que o art. 147, § 2º autoriza o indeferimento do pleito quando for inconveniente ao interesse do serviço público prestado pela Defensoria Pública do Estado de São Paulo.

Saliente-se que o tempo no gozo deste afastamento não será computável como tempo de serviço para qualquer efeito, não sendo computável, e.g., como tempo de serviço para promoção ou remoção a pedido (art. 148).

[150] Vale observar que o art. 6º, da Lei Complementar estadual n. 1.366, de 23 de dezembro de 2021, dispõe o seguinte: "Computar-se-á como tempo de serviço, para todos efeitos legais, exceto aposentadoria e disponibilidade, aos membros da Carreira de Defensor Público, o de efetivo exercício de advocacia, devidamente comprovado, até o máximo de 5 (cinco) anos, desde que não desempenhado cumulativamente com qualquer função pública.".

6.8.7 *Licença para tratar de filho com necessidades especiais*

Esta licença, prevista no art.149 autoriza a Defensora ou Defensor Público, quando pai, mãe ou responsável legal por pessoa com necessidades especiais sob tratamento, a comparecer ao serviço em um só turno, pelo prazo máximo de 6 (seis). Note que tal licença não demanda paternidade ou maternidade, pois se estende à condição de responsável por pessoa com deficiência, na forma disciplinada pelo Conselho Superior.

Há uma limitação temporal para usufruir esta licença, na medida em que o prazo de seis meses poderá ser renovado por igual período, uma única vez, a critério do Conselho Superior.

6.9 Afastamentos

De outro lado, a Lei Complementar Estadual 988/06 estabelece hipóteses de afastamentos aos membros da carreira de Defensora ou Defensor Público do Estado.

As licenças acima estudadas são concedidas se presentes pressupostos de ordem médica, psicológica, social e emocional que as justifiquem.

Os afastamentos, ao contrário, configuram autorizações para deixar, temporariamente, de exercer suas atribuições a fim de que a pessoa afastada possa exercer outro cargo, função ou participar de atividades que guardem sintonia com as atribuições institucionais.

Cabe frisar que "o período de afastamento será considerado de efetivo exercício para todos os efeitos legais, exceto para remoção e promoção por merecimento" (art. 150, § 3º).

Confira, na tabela abaixo, os casos de afastamentos autorizados por lei, bem como as peculiaridades de cada um deles.

TIPO DE AFASTAMENTO (Incisos do art. 150)	DEPENDE DE PRÉVIA AUTORIZAÇÃO DO CONSELHO SUPERIOR?	HÁ PREJUÍZO DA RETRIBUIÇÃO PECUNIÁRIA?	PODE OCORRER DURANTE O ESTÁGIO PROBATÓRIO
I - exercer mandato eletivo	NÃO	Conforme regulamentação do Conselho Superior	SIM
II - exercer cargo de Ministro de Estado ou de Secretário de Estado	SIM	Conforme regulamentação do Conselho Superior	NÃO
III - exercer outro cargo, emprego ou função, com atribuições que guardem afinidade com as da Defensoria Pública do Estado, na administração direta, autárquica e fundacional do Estado	SIM	Conforme regulamentação do Conselho Superior	NÃO
IV - exercer cargo de assessoramento junto aos Tribunais Superiores	SIM	Conforme regulamentação do Conselho Superior	NÃO
V - estudo ou missão, no interesse da Defensoria Pública do Estado, no país ou no exterior, após cumprido o estágio probatório, pelo prazo máximo de 2 (dois) anos	NÃO	Conforme regulamentação do Conselho Superior	NÃO
VI - participação em congressos e outros certames científicos de interesse da instituição	SIM	NÃO	SIM
VII - exercer mandato em entidade de classe de Defensor Público, desde que atendidos os requisitos legais	NÃO	NÃO	NÃO
VIII - concorrer a mandato eletivo, nos termos da legislação eleitoral	NÃO	NÃO	SIM

CAPÍTULO 7
DOS DIREITOS E DEVERES

7.1 Introdução

O presente Capítulo apreciará o Título IV da Lei Complementar Estadual n. 988/06, denominado "Dos Direitos e Deveres do Defensor Público". Vale ressaltar que o Título IV disciplina não somente direitos e deveres, como também garantias, prerrogativas, proibições e impedimentos, conceitos que não se confundem, conforme se verifica no quadro a seguir[151]:

Direitos	Faculdades outorgadas a alguém, em virtude das quais se atribui a cada um o que é seu
Deveres	Vínculos que geram a necessidade jurídica de ser cumprido aquilo a que se é obrigado
Garantias	Seguranças firmadas legalmente visando a dar proteção e independência a certas funções públicas, em benefício do interesse público
Prerrogativas	Vantagens, imunidades ou primazias que decorrem do cargo público, em benefício ou em proveito do exercício de suas atribuições
Proibições	Oposições formais para que se faça ou se execute aquilo que está consignado na regra proibitória
Impedimentos	Causas de afastamento de uma autoridade do exercício de seu cargo ou função, por determinação de lei

[151] As definições foram extraídas de SILVA, De Plácido e. *Vocabulário Jurídico.* 21ª ed. Rio de Janeiro: Forense, 2003 e de COSTA, Nelson Nery. *Manual do Defensor Público.* 1ª ed. Rio de Janeiro, GZ Editora, 2010.

Como não poderia deixar de ser, "não há hierarquia ou subordinação entre Defensores Públicos, membros do Ministério Público, magistrados e advogados, devendo todos tratar-se com consideração e respeito recíprocos" (art. 158).

Ressalte-se que os direitos, garantias e prerrogativas vinculam-se ao exercício das atribuições próprias do cargo, de maneira a tornar invioláveis os atos e manifestações dos membros da Defensoria Pública (art. 159).

7.2 Garantias

As garantias são **mecanismos especiais de proteção** conferidos pela lei ao integrante da carreira. Destinam-se a assegurar o pleno exercício de suas atribuições, a fim de que a finalidade da Defensoria Pública do Estado de São Paulo (tutela jurídica integral e gratuita dos necessitados) seja efetivamente atingida. Buscam, em última análise, conferir **independência na atuação** da Defensora ou Defensor Público[152].

A relevância[153] das atribuições institucionais enseja a previsão das garantias, que servem de anteparo ao membro da Defensoria Pública para que possa exercer suas funções de maneira independente. Por esse motivo, as garantias não são passíveis de disposição ou dispensa por parte dos Defensores Públicos do Estado[154]. Elas estão listadas no art. 160 da LCE 988/06:

> **Artigo 160 – São garantias dos membros da Defensoria Pública do Estado:**
> **I – independência funcional no desempenho de suas atribuições;**
> **II – inamovibilidade, ressalvada a aplicação da remoção compulsória;**

[152] Cf., analogicamente: SILVA, José Afonso da. *Curso de Direito Constitucional Positivo.* 33ª ed. São Paulo: Malheiros, p. 588-591.

[153] Anote-se que a Defensoria Pública é instituição essencial à função jurisdicional do Estado, circunstância que impõe a adoção de garantias constitucionais a seus membros. Não bastasse isso, a Organização dos Estados Americanos (OEA) editou a Resolução n. 2.656/2011, que recomendou, expressamente, aos seus Estados membros que "já disponham do serviço de assistência jurídica gratuita que adotem medidas que garantam que os defensores públicos oficiais gozem de independência e autonomia funcional".

[154] Tais conclusões, inicialmente vinculadas aos membros do Ministério Público (v. BRANCO, Paulo Gustavo Gonet; COELHO, Inocêncio Mártires; MENDES, Gilmar Ferreira. *Curso de Direito Constitucional.* 4ª ed. São Paulo: 2009, p.1.040-1.041), aplicam-se à Defensoria Pública, por ostentar as mesmas garantias, à exceção da vitaliciedade.

III – irredutibilidade de vencimentos;
IV – estabilidade.

A **independência funcional** prevista no art. 160, inciso I, configura **garantia intelectual** do membro da carreira, assegurando-lhe a liberdade de atuação jurídico-processual para a melhor tutela do interesse do usuário. Torna a atuação da Defensora ou Defensor Público imune a pressões, autorizando-lhe a agir do modo que entenda mais eficiente e eficaz à consecução do acesso à justiça dos usuários.

Cabe lembrar que a independência funcional também ostenta a natureza jurídica de princípio institucional, o que foi examinado no Capítulo 3. A independência funcional apresenta, portanto, **dupla faceta**: é princípio institucional (art. 4º) e garantia dos membros da carreira (art. 160, inciso I)[155]. Cabe ressaltar que a Defensoria Pública é o instrumento de efetivação do direito fundamental à assistência jurídica integral e gratuita, de modo que a garantia da independência funcional possibilita a liberdade de atuação para o exercício mais efetivo possível das atribuições institucionais (em ações individuais e na tutela coletiva). Corolário natural da independência funcional é a plena possibilidade de demandar o Poder Público, do qual a Defensora ou Defensor Público faz parte.

Tal **natureza dúplice** reforça a importância da independência funcional na conformação institucional da Defensoria Pública do Estado de São Paulo.

É importante lembrar das teses institucionais formuladas nos Encontros Estaduais e que o seu caráter vinculante não mitiga a independência funcional[156]. Com efeito, a independência funcional não pode se desvirtuar em anarquia, até porque o modelo público de assistência jurídica integral e gratuita demanda a observância dos preceitos adminis-

[155] Lembrando que a LC 80/94 também confere esta natureza dúplice à independência funcional (arts. 3º e 127, I), Paulo Galliez, comentando as garantias do cargo, assevera que "é razoável admitir-se tais garantias como desdobramentos do princípio institucional da independência funcional, já que o legislador considera-o simultaneamente princípio e garantia" (GALLIEZ, Paulo Cesar Ribeiro. *Princípios Institucionais da Defensoria Pública.* 5ª. ed. São Paulo: Lumen Juris, 2010, p. 54).

[156] Veja, a propósito, o item 3.4. Sobre a relação das teses institucionais e a independência funcional, confira-se: PRETI, Bruno del. *Princípios e Atribuições da Defensoria Pública.* 2ª ed. São Paulo: Juspodivm, 2021, p. 276/278.

trativos e funcionais emanados dos órgãos superiores. O serviço público prestado pela Defensoria é institucionalizado, o que remete à noção de atuação orgânica. Ademais, a necessária eficiência do serviço público justifica a conformação da independência funcional às teses democraticamente eleitas pela carreira.

A eficiência administrativa, ademais, constitui um dos fundamentos para a litigância estratégica da Defensoria Pública em matéria de precedentes qualificados[157]. Com efeito, visando garantir cada vez mais o protagonismo da Defensoria Pública do Estado de São Paulo na fixação de teses nos tribunais superiores no âmbito da sistemática de precedentes qualificados, bem como a implementação interna destas orientações vinculantes, foi instituído o Comitê de Precedentes Qualificados, por meio do Ato Normativo DPG 216, de 02 de junho de 2022. Referida atuação, marcada pelo caráter estratégico, visa garantir segurança jurídica e previsibilidade aos atendimentos prestados pela instituição[158], à luz dos temas julgados pelos tribunais superiores, bem como institucionaliza um *locus* adequado à atuação voltada à fixação de teses em consonância com os princípios e atribuições da instituição, sem que haja flexibilização da independência funcional.

De outro vértice, note que a independência funcional **é sempre interna à Instituição**, seja do ponto de vista de princípio institucional, seja sob o ângulo da garantia do órgão de execução ou atuação. Externamente, a Defensoria Pública se relaciona com os outros Poderes, órgãos e entidades públicas pautada pela autonomia funcional, que é garantia institucional dada pela Constituição Federal (art. 134, § 1º) à Instituição como um todo (Defensoria Pública). Sua atuação externa, assim, é conduzida à luz da **autonomia funcional** (confira o item 1.3.3.2). A independência funcional, por sua vez, se desenvolve e se aplica internamente.

A **inamovibilidade** é garantia com expressa previsão constitucional (art. 134, § 1º) e garante ao integrante da carreira a impossibilidade de ser retirado de seu cargo, a não ser que assim deseje (remoção voluntária) ou caso seja apenado com a sanção de remoção compulsória. Assim, tem a Defensora ou Defensor a garantia de permanecer no seu cargo, a

[157] Vide arts. 926 a 928, do Código de Processo Civil.

[158] Vide, a propósito: Delchiaro, Mariana Tonolli Chiavone e Maia, Maurilio Casas (orgs). *Acesso à Justiça em contexto de litigância repetitiva*. São Paulo: D'Plácido, 2022.

fim de que sua atuação seja isenta, não se sujeitando a qualquer tipo de pressão que possa inibir ou conformar a sua atuação. Somente por vontade própria pode ela ou ele ser removido para outro cargo vago (remoção voluntária). Assegura-se ao órgão de execução a atuação que julgar mais conveniente à tutela dos hipossuficientes, sem que tenha receio, por exemplo, de ser removido para uma comarca distante, como meio de punição em virtude da sua conduta profissional. Excepciona-se a hipótese de remoção compulsória, que é penalidade disciplinar, aplicável "quando a falta praticada, pela sua gravidade e repercussão, tornar incompatível a permanência do faltoso no órgão de atuação de sua lotação" (art. 177, inciso III). A figura da remoção compulsória é sanção disciplinar e, portanto, sua aplicação depende de processo administrativo com observância do contraditório e ampla defesa, não se confundindo com uma remoção imotivada, com viés de pressão indevida.

A **irredutibilidade dos vencimentos** é garantia de todos os servidores públicos, na forma do art. 37, inciso XV, da Constituição da República e é reiterada expressamente no art. 160 da LCE 988/06 como garantia dos membros da Defensoria Pública. Protege-se a remuneração dos membros da carreira, vedando a edição de ato legislativo ou administrativo que reduza a remuneração pecuniária. Obviamente, ressalvam-se os descontos obrigatórios por força de lei, como, por exemplo, a incidência de Imposto sobre a Renda e contribuição previdenciária.

A **estabilidade** também é qualidade de todo servidor público efetivo, adquirida após o decurso do período de estágio probatório (3 anos), nos termos do art. 41 da Constituição Federal. A estabilidade garante a impossibilidade de perda do cargo após a confirmação na carreira, a não ser por sentença judicial ou decisão proferida em processo administrativo disciplinar, no qual se assegurará a ampla defesa (art. 161 da LCE 988/06).

7.3 Prerrogativas

Prerrogativas são vantagens que certos cargos públicos detêm, em função da necessidade de resguardo da atuação de seus ocupantes, com vistas a garantir a plena consecução dos objetivos dos respectivos cargos. A Defensora ou Defensor Público, na qualidade de agente público de transformação social, tem prerrogativas que se justificam para que tenha condições propícias à satisfação do direito fundamental à assistência jurídica integral e gratuita aos necessitados. Vale ressaltar que se a Constituição prevê o direito fundamental (art. 5º, inciso LXXIV) e a Instituição que instrumentaliza a sua operacionalização (art. 134), não poderia deixar a legislação infraconstitucional de prever prerrogativas destinadas aos seus membros para que cumpram o seu mister constitucional (arts. 162 e 163 da LCE 988/06). Em suma, as prerrogativas **são consequências naturais da independência funcional** de que se revestem a Instituição (princípio) e os seus membros (garantia).

Segundo o Supremo Tribunal Federal, **"a Defensoria Pública tem a garantia de estar em juízo para defesa de suas prerrogativas e funções institucionais, não se mostrando necessário, nessa hipótese, que sua representação judicial fique a cargo da Advocacia-Geral da União"** (SL 866 AgR, rel. min. Dias Toffoli, j. 13-9-2019, P, DJE de 2-10-2019).

O art. 162 da LCE 988/06 estabelece as prerrogativas dos membros da Defensoria Pública do Estado de São Paulo, sem excluir aquelas definidas na legislação federal, ou seja, aquelas previstas na LC 80/94, que trata das normas gerais a serem observadas por todas as Defensorias Públicas estaduais.

Esse sistema permite a conjugação de prerrogativas arroladas na legislação estadual (no caso do Estado de São Paulo, na LCE 988/06) e na legislação federal (art. 128 da LC 80/94), instituindo um **sistema complementar de prerrogativas**. É certo que muitas das prerrogativas indicadas nas duas leis são similares ou mesmo repetidas. Há, porém, algumas que não guardam correspondência entre as duas leis. É o caso, por exemplo, da prerrogativa conferida ao órgão de execução pelo art. 128, inciso XV, da LC 80/94 ("ser ouvido como testemunha, em qualquer processo ou procedimento, em dia, hora e local previamente ajustados com a autoridade competente"), que não tem disposição equivalente na LCE 988/06. Do mesmo modo, a possibilidade de o Defensor Público do Estado de São Paulo "solicitar, quando necessário, o auxílio e a colaboração das autoridades públicas para o desempenho de suas funções" (art. 162, inciso V, da LCE 988/06) não é regra geral aplicável a todas as demais Defensorias estaduais, à míngua de previsão específica na LC 80/94.

Examinemos, pois, em primeiro lugar, o rol de prerrogativas instituído no art. 162 da LCE 988/06, anotando as disposições similares ou idênticas no art. 128 da LC 80/94. Após, trataremos das prerrogativas disciplinadas unicamente na lei federal, aplicáveis, contudo, às Defensoras e Defensores paulistas por força do *caput* do art. 162 da LCE 988/06.

I – usar vestes talares e as insígnias privativas da Defensoria Pública.

Vestes talares são vestimentas solenes, cerimoniais, indicativas da posição de destaque ocupada pela pessoa que as usa. No caso dos membros da instituição, a veste talar típica é a beca. Insígnias significam "todo sinal ou emblema distintivo de posto, ofício, honra, dignidade, nobreza"[159]. Tal prerrogativa também se encontra disciplinada na LC 80/94 (art. 128, inciso IV).

II – examinar, em qualquer órgão da administração pública estadual, autos de processos findos ou em andamento, mesmo sem procuração, quando não estejam sujeitos a sigilo, assegurada a obtenção de cópias, podendo, ainda, tomar apontamentos.

Possibilita-se ao órgão de execução e atuação o exame pessoal de autos de processos, encerrados ou não, no âmbito da administração pública estadual. Essa prerrogativa pode ser invocada para o exame de autos de inquérito policial em que figure algum usuário da Defensoria como investigado ou indiciado.

A dispensa da procuração, na espécie, não revela qualquer significado especial, uma vez que os Defensores Públicos, integrando Instituição pública, não têm, a princípio, a sua atuação condicionada à outorga de mandato pelo interessado, conforme veremos abaixo, no comentário ao inciso VI deste artigo 162. A prerrogativa em tela não alcança autos de procedimentos administrativos que tramitem sob sigilo.

A presente prerrogativa guarda sintonia com aquela do art. 128, inciso VIII, da LC 988/06 ("examinar, em qualquer repartição pública, autos de flagrantes, inquéritos e processos, assegurada a obtenção de cópias e podendo tomar apontamentos"), cabendo ser observada, em qualquer caso, a Súmula Vinculante 14 do STF[160].

[159] SILVA, De Plácido e. *Vocabulário Jurídico*. 21ª ed. Rio de Janeiro: Forense, 2003, p. 436.

[160] "É direito do defensor, no interesse do representado, ter acesso amplo aos elementos de prova que, já documentados em procedimento investigatório realizado por órgão com competência de polícia judiciária, digam respeito ao exercício do direito de defesa".

III – manifestar-se em autos administrativos por meio de cota.

A presente prerrogativa também está disciplinada no art. 128, inciso IX da LC 80/94, que estende a prerrogativa em questão à manifestação em autos processuais. De fato, a competência para legislar sobre direito processual é da União (art. 22, inciso I, da CF/88), motivo pelo qual a Lei Complementar Estadual n. 988/06 não poderia mesmo dispor sobre norma atinente à forma dos atos processuais.

Pode o órgão de execução manifestar-se por cota, ou seja, em escrito de próprio punho em folhas que já integrem os autos do processo físico. Em se tratando de processo digital, a prerrogativa em tela se materializa pela possibilidade de manifestação singela no feito, sem o formato de petição. Em suma, a medida visa a facilitar o trabalho, vez que dispensa a manifestação processual por meio de petição. Ressalvam-se, obviamente, as peças processuais que exigem a forma de petição (petição inicial, defesas, recursos etc.). As cotas, portanto, estão destinadas às manifestações mais singelas.

Cabe observar que os advogados não detêm a prerrogativa em questão (mesmo aqueles que patrocinem partes beneficiárias da justiça gratuita), razão pela qual todas as suas manifestações devem vir aos autos por meio de petição.

IV – requisitar, a quaisquer órgãos públicos estaduais, exames, certidões, cópias reprográficas, perícias, vistorias, diligências, processos, documentos, informações, esclarecimentos e demais providências necessárias ao exercício de suas atribuições, podendo acompanhar as diligências requeridas.

O verbo "requisitar" tem o significado técnico-jurídico de exigir, "é a exigência legal ou a ordem emanada de autoridade para que se cumpra, para que se faça ou para que se preste o que é exigido, ordenado ou pedido"[161].

A medida decorre da missão institucional da Defensoria Pública, que age na busca de se garantir assistência jurídica integral e gratuita. A integralidade do serviço exige mesmo que se confira ao órgão de

[161] Silva, De Plácido e. *Vocabulário Jurídico*. 21ª ed. Rio de Janeiro: Forense, 2003, p. 706.

execução ou atuação o **poder de requisição**, objeto deste inciso. Vale registrar que o texto constitucional não se contenta com a mera assistência judiciária, incumbindo à Defensoria Pública atribuições mais amplas do que a simples representação processual em juízo. Essa amplitude das atribuições, aliada aos fundamentos de atuação da Defensoria Pública paulista, justifica a previsão do poder de requisição da Defensora ou Defensor Público.

Tal poder pode ser exercido em face de órgãos públicos estaduais e tem por objeto a realização de exames, certidões, cópias reprográficas, perícias, vistorias, diligências, processos, documentos, informações, esclarecimentos. Veja que esta prerrogativa é compatível com a legitimidade da Defensoria Pública para o ajuizamento de ações civis públicas, vez que o exercício da tutela coletiva de direitos metaindividuais impõe a colheita de elementos para a formação da convicção acerca do cabimento ou não de alguma medida judicial coletiva. O procedimento preparatório à propositura da ação coletiva comumente se vale das requisições asseguradas pela presente prerrogativa.

Cumpre assinalar que o descumprimento da requisição, além de ensejar a instauração de inquérito policial para apuração de eventual crime de desobediência, pode ser combatido pela impetração de mandado de segurança, com fundamento no art. 4º, inciso IX, da LC 80/1994, vez que a prerrogativa é direito líquido e certo da Defensora ou Defensor Público do Estado.

Importante salientar que, na LC 80/94 (art. 128, inciso X), o poder de requisição pode ser exigido de quaisquer autoridades públicas, e não somente de órgãos públicos estaduais, como dispõe a LCE 988/06. Assim, considerando que a redação do art. 128, inciso X, da LC 80/94 foi conferida pela LC 132/09 (ou seja, é posterior à LCE 988/06), tem-se que os Defensores Públicos estaduais (incluindo os paulistas) gozam da prerrogativa de requisitar perícias, vistorias, diligências, processos, documentos, informações, esclarecimentos etc. de qualquer autoridade pública federal, estadual ou municipal.

O Supremo Tribunal Federal chancelou a constitucionalidade do poder de requisição no julgamento da ADI 6.852, cujo acórdão restou assim ementado:

> **AÇÃO DIRETA DE INCONSTITUCIONALIDADE. DIREITO CONSTITUCIONAL E OUTRAS MATÉRIAS DE DIREITO PÚBLICO.**

DEFENSORIA PÚBLICA. LEI COMPLEMENTAR 80/1994. PODER DE REQUISIÇÃO. GARANTIA PARA O CUMPRIMENTO DAS FUNÇÕES INSTITUCIONAIS. GARANTIA CONSTITUCIONAL DE ASSISTÊNCIA JURÍDICA INTEGRAL E EFETIVA. ADI 230/RJ. ALTERAÇÃO DO PARÂMETRO DE CONTROLE DE CONSTITUCIONALIDADE. ADVENTO DA EC 80/2014. AUTONOMIA FUNCIONAL E ADMINISTRATIVA DAS DEFENSORIAS. IMPROCEDÊNCIA.
1. O poder atribuído às Defensoria Públicas de requisitar de qualquer autoridade pública e de seus agentes, certidões, exames, perícias, vistorias, diligências, processos, documentos, informações, esclarecimentos e demais providências necessárias ao exercício de suas atribuições, propicia condições materiais para o exercício de seu mister, não havendo falar em violação ao texto constitucional.
2. A concessão de tal prerrogativa à Defensoria Pública constitui verdadeira expressão do princípio da isonomia e instrumento de acesso à justiça, a viabilizar a prestação de assistência jurídica integral e efetiva.
3. Não subsiste o parâmetro de controle de constitucionalidade invocado na ADI 230/RJ, que tratou do tema, após o advento da EC 80/2014, fixada, conforme precedentes da Corte, a autonomia funcional e administrativa da Defensoria Pública.
4. Ação Direta de Inconstitucionalidade julgada improcedente.
(ADI 6.852, rel. Min. Edson Fachin, j. 21.02.2022, DJe 29.03.2022)

Colhe-se do voto do relator os principais fundamentos do julgado:

Para além da topografia constitucional, entendo que as funções desempenhadas pelo defensor público e pelo advogado não se confundem, ainda que em determinadas situações se aproximem. O defensor público não se confunde com o advogado dativo, não é remunerado como este e tampouco está inscrito nos quadros da Ordem dos Advogados do Brasil. Ainda, sua atuação está sujeita aos ditames do art. 134 da Constituição Federal e à própria instituição que integra, não se pautando exclusivamente pelo interesse pessoal do assistido, como o faz o advogado.
Ainda mais relevante que as diferenças exemplificativas citadas acima, entendo que a missão institucional da Defensoria Pública na

promoção do amplo acesso à justiça e na redução das desigualdades, impede a aproximação pretendida pelo requerente com a Advocacia. Nesse sentido, assim como ocorre com o Ministério Público, igualmente legitimado para a proteção de grupos vulneráveis, os poderes previstos à Defensoria Pública, seja em sede constitucional – como a capacidade de se autogovernar – ou em âmbito infraconstitucional – como a prerrogativa questionada de requisição- foram atribuídos como instrumentos para a garantia do cumprimento de suas funções institucionais.

(...)

Assim, ao conceder tal prerrogativa aos membros da Defensoria Pública, o legislador buscou propiciar condições materiais para o exercício de seu mister, não havendo que se falar em qualquer espécie de violação ao texto constitucional, mas ao contrário, em sua densificação.

(...)

Entendo, portanto, que assim como ocorre com o Ministério Público, a prerrogativa de requisição atribuída aos membros da Defensoria Pública apenas corrobora para que a instituição cumpra sua missão constitucional, ao viabilizar o acesso facilitado e célere da coletividade e dos hipossuficientes à documentos, informações e esclarecimentos.

(...)

O poder de requisitar de qualquer autoridade pública e de seus agentes, certidões, exames, perícias, vistorias, diligências, processos, documentos, informações, esclarecimentos e demais providências necessárias ao exercício de suas atribuições, foi atribuído aos membros da Defensoria Pública porque eles exercem, e para que continuem a exercer de forma desembaraçada, uma função essencial à Justiça e à democracia, especialmente, no tocante, a sua atuação coletiva e fiscalizadora.

(...)

Considero a concessão de tal prerrogativa aos membros da Defensoria Pública como verdadeira expressão do princípio da isonomia, e instrumento de acesso à justiça, a viabilizar a prestação de assistência jurídica integral e efetiva, nos temos do art. 5º, XXXV e LXXIV, da Constituição Federal.

V – solicitar, quando necessário, o auxílio e a colaboração das autoridades públicas para o desempenho de suas funções.

Trata-se de desdobramento da prerrogativa do inciso IV. Veja, porém, que o verbo empregado é "solicitar", que não tem o sentido de exigir, inerente ao verbo "requisitar".

VI – atuar na defesa de interesses ou direitos individuais, difusos, coletivos ou individuais homogêneos, em processo administrativo, independentemente de mandato, ressalvados os casos para os quais a lei exija poderes especiais.

A prerrogativa em apreço é a atuação independentemente de mandato, também disciplinada no art. 128 da LC 80/94 (inciso XI).

Mandato é o contrato pelo qual "alguém recebe de outrem poderes para, em seu nome, praticar atos ou administrar interesses. A procuração é o instrumento do mandato" (art. 653 do Código Civil). No âmbito processual, tem-se que o advogado somente é admitido a atuar em juízo mediante a apresentação de procuração outorgada pelo seu cliente (art. 104 do Código de Processo Civil).

Verifica-se, pois, que o mandato ocorre sobretudo em relações entre particulares, até por ostentar a natureza jurídica de contrato.

No entanto, a pessoa assistida pela Defensoria Pública se vale de serviço público de assistência jurídica integral e gratuita, de onde se extrai a desnecessidade de mandato.

O mandato, instrumentalizado pela procuração, representa a contratação de advogado de confiança do autor ou réu, que entabulam direitos e obrigações em uma relação privada.

A assistência prestada pela Defensoria é pública, sendo certo que **a parte é representada pela Instituição (e não por uma Defensora ou Defensor em específico)**, como prescrevem os princípios da unidade e da indivisibilidade (veja Capítulo 3). Incompatível, assim, o instituto do mandato com o modelo público de assistência jurídica às pessoas hipossuficientes. O caráter público do serviço prestado torna desnecessária a outorga de mandato, até porque a atuação é da Instituição e não de um de seus membros em particular[162].

[162] Examinada a questão sob outro ângulo, é lícito dizer que a dispensa de mandato para a atuação em juízo ou fora dele se justifica também pelo fato de a Defensoria Pública

"Este é um dos aspectos que diferenciam o Defensor Público do Advogado, devido à sua participação como agente político do Estado, sem qualquer vinculação com interesses particulares envolvendo contrato de honorários utilizados pelos advogados"[163].

Ressalte-se que a dispensa de mandato, como não poderia deixar de ser, se aplica à atuação judicial (individual ou coletiva) e extrajudicial da Defensoria Publica, alcançando, portanto, a atuação em procedimentos administrativos.

Há, porém, uma exceção: os casos em que a lei exige poderes especiais para agir em juízo.

O art. 105 do Código de Processo Civil exige do profissional com capacidade postulatória[164] procuração com poderes especiais para alguns atos: receber citação inicial, confessar, reconhecer a procedência do pedido, transigir, desistir, renunciar ao direito sobre o qual se funda a ação, receber, dar quitação, firmar compromisso e assinar declaração de hipossuficiência econômica. Para esses atos, é necessário que o integrante da Defensoria Pública tenha instrumento escrito, subscrito pelo usuário, conferindo à Instituição um, alguns ou todos os poderes especiais acima listados.

Do mesmo modo, o art. 44 do Código de Processo Penal exige, para o oferecimento de queixa-crime, procuração com poderes especiais, conferida pelo querelante à Defensora ou Defensor Público, se por ele proposta a ação penal privada[165].

apresentar atribuições que extrapolam a mera representação judicial da pessoa necessitada. Veja, por exemplo, a atribuição concernente à educação em direitos: é dever da Defensora ou Defensor agir ativamente, dirigindo-se à população, a fim de promover a difusão e a conscientização dos direitos humanos, da cidadania e do ordenamento jurídico. Essa conduta ativa do membro da instituição é absolutamente incompatível com a outorga de mandato.

[163] GALLIEZ, Paulo Cesar Ribeiro. *Princípios Institucionais da Defensoria Pública.* 5ª ed. São Paulo: Lumen Juris, 2010, p. 74.

[164] Como examinado anteriormente, a capacidade postulatória do membro da Defensoria Pública decorre exclusivamente na nomeação e posse no cargo público, nos termos do art. 4º, § 6º, da LC 80/1994.

[165] O Código de Processo Penal prevê, esparsamente em seu texto, outros atos para os quais se exigem poderes especiais: exercício do direito de representação (art. 39), renúncia ao direito de queixa (art. 50), aceitação do perdão (arts. 55 e 59), arguição de suspeição (art. 98) e arguição de falsidade (art. 146).

Com efeito, a assistência jurídica gratuita prestada pela Defensoria ao seu usuário habilita o órgão de execução competente a praticar em juízo todos os atos processuais ordinários, valendo-se, inclusive, de sua independência funcional.

No entanto, caso haja necessidade de se praticar algum ato que exija poderes especiais (dar quitação, transigir etc.) a manifestação processual dependerá da apresentação de instrumento escrito pelo usuário (mandato), conferindo tais poderes à Defensoria Pública. Repare que eventual instrumento de mandato a ser outorgado nesses casos específicos **deve ser dado à Instituição como um todo** (Defensoria Pública) ante o princípio da unidade.

Vejamos um exemplo: imagine que, na audiência de que trata o art. 334 do Código de Processo Civil[166], o autor, representado pela Defensoria Pública, não comparece. O requerido, contudo, oferece proposta de transação. O órgão de execução que estiver na audiência, representando o autor, somente poderá se manifestar sobre a proposta de acordo (acolhendo-a ou rejeitando-a, no todo ou em parte) caso o usuário tenha conferido os respectivos poderes especiais à Defensoria Pública. No entanto, não será necessário o mandato caso a parte assistida pela Defensoria esteja na audiência e manifeste sua vontade sobre a proposta.

De fato, tratando-se de ato pessoal, pode ele ser praticado pela parte, sendo também assinado pela Defensora ou Defensor Público, que – não se pode olvidar – detém a capacidade postulatória.

Cabe observar, contudo, que os atos descritos no art. 105 do Código de Processo Civil podem ser validamente praticados pela Defensora ou Defensor Público desde que o usuário assine a peça processual correspondente, o que suprirá a apresentação de procuração com poderes especiais. Basta imaginar, e.g., o pedido de desistência da ação, fundado no art. 485, inciso VIII, do Código de Processo Civil. A petição é feita pelo órgão de execução e, desde que assinada conjuntamente pelo assistido, produz efeitos válidos, independentemente de prévia outorga de procuração com este poder especial.

166 Art. 334. Se a petição inicial preencher os requisitos essenciais e não for o caso de improcedência liminar do pedido, o juiz designará audiência de conciliação ou de mediação com antecedência mínima de 30 (trinta) dias, devendo ser citado o réu com pelo menos 20 (vinte) dias de antecedência.

Em realidade, raramente ocorre a exceção prevista no inciso em análise (outorga de procuração nos casos para os quais a lei exija poderes específicos), pois tais atos geralmente contam com a anuência expressa do usuário, seja verbalmente (aceitando acordo em audiência, e.g.) ou por escrito (desistindo da ação ou dando quitação de um débito, e.g.).

VII – deixar de patrocinar ação, quando manifestamente incabível ou inconveniente aos interesses da parte sob seu patrocínio, comunicando ao Defensor Público superior imediato as razões do seu proceder, podendo este, se discordar fundamentadamente das razões apresentadas, propor a ação ou designar outro Defensor Público para que o faça.

A prerrogativa de que ora cuidamos é consequência natural do **princípio da independência funcional**. Assegura-se ao órgão de execução deixar de patrocinar ação em dois casos:

a) **quando for manifestamente incabível**: a inadequação, aqui, é **jurídica**. Autoriza-se que a Defensora ou Defensor Público deixe de ajuizar demanda que for juridicamente inadequada. A inadequação decorre não somente da impossibilidade do pedido, como também da ausência das condições da ação (legitimidade *ad causam* e interesse de agir). Cabe ao órgão de execução que atender o usuário avaliar o grau de adequação técnica do interesse deduzido pelo assistido, para fins de denegação da pretensão em razão de inadequação jurídica.
b) **quando for inconveniente aos interesses da parte**: o motivo da denegação é fático, isto é, a demanda apresentada pelo usuário, se judicializada, poderá acarretar-lhe prejuízo, ao invés de benefício. A demanda, apesar de juridicamente possível, reverterá em danos ao usuário.

Denegado o atendimento em função dessas causas, institui a lei uma contrapartida em benefício do cidadão: a necessidade de imediata comunicação à Defensora ou Defensor Público superior acerca da denegação. Cuida-se de um verdadeiro "reexame necessário" da denegação pelo órgão superior. É lícito dizer, ademais, que tal reexame é **decorrência do princípio da unidade**, estudado no Capítulo 3.

No âmbito interno da Defensoria Pública do Estado de São Paulo, a questão se encontra regulamentada na Deliberação n. 89/2008 do seu Conselho Superior, que atribui ao Defensor Público-Geral a competência para o reexame de que trata o inciso VII deste art. 162. Nada impede haja a delegação desta atribuição às Subdefensorias Gerais ou mesmo às coordenações das Unidades ou Regionais.

A autoridade competente, analisando a denegação por motivo de inadequação jurídica ou inconveniência aos interesses da parte, poderá adotar uma de três soluções possíveis:

a) Concordar com a denegação, mantendo-a;
b) Propor pessoalmente a ação, ou
c) Designar outro órgão de execução para que a proponha.

VIII – ter o mesmo tratamento reservado aos demais titulares dos cargos atinentes às funções essenciais à justiça.

Esta prerrogativa, também estabelecida como norma geral aplicável a todas as Defensorias Públicas Estaduais (art. 128, inciso XIII, da LC 80/94), se justifica, além do dever de urbanidade, pela necessária paridade que deve haver entre as Instituições que compõem o Sistema de Justiça.

IX – agir, em juízo ou fora dele, com isenção de emolumentos, taxas e custas do foro judicial e extrajudicial, no exercício de suas funções.

O exercício das funções da Defensoria Pública do Estado de São Paulo está garantido pela prerrogativa de isenção de emolumentos, taxas e custas do foro judicial e extrajudicial.

Com efeito, a exigibilidade dessas verbas poderia acarretar sério empecilho ao perfeito exercício das atribuições institucionais, na medida em que o usuário não teria superados todos os obstáculos econômicos ao acesso à justiça. Não basta, pois, ser representado, em juízo ou fora dele, pela Defensoria Pública do Estado; é necessário que a pretensão tutelada (e eventualmente acolhida pelo Judiciário ou pela Administração Pública) seja efetivada sem o recolhimento de emolumentos, taxas e custas.

Cuida-se de prerrogativa dos membros da carreira que reverte, imediatamente, aos usuários dos serviços da Defensoria Pública.

X – dispor, em tribunais, fóruns e demais locais de funcionamento de órgãos judiciários, em estabelecimentos penais, nos destinados à internação de adolescentes e em delegacias de polícia, de instalações condignas e compatíveis com o exercício de suas funções, especialmente no que respeita ao atendimento público.

Busca-se assegurar a efetiva presença da Defensoria Pública em ambientes em que possa exercer as suas atribuições, em especial a de "atuar nos estabelecimentos policiais, penais e de internação, inclusive de adolescentes, visando a assegurar à pessoa, sob quaisquer circunstâncias, o exercício dos direitos e garantias individuais" (art. 5º, inciso VII).

Além disso, cabe observar que a carência econômica dos usuários da Defensoria Pública pode prejudicar o deslocamento entre prédios onde estejam situados órgãos jurisdicionais e Unidades da Defensoria Pública, o que revela a adequação de se garantir a presença de Defensoras e Defensores Públicos nos prédios de fóruns e tribunais. Com isso, garante-se o acesso à Defensoria, ainda que para simples informação, de pessoa que esteja em fórum ou tribunal para tratar de assunto de seu interesse.

XI – possuir carteira de identidade funcional, emitida pela Instituição, conforme modelo aprovado pelo Conselho Superior.

É prerrogativa dos membros da carreira provar a sua condição funcional pela apresentação de carteira funcional que, nos termos do art. 4º, § 9º da LC 80/94, "valerá como documento de identidade e terá fé pública em todo o território nacional".

XII – ter acesso amplo e irrestrito a todas as dependências de estabelecimentos penais, de internação de adolescentes e aqueles destinados à custódia ou ao acolhimento de pessoas, independente de prévio agendamento ou autorização, bem como comunicar-se com tais pessoas, mesmo sem procuração, ainda que consideradas incomunicáveis.

A prerrogativa em tela é um complemento daquela indicada no inciso "X" acima. Aquela assegura a existência de instalações nos edifícios que especifica. Esta, além disso, garante o acesso amplo e irrestrito a todas as dependências de estabelecimentos em que possa haver pessoa privada de sua liberdade. De fato, não bastaria a existência de sala em estabelecimento penal ou de internação de adolescente, caso o órgão de execução não pudesse ter acesso amplo e direto à pessoa custodiada.

Anote-se que o contato **independe de prévio agendamento ou autorização** e se estende até mesmo àquelas pessoas consideradas "incomunicáveis". A presente prerrogativa constitui representação legislativa da vontade de se garantir efetivo acesso à justiça e constitui ferramenta para o exercício de atribuições institucionais da mais absoluta relevância, tais como: "atuar nos estabelecimentos policiais, penais e de internação, inclusive de adolescentes, visando a assegurar à pessoa, sob quaisquer circunstâncias, o exercício dos direitos e garantias individuais" (art. 5º, inciso VII) e "assegurar aos necessitados, em processo judicial ou administrativo, o contraditório e ampla defesa, com os meios e recursos a ela inerentes" (art. 5º, inciso IX).

Há previsão similar na LC 80/94 (art. 128, inciso VI).

O art. 163 da Lei Orgânica da Defensoria Pública do Estado de São Paulo estabelece uma prerrogativa, destacada do rol do art. 162 da Lei:

> **Artigo 163 – Nenhum membro da Defensoria Pública do Estado poderá ser afastado do desempenho de suas atribuições ou procedimentos em que oficie ou deva oficiar, exceto por impedimento, suspeição, férias, licenças, afastamento ou por motivo de interesse público, observado o disposto nesta lei complementar.**
> **§ 1º – No caso de afastamento por razão de interesse público, a designação do Defensor Público deverá recair em membro da Defensoria Pública que tenha as mesmas atribuições do afastado.**
> **§ 2º – A regra deste artigo não se aplica ao Defensor Público do Estado Nível I e ao membro da Defensoria Pública designado para oficiar temporariamente perante qualquer juízo ou autoridade. (Redação dada pela Lei Complementar nº 1.098, de 04.11.09.)**

A regra do *caput* do art. 163 configura evidente **decorrência da garantia da inamovibilidade**, ao proibir o afastamento da Defensora ou Defensor Público de suas atribuições sem que esteja presente algum dos motivos previstos no dispositivo legal: por impedimento, suspeição, férias, licenças, afastamento ou por motivo de interesse público.

Confira, na tabela abaixo, as prerrogativas instituídas nas normas gerais a serem observadas por todas as Defensorias Públicas estaduais (art. 128, da LC 80/94) que não contam com disposições análogas na Lei Complementar estadual n. 988/06:

receber, inclusive quando necessário, mediante entrega dos autos com vista, intimação pessoal em qualquer processo e grau de jurisdição ou instância administrativa, contando-se-lhes em dobro todos os prazos
não ser preso, senão por ordem judicial escrita, salvo em flagrante, caso em que a autoridade fará imediata comunicação ao Defensor Público-Geral
ser recolhido à prisão especial ou à sala especial de Estado Maior, com direito a privacidade e, após sentença condenatória transitada em julgado, ser recolhido em dependência separada, no estabelecimento em que tiver de ser cumprida a pena
ter vista pessoal dos processos fora dos cartórios e secretarias, ressalvadas as vedações legais
ser ouvido como testemunha, em qualquer processo ou procedimento, em dia, hora e local previamente ajustados com a autoridade competente
Quando, no curso de investigação policial, houver indício de prática de infração penal por membro da Defensoria Pública do Estado, a autoridade policial, civil ou militar, comunicará imediatamente o fato ao Defensor Público-Geral, que designará membro da Defensoria Pública para acompanhar a apuração

As prerrogativas da **intimação pessoal e do prazo em dobro** (art. 128, inciso I, da LC 80/94) são muito relevantes para o exercício das funções institucionais e, atualmente, também contam com previsão no art. 186, *caput* e § 1º do Código de Processo Civil:

> **Art. 186. A Defensoria Pública gozará de prazo em dobro para todas as suas manifestações processuais.**
> **§ 1º O prazo tem início com a intimação pessoal do defensor público, nos termos do art. 183, § 1º.**

O gozo da prerrogativa do prazo em dobro não exige que a Defensoria Pública, ainda no curso do prazo simples, noticie perante a autoridade judiciária que intervirá no feito e que, assim, ofertará a sua manifestação na dobra legal. Mesmo nas situações em que não houve intervenção prévia da Defensoria Pública representando a parte assistida, é dispensável qualquer manifestação da Defensoria, ainda durante o prazo simples, para que possa apresentar a peça processual cabível no momento do prazo dobrado.

Esta circunstância conta com particular relevância no momento da apresentação da contestação: de fato, não tendo havido, via de regra, intervenção anterior da Defensoria Pública em favor da parte requerida, não se mostra necessário peticionar, durante o prazo simples, noticiando que a parte será representada pela Defensoria Pública e que a contestação será apresentada após a fluência do prazo simples (mas antes do término do prazo em dobro). Esse é o entendimento do Tribunal de Justiça do Estado de São Paulo:

> **APELAÇÃO. Ação de reconhecimento e dissolução de união estável. Sentença de procedência. Revelia. Inconformismo da parte ré. Acolhimento. Hipótese de representação da parte ré pela defensoria Pública. Necessidade de contagem de prazo em dobro. Inteligência do artigo 186 do Código de Processo Civil. Inobservância. Sentença proferida antes do termo final para apresentação de contestação. Nulidade reconhecida. Necessidade de retomada da fase de instrução do feito em observância ao princípio do contraditório. Sentença anulada. Recurso provido, com determinação.**
> (Apelação Cível 1000394-04.2019.8.26.0073, 9ª Câmara de Direito Privado, rel. Des. Rogério Murillo Pereira Cimino, j. 02.12.2020)

Percebe-se, pois, ser dispensável qualquer comunicação prévia ao juízo competente indicando que a Defensoria Pública gozará da prerrogativa de protocolar peça processual (ainda que seja uma contestação) já na dobra legal do prazo, a teor do entendimento pacificado, inclusive, pelo Superior Tribunal de Justiça:

> **AGRAVO REGIMENTAL NO RECURSO ESPECIAL – EMBARGOS À EXECUÇÃO – DECISÃO MONOCRÁTICA QUE DEU PROVIMENTO AO RECLAMO COM BASE NA SÚMULA 83 DO STJ. IRRESIGNAÇÃO DO EMBARGADO.**
> **1. Não há falar em intempestividade dos embargos à execução na hipótese em que, sendo a parte assistida pela Defensoria Pública, o ajuizamento ocorrer dentro do prazo em dobro a que faz jus, conforme disposto nos artigos 44, I, da LC 80/94 e 5º, § 5º, da Lei 1.060/50. Precedentes.**

2. Agravo regimental desprovido.
(AgRg no REsp 1249354/MG, Rel. Ministro MARCO BUZZI, QUARTA TURMA, julgado em 04/02/2016, DJe 17/02/2016)

PROCESSUAL CIVIL. LITISCONSORTES COM PROCURADORES DIVERSOS. EXISTÊNCIA DE SUBSTABELECIMENTO SEM RESERVAS. BENEFÍCIO DO PRAZO EM DOBRO PARA CONTESTAR. INTELIGÊNCIA DO ARTIGO 191 DO CPC.
(...)
2. É cediço no E.S.T.J. que o direito ao prazo em dobro, previsto no art. 191 do CPC, não está sujeito à prévia declaração dos litisconsortes passivos de que terão mais de um advogado e nem ao fato de os advogados pertencerem à mesma banca de advocacia, sendo assegurado à parte a apresentação da peça, ainda que posteriormente ao término da contagem do prazo simples.
(...)
4. A jurisprudência do STJ assenta o entendimento de que havendo litisconsórcio passivo, com diferentes procuradores, o prazo para contestação é contado em dobro, de sorte que não se apresenta possível proclamar revelia antes de expirados trinta dias da efetiva citação do último réu.
5. Recurso especial provido, para reformar o acórdão recorrido, dando provimento ao agravo de instrumento e determinando o recebimento da contestação e o consequente prosseguimento regular à instrução processual.
(REsp 713.367/SP, Rel. Ministro Luiz Fux, PRIMEIRA TURMA, julgado em 07/06/2005, DJ 27/06/2005, p. 273)

7.4 Deveres

O art. 164 da Lei Orgânica arrola os deveres dos membros da Defensoria Pública do Estado. Cuida-se de rol exemplificativo, pois não exclui outros deveres decorrentes da legislação.

Destaquemos os deveres mais relevantes previstos na LCE 988/06.

a) prestar aos necessitados atendimento de qualidade, tratando-os com urbanidade e respeito, nos termos do artigo 6º desta lei complementar.

A qualidade na execução das funções é direito básico das pessoas que buscam atendimento na Defensoria Pública do Estado de São Paulo (art. 6º, inciso II), o que justifica o dever de urbanidade e respeito no trato com os destinatários dos serviços da Instituição.

b) racionalizar, simplificar e desburocratizar os procedimentos, evitando solicitar aos usuários documentos ou diligências prescindíveis à prestação do serviço.

A ideia subjacente a este dever repousa na busca pela celeridade da prestação do serviço público de assistência jurídica integral e gratuita. Impõe-se a racionalização, simplificação e a desburocratização como paradigmas administrativos na condução da atividade-fim.

c) esgotar as medidas e recursos cabíveis na defesa dos interesses do necessitado assistido, inclusive promover a revisão criminal e a ação rescisória.

Este dever se fundamenta na integralidade da assistência jurídica prestada pela Defensoria Pública do Estado de São Paulo. Cabe lembrar que, dentre as atribuições institucionais, está a possibilidade de esgotamento, quando necessário, de todas as instâncias, acionando, inclusive, se o caso, os sistemas global e regional de proteção dos direitos humanos.

Tal dever deve ser interpretado à luz do princípio da independência funcional, cabendo lembrar, por ora, a possibilidade de denegação do atendimento nos casos de medida manifestamente incabível ou inconveniente aos interesses do usuário, hipóteses em que deverá manifestar-se fundamentadamente, expondo os motivos da denegação do atendimento. A medida, cabe recordar, será levada, automaticamente, à apreciação da Defensoria Pública-Geral (ou do órgão a quem ela delegar tal atribuição), para ratificação ou não, sem prejuízo do recurso voluntário a ser interposto pela pessoa que buscou atendimento.

d) declarar-se suspeito ou impedido, nos termos da lei.

A Lei Orgânica dispõe acerca das hipóteses de impedimento dos órgãos de execução nos arts. 166 e 167, abaixo comentados. A notícia da ocorrência de uma das hipóteses legais é indicada como dever funcional.

e) residir, se titular, no Município onde exerce suas funções, salvo autorização expressa do Defensor Público-Geral do Estado, em caso de justificada e relevante razão.

Impõe-se à Defensora ou Defensor, como órgão de execução, a necessidade de residir no mesmo Município onde exerce as suas funções, com vistas a garantir a proximidade da sociedade hipossuficiente que deve atender.

f) zelar pelo recolhimento ou promover a cobrança de honorários advocatícios, sempre que o necessitado for vencedor da demanda ou houver arbitramento judicial, bem como de quaisquer despesas adiantadas pelo Fundo de Assistência Judiciária, tais como honorários periciais.

Exige-se dos membros da carreira o zelo com o recolhimento de honorários advocatícios devidos à Defensoria Pública. Cuida esta disposição de suas situações distintas:

f.1) **honorários de sucumbência**: devidos pela parte contrária sempre que a parte representada pela Defensoria Pública sagrar-se vencedora da demanda.

f.2) **honorários arbitrados judicialmente**: são os casos de atuação da Instituição em favor de pessoas não economicamente necessitadas, fundada na necessidade organizacional (obstáculo organizacional ao acesso à justiça). Correspondem às atribuições ditas atípicas, em que o órgão de execução atua em função de uma necessidade organizacional, como, por exemplo, a defesa de acusado criminal que não constitui advogado e que, ainda assim, não é carente financeiramente. Nesse caso, é lícito o órgão de execução postular, ao final de sua atuação, o arbitramento judicial dos honorários devidos à Defensoria Pública.

Em ambos os casos, devem os órgãos de execução cuidar para o efetivo recolhimento da verba honorária, promovendo, inclusive, se for o caso, a execução judicial desses valores. Observe-se que eventual execução é promovida pela Defensoria Pública do Estado de São Paulo, credora dos honorários advocatícios.

É dever, ainda, zelar pela devolução, ao Fundo de Assistência Judiciária – FAJ, das quantias adiantadas para as custas, como, por exemplo, honorários de perito que sejam, ao final do processo, carreadas à parte contrária. Como examinado no item 2.3, com a superveniência do Código de Processo Civil de 2015, tem-se o FAJ não mais pode ser utilizado como fonte de custeio de honorários periciais devidos à parte beneficiária da justiça gratuita (art. 95, §5º), de modo que a parte final deste dispositivo parece não mais ter aplicabilidade prática.

g) observar fielmente o plano anual de atuação, aprovado pelo Conselho Superior.

A observância do Plano Anual de Atuação é exigida de toda a carreira a título de dever. Não é somente a Administração Superior que a ele se encontra vinculada, mas todos os integrantes da carreira. A inclusão desse dever denota a importância do papel da sociedade civil na definição das diretrizes estratégicas da Instituição, uma vez que o Plano deve contemplar as conclusões emanadas da sociedade civil (nos Ciclos de Conferências – veja o item 2.2.6), sendo certo que o Plano vincula a atuação de todos os órgãos da Defensoria Pública do Estado de São Paulo.

7.5 Proibições

O regime jurídico do cargo de Defensora ou Defensor Público do Estado de São Paulo está sujeito a certas proibições específicas, dispostas no art. 165 da Lei Orgânica Estadual:

> **I – exercer a advocacia fora das atribuições institucionais;**
> **II – requerer, advogar ou praticar, em juízo ou fora dele, atos que de qualquer forma colidam com as funções inerentes ao seu cargo, ou com os preceitos éticos de sua profissão;**
> **III – receber em nome próprio, a qualquer título e sob qualquer pretexto, honorários, percentagens ou custas processuais, em razão de suas atribuições;**
> **IV – exercer a administração ou participar de atos de gestão de sociedade ou associação, quando incompatível com o exercício de suas funções;**
> **V – valer-se da qualidade de Defensor Público para obter vantagem pessoal;**
> **VI – exercer cargo ou função fora dos casos autorizados em lei.**

Veda-se o exercício de atos de postulação em juízo fora das atribuições institucionais em virtude do **modelo público de assistência**

jurídica integral e gratuita aos necessitados. A Constituição Federal optou por instituir uma carreira própria de profissionais para o exercício deste mister (Defensores Públicos) e já tivemos a oportunidade de destacar as vantagens de tal modelo (veja item 1.3). Os membros da Instituição têm **dedicação exclusiva** em razão da proibição do inciso I do art. 165 da LCE 988/06.

Vale ressaltar, a propósito, a **impropriedade do termo "advocacia"**, pois, consoante o entendimento já manifestado pelo Superior Tribunal de Justiça, "a advocacia não é atividade do Estado. Ao contrário, privada. Livre é o seu exercício, nos termos do Estatuto do Advogado. A Advocacia não se confunde com a Defensoria Pública. Esta é instituição essencial à função jurisdicional do Estado, incumbindo a orientação jurídica e a defesa, em todos os graus, dos necessitados, na forma do art. 5º, LXXIV (Constituição Federal)"[167]. Como observa Amélia Soares da Rocha, "a advocacia deve se dar exclusivamente em prol dos fins da instituição: tal qual o membro do Ministério Público só pode advogar em prol da sociedade, a Defensoria Pública só pode fazê-lo em prol das pessoas vulneráveis[168]".

No que se refere à proibição do inciso IV ("exercer a administração ou participar de atos de gestão de sociedade ou associação, quando incompatível com o exercício de suas funções"), cumpre observar que a Lei Orgânica Nacional é mais severa, na medida em que proíbe, por completo, praticar o "comércio ou participar de sociedade comercial, exceto como cotista ou acionista" (art. 130, inciso IV, da LC 80/94). Extrai-se de seu teor que somente se admite a participação de Defensora ou Defensor Público em sociedade empresarial na condição de cotista ou acionista, vedando-se a participação como administrador em tais pessoas jurídicas, independentemente da compatibilidade ou não com as funções do cargo público.

Vale mencionar, a propósito, que a vedação do art. 130, IV, da LC 80/94 aplica-se aos Defensores Públicos do Estado de São Paulo por força do art. 165, inciso VI da Lei Orgânica Estadual ("exercer cargo ou função fora dos casos autorizados em lei").

[167] STJ, 6ª Turma. RHC 3900 / SP, rel. Min. Luiz Vicente Cernicchiaro, j. 12/09/1994, DJ 03/04/1995 p. 8148

[168] *Defensoria Pública: fundamentos, organização e funcionamento*. São Paulo: Atlas, 2013, p. 172.

7.6 Impedimentos

Impedimentos são causas legais de afastamento da Defensora ou Defensor Público de uma determinada pretensão ou feito judicial ou administrativo em casos em que sua independência possa estar prejudicada. O prejuízo à independência pode decorrer:

a) em virtude do envolvimento do próprio Defensor com o processo ou procedimento, ou
b) em virtude da ocorrência de fatos que o coloquem em proximidade das partes ou de seus familiares.

O art. 166 elenca os impedimentos:

I – em que seja parte ou, de qualquer forma, interessado;
II – em que haja atuado como representante da parte, perito, juiz, membro do Ministério Público, autoridade policial, escrivão de polícia, serventuário da justiça ou prestado depoimento como testemunha;
III – em que for interessado cônjuge ou companheiro, parente consanguíneo, civil ou afim em linha reta ou colateral, até o terceiro grau;
IV – em que haja postulado como advogado de qualquer das pessoas mencionadas no inciso anterior;
V – em que qualquer das pessoas mencionadas no inciso III deste artigo funcione ou haja funcionado como magistrado, membro do Ministério Público, autoridade policial, escrivão de polícia ou serventuário da justiça;
VI – em que houver dado à parte contrária parecer escrito sobre o objeto da demanda;
VII – em outras hipóteses previstas em lei.

Por fim, o art. 167 institui um **impedimento parcial**, uma vez que é aplicável somente à prática de certos atos inerentes a fiscalização, decisão ou participação em comissão ou banca de concurso, quando tais atos disserem respeito a cônjuge ou companheiro, parente consanguíneo, civil ou afim, em linha reta ou colateral, até o terceiro grau, da Defensora ou Defensor Público. O envolvimento do membro da carreira permanece íntegro com relação a todos os demais interessados na fiscalização, julgamento etc.

CAPÍTULO 8
DO REGIME DISCIPLINAR

8.1 Da fiscalização

O presente Capítulo examina o regime disciplinar instituído nos Capítulos I e II do Título V da LCE 988/6 (arts. 168 a 186), desdobrando as atribuições da Corregedoria, inicialmente suscitadas no Capítulo 5. Veremos, agora, com maiores detalhes, as atribuições de fiscalização exercidas pela Corregedoria-Geral. O procedimento administrativo disciplinar (Capítulo III do Título V – arts. 187 a 233) será objeto do próximo Capítulo.

Cabe recordar que a Corregedoria é o órgão da Administração Superior encarregado da orientação e fiscalização da atividade funcional e da conduta pública dos membros da Instituição, bem como da regularidade do serviço (art. 32). De forma sistematizada, temos:

Orientação Fiscalização	• Atividade funcional • Conduta pública dos membros da Instituição • Regularidade do serviço

Lembremos que o papel correcional envolve o exercício de **duas atividades: orientação e fiscalização.** A orientação se pauta por uma postura preventiva, destinada à expedição de esclarecimentos, enquanto a fiscalização diz respeito a uma postura repressiva, voltada à sanção de irregularidades. A função correcional como um todo, tanto sob o aspecto da orientação quanto sob o ponto de vista da fiscalização dirige-se (i) à atividade funcional, (ii) à conduta pública dos membros da Instituição e (iii) à regularidade do serviço.

Trataremos, no presente item, apenas da fiscalização, ou seja, da atividade voltada à investigação que pode ensejar eventual sanção de irregularidades administrativas relacionadas à atividade funcional, à conduta pública dos membros da carreira e à regularidade do serviço.

Nos termos dos arts. 34 e 168 da LCE 988/06, a fiscalização, que compete à Corregedoria-Geral, é realizada do seguinte modo:

a) quanto às atividades funcionais das Defensoras e Defensores Públicos → por meio de correições ordinárias e extraordinárias e fiscalização permanente;
b) quanto à conduta pública → fiscalização permanente;
c) quanto à regularidade do serviço → mediante inspeções.

A **fiscalização** é, assim, **gênero** que abrange as espécies: (i) correições (ordinárias e extraordinárias), (ii) fiscalização permanente e (iii) inspeções. Destina-se, nas três espécies, à apuração de irregularidades que possam acarretar a imposição de eventuais sanções pelos órgãos competentes.

Vê-se, pois, que a Corregedoria, ao exercer a sua função fiscalizatória, busca apurar fatos que, sob a ótica administrativa, possam justificar a cominação de penalidades pelos órgãos competentes e segundo o rito apropriado.

8.1.1 *Fiscalização permanente*

Na forma do art. 169 "a atividade desempenhada pelos Defensores Públicos será submetida a fiscalização permanente, nos diversos locais de atuação".

Por fiscalização permanente deve-se compreender a postura de atenção constante acerca do exercício da atividade funcional e da conduta pública das Defensoras e Defensores Públicos do Estado. Esse estado de atenção é latente, sendo que a atividade fiscalizatória pode ser deflagrada por meio de representação, que constitui o instrumento formal que noticia à Corregedoria abusos, erros, omissões ou conduta incompatível dos membros da Defensoria Pública do Estado. Qualquer pessoa pode representar à Corregedoria-Geral acerca desses fatos (art. 168, parágrafo único).

Assim, a fiscalização permanente se volta não só à atividade funcional (art. 168), como também à conduta pública dos membros da Instituição. De fato, o art. 169 acima transcrito é o dispositivo legal que autoriza a Corregedoria a fiscalizar a conduta pública dos membros da Defensoria Pública.

A fiscalização permanente não alcança a conduta particular da Defensora ou Defensor Público, assim entendida toda aquela estranha ao exercício das atribuições institucionais. De fato, não seria mesmo legítimo submeter a vida privada de um agente público a uma atividade correcional, daí porque a lei apenas considera, para fins de fiscalização permanente, os atos desempenhados "nos diversos locais de atuação" (profissional, incluiríamos).

Apurado algum fato levado ao conhecimento da Corregedoria (por meio de representação ou não) e não constatado nenhum elemento indiciário de irregularidade, poderá o Corregedor-Geral expedir ao Defensor Público envolvido recomendações que julgar cabíveis, sempre por escrito e em caráter reservado (art. 170).

8.1.2 *Correição ordinária*

A correição ordinária é um dos instrumentos de que se vale a Corregedoria para a fiscalização da atividade funcional dos órgãos de execução e atuação.

O caráter ordinário decorre da imposição legal (art. 171, § 2º) de se realizar anualmente, no mínimo, 40 (quarenta) correições ordinárias, metade em comarcas do Interior e metade na comarca da Capital. Cuida-se de dever da Corregedoria e a imposição legal procura garantir que a atividade funcional dos membros da carreira vá sendo apurada, paulatinamente, nas diversas Unidades, de forma contínua. A sua realização não decorre de nenhum fato específico, nem da notícia de qualquer irregularidade. É ordinária porque a lei impõe a sua realização pela Corregedoria-Geral ou por Corregedora ou Corregedor Assistente ou Auxiliar (art. 171, *caput*).

A correição ordinária destina-se a verificar a regularidade e eficiência do serviço, a pontualidade dos Defensores Públicos no exercício das funções, o cumprimento das obrigações legais, bem como a participação nas atividades institucionais (art. 171, § 1º).

Note que o objeto da fiscalização realizada por meio da correição ordinária é genérico, envolvendo aspectos da atividade funcional que devem ser por todos observados, e cuja fiscalização (por meio das correições ordinárias) se opera independentemente da notícia de qualquer infração.

Concluída a correição, o Corregedor-Geral elaborará relatório circunstanciado, mencionando os fatos apurados e as providências adotadas, propondo as medidas de caráter disciplinar ou administrativo que excedam suas atribuições (art. 172, § 1º, aplicável à correição ordinária por força do disposto no art. 171, § 3º).

Assim, caso se constate a necessidade de alguma medida disciplinar ou administrativa que exorbite as competências da Corregedoria-Geral, deverá ela propor, junto ao órgão competente, a sua adoção. Imagine, por exemplo, que, durante uma correição ordinária, se perceba a necessidade de se instituir uma determinada rotina (medida administrativa), a ser observada por todos os membros da carreira. Nesse caso, deve o Corregedor-Geral formular a respectiva proposta e apresentá-la ao Conselho Superior, órgão que detém a atribuição para "fixar, ouvida a Escola da Defensoria Pública, rotinas para atuação dos Defensores Públicos" (art. 31 inciso XX).

Tal possibilidade se encontra expressamente positivada no art. 173 da LCE 988/06:

> **Artigo 173 – Com base nas observações feitas nas correições, o Corregedor-Geral proporá ao Conselho Superior a edição de normas para orientar a conduta dos Defensores Públicos.**

Com efeito, as correições (ordinária e extraordinária) podem revelar a necessidade e/ou adequação de adotar ou revisar normas funcionais ou administrativas de caráter geral, que vinculem uniformemente todos os Defensores Públicos, a bem da eficiência do serviço público, com vistas a satisfazer a missão institucional (tutela jurídica integral e gratuita dos necessitados).

Por fim, se o Corregedor constatar a ocorrência de violação dos deveres impostos aos membros da carreira, competir-lhe-á colher os elementos de convicção e, conforme o caso, instaurar sindicância ou abrir processo administrativo disciplinar (art. 174).

8.1.3 *Correição extraordinária*

A LCE 988/06 impõe à Corregedoria a realização de 40 correições ordinárias anualmente.

No entanto, pode haver infrações supostamente existentes em Unidades e cargos não sujeitos a correição ordinária, mas que devem ser apuradas. Essa apuração se dá mediante correição extraordinária, ou seja, por meio de correição especificamente voltada para um determinado órgão de execução, Unidade, Regional etc.

Trata-se de investigação voltada exclusivamente a cargo ou órgão certo e determinado, com a finalidade de esclarecer infrações mais graves, arroladas no art. 172:

> **I – abusos, erros ou omissões que incompatibilizem o membro da Defensoria Pública do Estado para o exercício do cargo ou função;**
> **II – atos que comprometam o prestígio ou a dignidade da instituição;**
> **III – descumprimento do dever funcional ou procedimento incorreto.**

Como se pode perceber, é necessária a notícia da suspeita de alguma dessas hipóteses. Assim, a correição extraordinária pode ser deflagrada pela Corregedoria-Geral **de ofício**, bem como a sua realização pode ser **determinada** pelo Defensor Público-Geral (art. 19, inciso XVII). Repare que a chefia da instituição pode determinar a realização compulsória da correição extraordinária, obrigando o Corregedor-Geral a assim proceder. No entanto, os atos são praticados pelo Corregedor, a quem caberá o exercício das atribuições fiscalizatórias.

De outra parte, o Conselho Superior tem poder para **recomendar** ao Corregedor-Geral a realização de correições extraordinárias (art. 31, inciso XI)[169]. A tabela abaixo consolida as regras de iniciativa em matéria de correições extraordinárias:

[169] Note que, segundo a redação do art. 172, o Conselho Superior poderia, em vez de recomendar, **determinar** (com caráter coercitivo) ao Corregedor-Geral instauração de correições extraordinárias. Contudo, deve prevalecer o disposto no art. 31, inciso XI (que atribui ao Conselho a competência para **mera recomendação**), por ser a norma específica quanto às atribuições do Conselho Superior. Ademais, a Lei foi expressa ao atribuir ao Defensor Geral

INICIATIVA PARA A INSTAURAÇÃO DE CORREIÇÕES EXTRAORDINÁRIAS

CORREGEDORIA-GERAL	DE OFÍCIO
DEFENSORIA PÚBLICA-GERAL	DETERMINA A INSTAURAÇÃO
CONSELHO SUPERIOR	RECOMENDA A INSTAURAÇÃO

Assim como ocorre com a correição ordinária, ao cabo da correição extraordinária, a Corregedoria deverá emitir relatório circunstanciado, constando os fatos apurados e as providências pertinentes adotadas. Caso haja a necessidade de se implementar medida disciplinar ou administrativa que fuja de suas competências, ela deverá ser proposta ao órgão interno competente (art. 172, § 1º).

Ademais, também se prevê a possibilidade de a Corregedoria tornar coletiva alguma observação extraída de correição extraordinária, propondo ao Conselho Superior a edição de normas para orientar a conduta de todos os Defensores Públicos (art. 173).

Verificando a Corregedoria a ocorrência de violação dos deveres impostos aos membros da carreira, deverá ela recolher os elementos de convicção e, conforme o caso, instaurar sindicância ou determinar a abertura de processo administrativo disciplinar (art. 174).

8.1.4 *Inspeção*

A inspeção é o instrumento fiscalizatório voltado à apuração da regularidade administrativa do serviço (art. 176).

Trata-se de mecanismo menos formal, até porque os fatos que visa a apurar se revestem de menor gravidade. A inspeção, aliás, não envolve a fiscalização da atividade institucional, tampouco a observância dos deveres funcionais. Seu objetivo é unicamente observar se há ou não regularidade administrativa na organização e desempenho do serviço.

A inspeção é iniciada de ofício pela Corregedoria ou pode ser a ela recomendada pelo Conselho Superior (art. 175).

o poder de determinar (com obrigatoriedade) a instauração de correições extraordinárias (art. 19, inciso XVII), de modo que, caso assim também desejasse proceder com relação ao Conselho Superior, teria se valido da mesma expressão ("determinar"), quando, ao contrário, atribuiu-lhe a prerrogativa de "recomendar" a instauração de correições extraordinárias.

8.2 Das penalidades

A Lei Complementar Estadual n. 988/06 institui a carreira de Defensor Público do Estado de São Paulo, prevendo o seu regime jurídico, que inclui os direitos, deveres, prerrogativas, proibições, impedimentos etc.

Como não poderia deixar de ser, a LCE 988/06 também estatui normas sancionatórias, isto é, penalidades aplicáveis em caso de ofensa às regras próprias do regime jurídico a que o integrante da carreira se encontra subordinado.

Cumpre frisar que as penalidades instituídas na Lei são de caráter administrativo, ensejando sanções apenas na relação mantida entre titular do cargo e Administração Pública (no caso, Defensora ou Defensor Público ou servidor do quadro de apoio e Defensoria Pública do Estado de São Paulo).

Em regra, as penalidades são aplicadas pelo Defensor Público-Geral do Estado, exceto as penas de demissão e cassação de aposentadoria, em que será competente para aplicá-las o Governador do Estado (art. 19, inciso XXIII).

Todavia, a decisão que aplica (ou deixa de aplicar) quaisquer das penalidades elencadas pela Lei deve ser precedida de procedimento administrativo disciplinar, que será analisado no próximo Capítulo.

A LCE 988/06 arrola as seguintes **sanções disciplinares** (art. 177):

> **I – advertência;**
> **II – censura;**
> **III – remoção compulsória, quando a falta praticada, pela sua gravidade e repercussão, tornar incompatível a permanência do faltoso no órgão de atuação de sua lotação;**
> **IV – suspensão por até 90 (noventa) dias;**
> **V – cassação de disponibilidade e de aposentadoria;**
> **VI – demissão.**

Examinaremos cada uma delas com mais vagar nos itens abaixo, mas é necessário ressaltar algumas normais gerais aplicáveis a todas elas.

Em primeiro lugar, cabe salientar que o aplicador da penalidade (Defensor Público-Geral do Estado ou Governador do Estado, conforme veremos abaixo) deve pautar a sua decisão levando em consideração os critérios para a dosimetria da pena administrativa. Tais critérios estão dispostos no art. 178 da Lei. São os seguintes:

a) natureza da infração;
b) gravidade da infração;
c) danos para o serviço, advindos da infração;
d) antecedentes do infrator.

Com efeito, a lei traz balizas ao julgador do procedimento disciplinar, que devem ser observadas por ocasião da aplicação das penalidades. Cada pena tem os seus respectivos pressupostos, adequando-se à gravidade da infração administrativa praticada. No entanto, há uma certa margem de escolha entre elas. De fato, dependendo da conduta praticada pelo infrator, é lícito cogitar da aplicação da pena de advertência, de censura ou mesmo de suspensão. De fato, os arts. 180 e 181, inciso I, contemplam a expressão "ou se a gravidade da infração justificar, desde logo" a aplicação da pena de censura (art. 180) ou de suspensão (art. 181, inciso I). Do mesmo modo o art. 183, inciso IV autoriza a cominação da pena de demissão na hipótese de "procedimento irregular, de natureza grave", valendo-se de cláusula genérica, sem especificar as condutas que se amoldem a tal procedimento irregular.

Assim, pelo exame do contexto de cada caso concreto à luz dos critérios citados, deverá a autoridade competente (Defensor Geral ou Governador) escolher uma entre as penalidades passíveis de aplicação.

Há, pois, um espaço para que o julgador na esfera administrativa pondere as circunstâncias do caso concreto, devendo, necessariamente, valer-se dos critérios do art. 178 (acima elencados) na fundamentação da decisão.

A decisão, obviamente, deve ser motivada e descrever, empiricamente, os motivos pelos quais se aplica aquela específica penalidade, dosando a severidade da cominação aos critérios expressamente previstos no art. 178 da Lei.

De outro lado, a punibilidade na esfera administrativa está sujeita a prescrição, o que demanda a necessária atenção do órgão fiscalizador (Corregedoria) na rápida instauração e conclusão do procedimento administrativo. A demora na instauração do procedimento tendente a apurar a falta, assim como a demora na edição da decisão que aplique a pena, ensejam o reconhecimento da prescrição, causa extintiva da punibilidade do infrator na órbita administrativa.

Os prazos prescricionais variam conforme a gravidade das faltas, na forma do art. 184:

a) faltas sujeitas às penas de **advertência, censura e remoção compulsória** → prescrevem em **2 (dois) anos**;
b) faltas sujeitas às penas de suspensão**, demissão e cassação de disponibilidade e de aposentadoria** → prescrevem em **5 (cinco) anos**;
c) falta prevista em lei como **infração penal** → prescrevem no prazo de **prescrição em abstrato da pena criminal, se for superior a 5 (cinco) anos.**

O termo inicial do prazo prescricional é o dia em que falta for cometida, exceto nos casos de faltas continuadas ou permanentes, cujos prazos se iniciam no dia em haja cessado a continuação ou a permanência (art. 184, § 1º).

Assim como ocorre no Direito Penal, a prescrição da sanção administrativa é interrompida quando ocorre algum ato que evidencie a movimentação do aparato fiscalizador. São marcos interruptivos da prescrição na LCE 988/06 (na forma do art. 184, § 2º):

a) a expedição de **portaria que instaura sindicância e a que instaura processo administrativo**;
b) a prolação de **decisão que importe aplicação de sanção disciplinar**.

A penalidade administrativa, além das consequências geradas por si mesma (censura, suspensão etc.) causa **efeitos secundários** na carreira da pessoa apenada. Lembre-se, por exemplo, do art. 121, que veda a promoção por merecimento da Defensora ou Defensor Público que houver sofrido imposição de penalidade em processo administrativo disciplinar, pelo prazo de 2 (dois) anos, contados do cumprimento da pena. Da mesma maneira, não poderão exercer o cargo de Corregedor Assistente e as funções de Corregedor-Auxiliar os membros que tenham sofrido sanção disciplinar, no âmbito da Defensoria Pública do Estado, nos últimos 5 (cinco) anos (art. 35, inciso II).

Tais efeitos, contudo, não são perpétuos, na medida em que, após o decurso do prazo de 5 (cinco) anos da imposição de sanção disciplinar (e desde que o Defensor Público sancionado não tenha cometido outra infração), não mais poderá a penalidade ser considerada em prejuízo do Defensor Público, inclusive para efeito de reincidência (art. 185, parágrafo único).

8.2.1 *Advertência*

A pena de advertência será aplicada, por escrito, no caso de descumprimento de dever funcional de pequena gravidade (art. 179). Cuida-se de penalidade mais branda, aplicável nos casos de descumprimento de dever funcional de pequena monta. Cumpre recordar que os deveres funcionais se encontram dispostos no art. 164, cuja transcrição merece ser reproduzida:

> **Artigo 164 – São deveres dos membros da Defensoria Pública do Estado, além de outros previstos em lei:**
> **I – prestar aos necessitados atendimento de qualidade, tratando-os com urbanidade e respeito, nos termos do artigo 6º desta lei complementar;**
> **II – racionalizar, simplificar e desburocratizar os procedimentos, evitando solicitar aos usuários documentos ou diligências prescindíveis à prestação do serviço;**
> **III – atender aos necessitados, nos dias e horários previamente estabelecidos e divulgados, salvo nos casos urgentes;**
> **IV – desempenhar com zelo e presteza, dentro dos prazos, os serviços a seu cargo e os que, na forma da lei, lhes sejam atribuídos pelos órgãos da administração superior;**
> **V – participar dos atos judiciais, quando necessária a sua presença;**
> **VI – esgotar as medidas e recursos cabíveis na defesa dos interesses do necessitado assistido, inclusive promover a revisão criminal e a ação rescisória;**
> **VII – zelar pelo prestígio da Justiça, por suas prerrogativas e pela dignidade de suas funções;**
> **VIII – zelar pelo respeito aos membros da Defensoria Pública do Estado e do Ministério Público, aos magistrados e aos advogados;**
> **IX – tratar com urbanidade as partes, testemunhas e auxiliares da Justiça;**

X – declarar-se suspeito ou impedido, nos termos da lei;
XI – manter conduta compatível com o exercício das funções;
XII – residir, se titular, no Município onde exerce suas funções, salvo autorização expressa do Defensor Público-Geral do Estado, em caso de justificada e relevante razão;
XIII – resguardar o sigilo sobre o conteúdo de documentos ou informações obtidas em razão do cargo ou função e que, por força de lei, tenham caráter sigiloso;
XIV – comparecer, em horário normal de expediente, ao local onde exerce suas funções;
XV – exercer permanente fiscalização sobre os servidores subordinados;
XVI – representar ao Defensor Público-Geral do Estado e ao Corregedor-Geral sobre irregularidades que dificultem ou impeçam o desempenho de suas funções;
XVII – prestar as informações solicitadas pelos órgãos da administração superior da Defensoria Pública do Estado;
XVIII – zelar pelo recolhimento ou promover a cobrança de honorários advocatícios, sempre que o necessitado for vencedor da demanda ou houver arbitramento judicial, bem como de quaisquer despesas adiantadas pelo Fundo de Assistência Judiciária, tais como honorários periciais;
XIX – observar fielmente o plano anual de atuação, aprovado pelo Conselho Superior;
XX – encaminhar relatório de suas atividades, na forma e periodicidade estabelecidas pela Corregedoria-Geral;
XXI – zelar pela guarda e boa aplicação dos bens e recursos que lhe forem confiados.

A advertência somente comporta aplicação, pelo Defensor Público-Geral, nos casos de ofensas leves, caracterizadas pelo descumprimento de dever funcional de pequena gravidade.

8.2.2 *Censura*

A pena de censura pode ser aplicada ao Defensor Público que já tenha sido punido anteriormente com advertência e que venha a praticar nova infração disciplinar que o torne passível de segunda pena de advertência. A censura, portanto, se reveste de maior gravidade, se comparada com a advertência. Seu pressuposto de aplicação, nesta hipótese, é claro: a reincidência do membro na prática de infração sujeita à penalidade de advertência. Tendo sido apenado uma primeira vez com advertência, a segunda infração, passível da mesma pena, será sancionada com censura (penalidade mais severa).

Todavia, a pena de censura também comporta aplicação direta, podendo ser imposta se a gravidade da infração justificar, desde logo, a sua aplicação (art. 180). Assim, não é necessário haver prévia imposição da pena de advertência. Caso a primeira infração praticada seja, por si só, grave o bastante, poderá ser cominada a penalidade de censura, independentemente da existência de sanção anterior ou não.

A decisão que a impõe, em qualquer caso, é de competência da Defensoria Pública-Geral.

8.2.3 *Remoção compulsória*

A remoção compulsória é penalidade administrativa que cabe nos casos em que a falta praticada, pela sua gravidade e repercussão, tornar incompatível a permanência do faltoso no órgão de atuação de sua lotação, nos termos do art. 177, inciso III. Conquanto a inamovibilidade seja garantia do cargo de Defensor Público do Estado (art. 160, inciso II, da LCE 988/06 e art. 134, § 1º da CF/88), pode ela ser mitigada quando acarretar, mais do que proteção ao ocupante do cargo, uma situação de absoluta incompatibilidade do infrator com o local em que exerce as suas atribuições. A remoção compulsória é penalidade aplicada pelo Defensor Público-Geral.

A remoção compulsória é exceção prevista na LC 80/94, desde a sua redação originária:

> **Art. 134. A lei estadual estabelecerá as infrações disciplinares, com as respectivas sanções, procedimentos cabíveis e prazos prescricionais.**
> **§ 1º A lei estadual preverá a pena de remoção compulsória nas hipóteses que estabelecer, e sempre que a falta praticada, pela sua gravidade e repercussão, tornar incompatível a permanência do faltoso no órgão de atuação de sua lotação.**

Segundo Frederico Rodrigues Viana de Lima, a remoção compulsória

> é aplicada de acordo com as consequências, e não propriamente com a gravidade do ato praticado. Somente o caso concreto é que poderá indicar se a medida de remoção compulsória se afigura correta. Não obstante, deve-se recordar que a remoção compulsória pressupõe, *sempre*, que a falta praticada seja grave e tenha grande repercussão, a implicar na incompatibilidade da permanência do faltoso no órgão de atuação. Se isso não ocorrer, não haverá justificativa para a aplicação da punição.[170]

A constitucionalidade da remoção compulsória é objeto de séria contestação pela doutrina[171]. Ocorre que o art. 134 da Constituição Federal (mesmo antes da EC 45/04 e da EC 80/14) sempre previu a garantia da inamovibilidade sem trazer qualquer exceção expressa, ao contrário do regramento constitucional do Poder Judiciário (art. 95, inciso II) e do Ministério Público (art. 128, § 5i, inciso I, alínea "b"), cujas carreiras têm garantida a inamovibilidade, que pode ser afastada em função do interesse público.

No caso da Defensoria Pública, a garantia da inamovibilidade não veio acompanhada de quaisquer ressalvas no texto constitucional, daí porque se sustenta que a LC 80/94 (e, por via de consequência, a LCE 988/06) estaria eivada de inconstitucionalidade ao prever um caso que excepciona a garantia da inamovibilidade (remoção compulsória). Afirma-se, em suma, que, para a Defensoria Pública, o constituinte traçou a inamovibilidade com caráter absoluto (sem qualquer possibilidade de exceção, conforme a literalidade do texto constitucional). Assim, a remoção compulsória, instituída pelo legislador infraconstitucional, seria inovação legislativa inconstitucional, porque a própria Constituição não abrandou de qualquer modo a inamovibilidade (ao contrário do que fez em relação à magistratura e ao Ministério Público).

Em sentido contrário, há a corrente que defende a plena constitucionalidade da remoção compulsória. Funda-se tal posicionamento no fato

[170] *Defensoria Pública*. 2ª. ed. Salvador: Juspodivm, 2012, p. 296.

[171] Para saber mais sobre os posicionamentos pró-constitucionalidade e pró-inconstitucionalidade da remoção compulsória, veja: LIMA, Frederico Rodrigues Viana de. *Defensoria Pública*. 2ª ed. Salvador: Editora Juspodivm, 2012, p. 389-393. O autor sustenta de forma robusta a constitucionalidade do instituto.

de que o art. 134, § 1º da Constituição Federal não esgota o regramento institucional da Defensoria Pública, limitando-se a traçar parâmetros para a criação de uma outra regra jurídica ("Lei complementar organizará a Defensoria Pública da União e do Distrito Federal e dos Territórios e prescreverá normas gerais para sua organização nos Estados").

Suas disposições, assim, não seriam definitivas, de modo que a garantia (inamovibilidade) e a proibição (exercício da advocacia fora das atribuições institucionais) ventiladas no § 1º do art. 134 poderiam ser alargadas ou reduzidas pela lei infraconstitucional a ser editada.

Este é o entendimento manifestado por Frederico Rodrigues Viana de Lima, em excerto que, pela clareza, merece ser trazido à baila:

> A Lei Complementar que cumprir o comando do art. 134, § 1º, tem a missão de (pelo menos) positivar a garantia da inamovibilidade e, em contrapartida, também deve (pelo menos) vedar o exercício da advocacia fora das atribuições institucionais. Essas foram as duas missões mínimas atribuídas ao legislador infraconstitucional. Se o silêncio constitucional permite inferir que a inamovibilidade é irrestrita, também se deveria entender, por coerência, que a prática da advocacia seria a única vedação imposta aos Defensores Públicos. Isto porque o texto constitucional alude somente a ela como vedação – e, como é consabido, normas restritivas devem ser interpretadas restritivamente. Por essa razão, o impedimento ao exercício de atividade político-partidária, ao exercício do comércio e ao recebimento de honorários, percentagens ou custas processuais, todos adotados *exclusivamente* pela Lei Complementar 80/94, violariam a Constituição, que somente instituíra uma única vedação. (...) A Constituição, a rigor, não garantiu a inamovibilidade irrestrita, nem tampouco instituiu a vedação ao exercício da advocacia como a única proibição. Ela apenas definiu que tais medidas – uma positiva, outra negativa – deveriam ser obrigatoriamente regulamentadas pela Lei Complementar. E tanto o foi que várias outras garantias e várias outras vedações foram inseridas na Lei Complementar. A independência funcional, por exemplo, é garantia legal, mas não é constitucional. A vedação ao exercício de atividade político-partidária é vedação legal, mas não é de índole constitucional.[172]

[172] LIMA, Frederico Rodrigues Viana de. *Defensoria Pública*. 2ª ed. Salvador: Editora Juspodivm, 2012, p. 391-392.

Apesar de minoritária na doutrina sobre o tema, a posição que sustenta a constitucionalidade da remoção compulsória é aquela que se amolda ao texto constitucional e aos textos legais (art. 134, § 1º da LC 80/94 e art. 177, inciso III, da LCE 988/06), até porque, até a presente data, não se instaurou, perante o Supremo Tribunal Federal, ação para o controle concentrado da constitucionalidade dos dispositivos legais combatidos doutrinariamente.

8.2.4 *Suspensão*

A pena de suspensão, conforme o disposto no art. 181, pode ser aplicada pelo Defensor Público-Geral em três hipóteses:

a) **ao infrator que, já punido com censura, vier a praticar outra infração disciplinar que o torne passível da mesma sanção.** Verifica-se que há uma gradação crescente da severidade das sanções: a suspensão é mais grave que a censura, que, por sua vez, é mais severa que a advertência. Assim, pune-se o Defensor Público com suspensão caso reincida em infração punível com censura, tendo esta última penalidade já sido anteriormente cominada. Em outras palavras: após a sanção com a pena de censura, há a prática de nova infração punível com a mesma pena (reincidência). Com relação à segunda irregularidade, é lícita a imposição de suspensão, ante a reincidência do faltoso.

b) **se a gravidade da infração justificar, desde logo, a aplicação da pena suspensiva.** Assim como ocorre com a censura, a penalidade de suspensão pode ser aplicada de forma imediata, à primeira infração administrativa praticada, se a sua imposição, desde logo, se justificar em virtude da gravidade do ato praticado. Aqui não se exige punição anterior, podendo suspender-se o Defensor Público, desde já, em função da gravidade maior do ato cometido.

c) em caso de **violação de proibições e impedimentos previstos nos artigos 165 e 166 da LCE 988/06, ressalvado o disposto no artigo 183, incisos II e III.** O artigo 165 estatui as proibições[173] e o art. 166 disciplina os impedimentos[171].

[173] Artigo 165 – Além das proibições decorrentes do exercício de cargo público, aos membros da Defensoria Pública do Estado é vedado:
I – exercer a advocacia fora das atribuições institucionais;

A relevância institucional das proibições e dos impedimentos justifica a cominação da pena de suspensão, se configurada a prática de ato que infrinja as suas disposições.

A ressalva do art. 183, incisos II e III é necessária. O fato é que se impõe a pena de demissão nos casos em que a ofensa a proibição ou a impedimento se der mediante o exercício irregular da advocacia (art. 183, inciso II) ou quando configurado o abandono do cargo (art. 183, inciso III). Nesses dois casos, conquanto se infrinjam proibições ou impedimentos, a gravidade justifica a demissão do faltoso e não a mera suspensão.

A pena de suspensão implica o afastamento do Defensor Público do exercício de suas atribuições como forma de punição e, portanto, enquanto perdurar, acarreta a perda dos direitos e vantagens decorrentes do exercício do cargo, não podendo ter início durante férias ou licenças (parágrafo único do art. 181).

II – requerer, advogar ou praticar, em juízo ou fora dele, atos que de qualquer forma colidam com as funções inerentes ao seu cargo, ou com os preceitos éticos de sua profissão;
III – receber em nome próprio, a qualquer título e sob qualquer pretexto, honorários, percentagens ou custas processuais, em razão de suas atribuições;
IV – exercer a administração ou participar de atos de gestão de sociedade ou associação, quando incompatível com o exercício de suas funções;
V – valer-se da qualidade de Defensor Público para obter vantagem pessoal;
VI – exercer cargo ou função fora dos casos autorizados em lei.

[174] Artigo 166 – Ao membro da Defensoria Pública do Estado é defeso exercer suas funções em processo ou procedimento:
I – em que seja parte ou, de qualquer forma, interessado;
II – em que haja atuado como representante da parte, perito, juiz, membro do Ministério Público, autoridade policial, escrivão de polícia, serventuário da justiça ou prestado depoimento como testemunha;
III – em que for interessado cônjuge ou companheiro, parente consangüíneo, civil ou afim em linha reta ou colateral, até o terceiro grau;
IV – em que haja postulado como advogado de qualquer das pessoas mencionadas no inciso anterior;
V – em que qualquer das pessoas mencionadas no inciso III deste artigo funcione ou haja funcionado como magistrado, membro do Ministério Público, autoridade policial, escrivão de polícia ou serventuário da justiça;
VI – em que houver dado à parte contrária parecer escrito sobre o objeto da demanda;
VII – em outras hipóteses previstas em lei.

8.2.5 *Demissão*

A pena de demissão é a sanção mais severa das que se pode impor ao membro da Defensoria Pública e, por expressa disposição legal, sua aplicação é incumbência do Governador do Estado.

Por acarretar a demissão do faltoso, somente pode ser decretada nas hipóteses de infrações mais sérias, que são as seguintes:

a) **prática de conduta tipificada como infração penal incompatível com o exercício do cargo**: pune-se com demissão o membro da Instituição que praticar fato tipificado como infração penal, isto é, crime ou contravenção penal que seja incompatível com o exercício do cargo de Defensor Público do Estado de São Paulo. Nos termos do art. 183, § 2º, consideram-se incompatíveis com o exercício do cargo, dentre outras, as infrações penais praticadas contra a administração e a fé pública e as que importem lesão aos cofres públicos e dilapidação do patrimônio público ou de bens confiados à sua guarda.

Não se exige o trânsito em julgado da sentença penal condenatória, pois a sanção de que tratamos tem natureza administrativa. Basta a prática de conduta descrita em lei como fato típico. Ilicitude e culpabilidade serão discutidas em sede criminal, foro adequado para a decisão acerca do fato imputado na esfera penal.

b) **prática das condutas previstas nos artigos 165 e 166 da LCE 988/06, quando a infração se der mediante o exercício irregular da advocacia**: a demissão também deve ser aplicada nos casos em que as violações a proibições (art. 165) e a impedimentos (art. 166) ocorrem por meio do exercício irregular da advocacia. Vimos que as infrações a proibições e a impedimentos, em regra, estão sujeitas à pena de suspensão (art. 181, inciso II). O denominado "exercício irregular da advocacia" representa uma circunstância agravante, apta a autorizar a punição com demissão.

Conquanto tenhamos ressalvado a impropriedade da expressão "exercício da advocacia fora das atribuições institucionais" (vide item 7.5), tem-se que a Lei Orgânica da DPESP optou por sancionar com demissão a Defensora ou Defensor Público que infringir proibição ou impedimento mediante o "exercício irregular da advocacia". Frise-se que o membro da carreira não se confunde com o advogado, daí porque o exercício da advocacia – por si só – sempre implicará irregularidade.

Apesar de praticar atos de postulação judicial, as atribuições do Defensor Público são muito mais amplas do que a mera assistência judiciária aos necessitados, circunstância suficiente à perfeita separação da figura do advogado, que exerce o seu múnus particular. O exercício da advocacia por um Defensor Público, nesse sentido, sempre será irregular, não havendo um modo específico de exercício irregular, pois o Defensor Público nunca pratica atos de advocacia. Em realidade, integra ele uma instituição pública voltada precipuamente à operacionalização do direito fundamental do acesso à assistência jurídica integral e gratuita. De todo modo, o legislador paulista considerou a prática da advocacia um fato de gravidade extrema, passível de sanção mediante demissão.

c) **abandono do cargo**: é o não comparecimento da Defensora ou Defensor Público ao serviço por mais de 30 dias sem qualquer motivo justificado (férias, licença etc.), na forma do § 1º do art. 183.

d) **procedimento irregular, de natureza grave**: aqui a Lei não descreveu, empírica e taxativamente, qualquer conduta irregular que autorize a demissão do membro da carreira. Permite-se a sanção máxima desde que haja procedimento irregular de natureza grave. Trata-se de fórmula genérica, cabendo apenas ao aplicador da sanção (Governador) decidir se uma determinada ação ou omissão configura ou não "procedimento irregular de natureza grave". A cláusula por demais abstrata torna duvidosa a constitucionalidade do dispositivo neste particular (art. 183, inciso IV), que, porém, nunca esteve sujeito a questionamentos em sede de controle concentrado.

8.2.6 *Cassação de disponibilidade e de aposentadoria*

A penalidade aqui comentada será aplicada se o integrante da carreira houver praticado, quando em atividade, falta passível de pena de demissão (art. 182). Com efeito, é possível que uma falta funcional punível com demissão seja praticada por um Defensor Público em atividade que, posteriormente, venha a se aposentar ou venha a ser colocado em disponibilidade[175]. Se a infração somente vier a ser apurada (e cabalmente demonstrada) após o fim da atividade (isto é, após a aposentadoria ou

[175] Artigo 125 – Extinto o cargo ou declarada sua desnecessidade, o Defensor Público ficará em disponibilidade com remuneração proporcional ao tempo de serviço.

após o início da disponibilidade), aplica-se a pena de cassação da aposentadoria ou da disponibilidade, a fim de que o infrator não permaneça impune. Percebe-se que o intuito dessa sanção é evitar que o faltoso seja beneficiado pelo fato de não mais estar em atividade.

Tal pena, em suma, é aplicada à Defensora ou Defensor Público que deveria ter sido demitido quando em atividade, porém se aposentou ou foi colocado em disponibilidade antes da decisão final do processo administrativo disciplinar.

Reafirme-se, porém, que a cassação da disponibilidade ou da aposentadoria somente se mostra lícita se a falta praticada pela Defensora ou Defensor Público em atividade for punível por demissão, até porque "como ele não pode mais ser demitido, cassa-se a sua aposentadoria"[176].

Por configurar a sanção "tardia" daquele que deveria ter sido demitido antes da aposentadoria ou disponibilidade, somente pode ser aplicada pelo Governador do Estado.

A tabela abaixo compila as normas afetas às penalidades administrativas:

QUADRO GERAL DAS PENALIDADES ADMINISTRATIVAS		
PENA	PRESSUPOSTO	QUEM APLICA
Advertência	descumprimento de dever funcional de pequena gravidade.	Defensor Público-Geral
Censura	• infrator que, já punido com advertência, vier a praticar outra infração disciplinar que o torne passível da mesma pena; • se a gravidade da infração justificar, desde logo, a aplicação da pena de censura.	Defensor Público-Geral
Suspensão	• infrator que, já punido com censura, vier a praticar outra infração disciplinar que o torne passível da mesma sanção; • se a gravidade da infração justificar, desde logo, a aplicação da pena suspensiva; • violação de proibições e impedimentos (ressalvados o exercício irregular da advocacia e o abandono do cargo).	Defensor Público-Geral

Artigo 126 – O aproveitamento é o reingresso do Defensor Público colocado em disponibilidade.

176 LIMA, Frederico Rodrigues Viana de. *Defensoria Pública*. 2ª ed. Salvador: Editora Juspodivm, 2012, p. 436.

Demissão	• prática de conduta tipificada como infração penal incompatível com o exercício do cargo; • ofensa a proibições e impedimentos quando a infração se der mediante o exercício irregular da advocacia; • abandono do cargo (não comparecimento ao serviço por 30 dias); • procedimento irregular, de natureza grave.	Governador do Estado
Cassação de disponibilidade ou de aposentadoria	se o Defensor Público houver praticado, quando em atividade, falta passível de pena de demissão.	Governador do Estado

CAPÍTULO 9
DO PROCEDIMENTO DISCIPLINAR

9.1 Noções gerais: institutos, cabimento e competência para instauração

9.1.1 *Procedimento disciplinar: sindicância e processo administrativo*

Examinamos, no Capítulo anterior, a fiscalização da atividade funcional (Capítulo I do Título V da Lei) e as penalidades aplicáveis em caso de infração disciplinar (Capítulo II do Título V).

Ao Capítulo III do Título V da LCE 988/06 está reservada a disciplina do procedimento disciplinar, objeto deste capítulo.

Por procedimento disciplinar deve-se entender o conjunto de procedimentos e ritos estabelecidos na Lei Complementar n. 988/06 destinados à apuração das infrações disciplinares. É por meio do procedimento disciplinar que são apuradas faltas funcionais e, caso alguma seja efetivamente constatada, com a demonstração de sua autoria, é no seu bojo que se aplica uma das penalidades analisadas no capítulo anterior.

Estipula a Lei a existência de duas figuras que compõem o procedimento disciplinar: a sindicância e o processo administrativo.

A sindicância é um procedimento preliminar, preparatório, que tem por escopo a colheita de elementos suficientes para a futura apuração da infração e do seu respectivo autor (art. 187, parágrafo único). Ostenta caráter investigatório e é instaurada, se necessário, antes do processo administrativo, justamente para colher elementos que podem, ao final da sindicância, subsidiar a instauração do processo administrativo. Assim, apresenta função semelhante ao inquérito policial: serve de instrumento hábil à reunião de dados probatórios mínimos à instauração do processo administrativo, daí a natureza de procedimento investigativo que a Lei atribui à sindicância. Chama-se de sindicado o Defensor Público objeto de investigação em sindicância.

O processo administrativo, por sua vez, é o meio idôneo à imputação formal de determinada falta funcional ao indiciado, ou seja, o suspeito de ter cometido infração passível de punição administrativa. Por esse motivo é comumente chamado de processo administrativo disciplinar, pois é o instrumento pelo qual se veicula uma imputação, ao final do qual se concluirá pela aplicação ou não de alguma penalidade administrativa. O Defensor Público ao qual se imputa a prática de infração disciplinar é denominado indiciado.

O processo administrativo pode ou não ser precedido de sindicância. Assim, se a autoridade processante detiver, por qualquer outro meio, informações suficientes acerca do fato e do seu possível autor (indiciado), poderá dar início ao processo administrativo sem prévia sindicância. Fica evidente, pois, a semelhança de funções havida entre a sindicância e o inquérito policial e, em outra quadra, entre o processo administrativo e a ação penal. Ressalve-se, todavia, que o processo administrativo tratado pela LCE 988/06 versa apenas sobre a imposição de pena de natureza administrativo-funcional.

Desdobrando o direito constitucional ao contraditório e à ampla defesa a todos os acusados, inclusive no âmbito administrativo (art. 5º, inciso LV da CF/88), o art. 190 da LCE 988/06 estabelece que "no processo administrativo e na sindicância, fica assegurado aos membros da Defensoria Pública do Estado o exercício de ampla defesa, pessoalmente, ou por advogado, mediante intimação pessoal de todos os atos do procedimento".

Importante anotar que a Lei autoriza que o próprio Defensor Público exerça, pessoalmente, a sua defesa em sindicância e em processo administrativo. Contando ele com capacidade postulatória (art. 4º, § 6º, da LC 80/94), pode mesmo praticar os atos inerentes à sua própria defesa técnica (redigir arrazoados, postular a produção de provas, acompanhando a sua realização etc.). Cabe lembrar, a propósito, que o Supremo Tribunal Federal tem entendimento pacífico no sentido de que **"a falta**

de defesa técnica por advogado no processo administrativo disciplinar não ofende a Constituição" (Súmula Vinculante n. 5). Nada impede, contudo, que o Defensor Público sindicado ou indiciado se valha dos serviços de advogado contratado para exercer a defesa técnica.

Há, ainda, na LCE 988/06, uma garantia adicional ao contraditório, consistente na intimação pessoal de todos os atos do procedimento da sindicância ou do processo administrativo. Contudo, "se o indiciado ou sindicado não for encontrado ou se furtar à citação ou intimação, será citado ou intimado por aviso publicado no Diário Oficial" (art. 190, parágrafo único).

Os autos de sindicância e de processo administrativo tramitarão sob sigilo (art. 191), sendo, ao final, arquivados na Corregedoria-Geral. O sigilo impõe que aos autos somente terão acesso o Defensor Público sindicado ou indiciado, ou advogado por ele constituído.

9.1.1.1 *As medidas alternativas à sanção administrativa*

O presente capítulo tratará do rito procedimental para apuração de infrações administrativas e eventual aplicação das penalidades cabíveis, na forma da LCE 988/2006. No entanto, a Lei Complementar estadual n. 1.361/2021, alterando o Estatuto dos Funcionários Públicos Civis do Estado de São Paulo (Lei estadual 10.261/1968), disciplinou três novos institutos que guardam repercussão em todo e qualquer procedimento disciplinar no Estado de São Paulo: (i) as práticas autocompositivas, (ii) o termo de ajustamento de conduta e (iii) a suspensão condicional do processo disciplinar.

Tais ferramentais comportam aplicação no âmbito da DPESP em razão do disposto no art. 193 da LCE 988/2006[177]. Não obstante os procedimentos previstos no Estatuto dos Funcionários Públicos Civis tenham nomenclatura distintas daqueles regulados pela LCE 988/2006, é possível identificar uma correlação entre eles que viabiliza aplicação destes instrumentos pela Defensoria Pública: o que o Estatuto denomina de providência ou apuração preliminar equivale, na LCE 988/2006, à

[177] Artigo 193 – Aplicam-se, subsidiariamente, aos procedimentos disciplinares de que trata esta lei complementar as normas do Estatuto dos Funcionários Públicos Civis do Estado e do Código de Processo Penal.

sindicância. Já a sindicância disciplinada pelo Estatuto corresponde ao processo administrativo sumário tratado na Lei Orgânica.

Assim, observada esta equivalência, nada impede sejam aplicados os institutos despenalizadores introduzidos pela LCE 1.361/2021 à Defensoria Pública, com seus requisitos próprios, da seguinte forma:

a) práticas autocompositivas: aplicáveis ao procedimento administrativo sumário e ordinário;
b) termo de ajustamento de conduta: aplicável à sindicância, e
c) suspensão condicional do processo: aplicável ao processo administrativo sumário.

De todo modo, cumpre analisar o procedimento disciplinar tal qual previsto na LCE 988/2006, o que será objeto dos itens abaixo.

9.1.2 *Cabimento da sindicância, processo administrativo sumário e ordinário*

A sindicância é regida pelos arts. 194 a 198 e o processo administrativo está disciplinado nos arts. 199 a 224, todos da Lei Orgânica. Eventuais omissões da Lei Complementar n. 988/06 serão supridas pela aplicação subsidiária das normas do Estatuto dos Funcionários Públicos Civis do Estado de São Paulo e do Código de Processo Penal, conforme dispõe o art. 193 da LCE 988/06.

O procedimento administrativo admite dois ritos: sumário e ordinário. Cuida-se de ritos do processo administrativo, isto é, são duas formas distintas de encadeamento dos atos processuais. A opção por um rito ou outro é feita pela lei, conforme o cabimento das penalidades: o processo administrativo sumário é adotado quando cabíveis as penas de advertência, censura, remoção compulsória e suspensão, enquanto o processo administrativo ordinário destina-se à apuração das infrações puníveis por demissão ou cassação de aposentadoria ou disponibilidade.

Vale observar que a sindicância pode ser instaurada para a colheita preliminar de elementos relacionados a qualquer penalidade. Na sindicância, não há ritos distintos em função da infração a ser investigada, ao contrário do que ocorre no processo administrativo.

9.1.3 *Competência para a instauração*

Tanto a sindicância quanto o processo administrativo disciplinar **são instaurados por ato do Corregedor-Geral**, qual seja, despacho devidamente motivado.

No que toca à **sindicância**, o Corregedor-Geral pode instaurá-la (art. 188, inciso I):

a) de ofício;
b) por determinação do Defensor Público-Geral do Estado ou do Conselho Superior; ou
c) por provocação de qualquer pessoa, vedadas a denúncia anônima e a que não forneça elementos indiciários de infração disciplinar.

Com relação ao **processo administrativo**, contudo, a Corregedoria não pode agir livremente para instaurá-lo, pois **depende, necessariamente, de determinação da Defensoria Pública-Geral** (art. 188, inciso III). Em outras palavras: o processo administrativo somente pode ser instaurado pelo Corregedor-Geral após determinação nesse sentido emanada da Defensoria Pública-Geral.

É importante lembrar, por oportuno, das prerrogativas do Conselho Superior em matéria de instauração de processo administrativo e sindicância.

Na forma do art. 31, XIII, o Conselho Superior pode representar à Corregedoria-Geral visando à instauração de sindicância envolvendo Defensora ou Defensor Público. A representação emanada do Conselho Superior será, assim como qualquer outra representação, apreciada pela Corregedoria-Geral, que, examinando o documento, poderá ou não instaurar a sindicância. A Corregedoria não está mesmo adstrita à representação, podendo rejeitá-la fundamentadamente.

Ocorre que, nos termos do art. 188, inciso I, alínea "b", o Conselho Superior também poderá determinar a instauração de sindicância. Percebe-se, portanto, que a LCE 988/06 atribuiu dupla forma ao Conselho Superior para suscitar a realização de sindicância: enquanto o art. 31, inciso XIII permite que o Conselho formule representação (analisada discricionariamente pela Corregedoria), o art. 188, inciso II, alínea "b", autoriza que o Conselho Superior determine à Corregedoria que instaure sindicância, ressaltando-se que a determinação tem caráter obrigatório.

Em relação ao **processo administrativo**, vale observar que a sua instauração ocorre por ato da Corregedoria-Geral, mediante determinação do Defensor Público-Geral. Assim, **somente a chefia da Instituição tem competência para fazer instaurar processo administrativo**, exercendo, neste particular, prerrogativa decorrente da liderança em matéria de autonomia administrativa, em especial a deflagração de processo administrativo disciplinar[178]. Ao Conselho Superior, a LCE 988/06 reservou apenas a atribuição de "recomendar ao Defensor Público-Geral do Estado a instauração de processo administrativo disciplinar em face de integrantes da carreira de Defensor Público" (art. 31, inciso XII). Conclui-se, em suma, que a instauração de processo administrativo é atribuição exclusiva do Defensor Geral, que pode ser instado a tal por meio de recomendação (sem natureza obrigatória) do Conselho Superior. O quadro abaixo consolida estas noções:

SINDICÂNCIA E PROCESSO ADMINISTRATIVO: CONSIDERAÇÕES INICIAIS		
	OBJETIVO	CORREGEDOR INSTAURA
SINDICÂNCIA	Colheita de elementos acerca da falta funcional e respectiva autoria, em atividade investigatória, preparatória ao processo administrativo	• de ofício • por determinação do Defensor Público-Geral do Estado ou do Conselho Superior • acolhendo recomendação do Conselho Superior • acolhendo provocação de qualquer pessoa, vedadas a denúncia anônima e a que não forneça elementos indiciários de infração disciplinar (representação)
PROCESSO ADMINISTRATIVO	Instrumento para apuração das faltas disciplinares, com eventual imposição de penalidade ao seu final	• por determinação do Defensor Público-Geral do Estado (Conselho Superior pode recomendar a instauração ao Defensor Geral)

178 Cumpre recordar que o Defensor Público-Geral é competente para a aplicação das penalidades previstas na lei, exceto no caso de demissão e cassação de aposentadoria, em que será competente para aplicá-las o Governador do Estado (art. 19, inciso XXIII)

9.2 Afastamento cautelar

O art. 189 da Lei Orgânica da Defensoria Pública paulista autoriza o Defensor Público-Geral a afastar o sindicado ou indiciado do seu cargo, sem prejuízo de seus vencimentos e demais vantagens, caso demonstrada a necessidade da medida para a garantia da regular apuração dos fatos. Cuida-se de afastamento cautelar.

Denominamos tal afastamento de cautelar porque se destina, evidentemente, a garantir a eficácia da decisão final da sindicância ou do processo administrativo. É lícito traçar um paralelo entre o afastamento cautelar de que trata o art. 189 e as medidas cautelares existentes no Direito Processual Penal. Com efeito, sua existência decorre da necessidade de se preservar a regular apuração dos fatos objeto da sindicância ou do processo administrativo. Busca-se assegurar, em última análise, que a decisão final (aplicando ou não penalidade) seja proferida de forma escorreita, apartando-se qualquer influência externa, inclusive no que toca à regular produção da prova.

Obviamente, a medida cautelar de afastamento imposta ao sindicado ou indiciado não acarreta qualquer limitação ao seu *status libertatis* (pois estamos a tratar de penalidades de ordem administrativa). Cautelarmente, autoriza-se apenas o afastamento do cargo que ocupa na Defensoria Pública do Estado de São Paulo. Em que pese possuírem efeitos diversos, as medidas cautelares previstas no Código de Processo Penal e o afastamento cautelar do art. 189 devem atender aos pressupostos de toda e qualquer providência cautelar: *fumus boni iuris* e *periculum in mora*.

Em geral, o *fumus boni iuris* pode ser definido como "a plausibilidade do direito substancial (...) ou seja, plausibilidade de que se trata de um fato delituoso, constatada por meio de elementos probatórios, razão pela qual pode ser melhor denominado *fumus commissi delicti*, no processo penal"[179]. De outro vértice, o *periculum in mora* pode ser conceituado, de modo amplo, como sendo "o *perigo na demora* ou o dano potencial para o interesse ou direito de alguém diante da demora do procedimento ou processo em satisfazê-lo"[180].

179 Feitoza, Denílson. *Direito Processual Penal. Teoria, Crítica e Práxis.* 5ª. ed. Niterói: Impetus, 2008, p. 725.

180 Feitoza, Denílson. *Direito Processual Penal. Teoria, Crítica e Práxis.* 5ª. ed. Niterói: Impetus, 2008, p. 725.

O afastamento disciplinado no art. 189, por apresentar nítida feição cautelar, também está subordinado à observância dos pressupostos do *fumus boni iuris* e do *periculum in mora*.

O perigo na demora para o encerramento da sindicância ou do processo administrativo decorre do risco para a regular apuração dos fatos. O afastamento, assim, visa justamente, na literalidade do dispositivo, a garantir o perfeito andamento da sindicância ou do processo administrativo.

Exemplifiquemos: um Defensor Público está sendo investigado em sindicância ou acusado em processo administrativo disciplinar por suposta violação da proibição concernente ao uso da função para obter vantagem pessoal (art. 165, inciso V). Identificada possível manobra para ocultar ou dificultar a prova que poderá ser produzida em seu desfavor (ex.: convencer aquele que lhe prestou a vantagem em favor do cargo a negar o fato, com o argumento de justamente ainda ocupá-lo), poderá a Corregedoria representar à Defensoria Pública-Geral para que determine o afastamento como medida cautelar. Como se pode perceber, a medida visa a garantir que o procedimento disciplinar chegue ao seu termo em condições normais, sempre respeitado o contraditório e a ampla defesa do acusado.

Já a plausibilidade do direito, apta a autorizar o afastamento do sindicado ou indiciado, é colhida dos elementos que minimamente demonstrem o risco advindo da manutenção do investigado no cargo.

Percebe-se que o afastamento é medida de extrema gravidade e, por isso mesmo, só comporta aplicação quando presentes os pressupostos do *fumus* e do *periculum*, concomitantemente.

Justamente por ser ato extremo, imposto ainda durante o processamento da sindicância ou do processo disciplinar, a Lei reveste o afastamento cautelar de um regramento jurídico próprio, previsto no art. 189 da LCE 988/06, com vistas a evitar afastamentos indevidos. Examinemos, portanto, os demais requisitos e normas afetos ao afastamento cautelar.

E primeiro lugar, cabe ressaltar que tal afastamento é determinado pela Defensoria Pública-Geral, isto é, pela chefia da Instituição, responsável por zelar, em grau mais elevado, pela autonomia administrativa da carreira, inclusive no que toca a matéria disciplinar. A competência dada à Defensoria Geral, assim, indica que a decisão deve ser tomada pelo órgão de cúpula da Defensoria Pública paulista, não sendo atribuição de qualquer outro órgão.

Anote-se que esta competência se encontra expressamente elencada no rol das atribuições da Defensoria Pública-Geral, no inciso XXIV do art. 19 da LCE 988/06:

> **Artigo 19 – São atribuições do Defensor Público-Geral do Estado, dentre outras:**
> (...)
> **XXIV – determinar, atendendo a proposta do Corregedor-Geral, o afastamento de Defensor Público que esteja sendo submetido a sindicância ou processo administrativo disciplinar, observado o disposto no artigo 189 desta lei complementar;**
> (...)

De outra parte, ainda como garantia do investigado, a Lei prevê que o Defensor Público-Geral, conquanto seja a autoridade responsável por eventual afastamento, não pode agir de ofício nesse sentido. Ao contrário, o afastamento cautelar somente pode ser determinado após o recebimento de representação para tanto formulada pelo Corregedor-Geral. A representação, como se vê, funciona como a proposta feita pela Corregedoria-Geral à Defensoria Pública-Geral, noticiando fatos que podem ensejar o afastamento. Tal condição procura assegurar que os pressupostos da medida (perigo na demora e plausibilidade do direito) sejam minimamente identificados por quem esteja mais próximo da sindicância ou do processo administrativo, ou seja, o Corregedor-Geral. De fato, é ele quem preside os trabalhos nos dois institutos (arts. 194, 199 e 212) e, portanto, presumidamente, é quem tem as melhores condições de verificar se estão presentes os motivos para que o Defensor Público objeto da investigação deva ou não ser submetido, ainda em sede cautelar, à drástica medida de ser afastado de seu cargo.

A necessidade de prévia representação manejada pela Corregedoria-Geral evita, nesse sentido, afastamentos precipitados, pois deve relatar à Defensoria Público-Geral os mínimos elementos que indiquem a necessidade da providência.

Saliente-se, de outro vértice, que, uma vez afastado, cautelarmente, o Defensor Público, tal afastamento não pode se perenizar, pois tem o prazo máximo 60 dias, podendo ser excepcionalmente[181] prorrogado por idêntico período. Repare que a prorrogação, além de se revestir de caráter ainda mais excepcional, deve se submeter às mesmas formalidades observadas para a imposição do primeiro período de afastamento: (i) decisão do Defensor Público-Geral do Estado, (ii) provocada por representação do Corregedor-Geral, (iii) caso se mantenha a necessidade para garantia da regular apuração dos fatos (parágrafo único do art. 189).

Assim, não se permite decisão que prorrogue o afastamento de maneira automática, havendo que se demonstrar que, no mínimo, persiste a necessidade que consubstancia o *periculum in mora*.

Assevere-se que durante o prazo do afastamento (e de sua eventual prorrogação) o Defensor Público afastado não perderá o direito aos seus vencimentos e demais vantagens do cargo. Não poderia mesmo ser diferente, pois, do contrário, haveria evidente antecipação da sanção disciplinar, não autorizada pela Lei Complementar n. 988/06.

Por fim, cabe indicar que, além do afastamento cautelar regido de forma exaustiva pelo art. 189, a LCE 988/06 também prevê, no art. 198, parágrafo único, duas outras espécies de medidas cautelares relacionadas ao procedimento disciplinar: a disponibilidade preventiva e a remoção preventiva[182]. Em realidade, o art. 198, parágrafo único também menciona a figura do afastamento preventivo, que nada mais é do que o afastamento cautelar de que trata o art. 189. Confira a redação do parágrafo único do art. 198:

> **Artigo 198 – Decorrido o prazo para a apresentação da defesa escrita, o sindicante, em 10 (dez) dias, elaborará relatório, em que examinará os elementos da sindicância e concluirá pela instauração de processo administrativo ou pelo seu arquivamento.**

[181] O afastamento, por si só, é medida já dotada de excepcionalidade no sistema do processo disciplinar. É, em suma, medida cautelar que, por isso mesmo, depende da presença de notório perigo para que seja decretada. Assim, a excepcionalidade necessária para a prorrogação por mais 60 dias do afastamento é adicional, ou seja, impõe-se que se reconheça ainda maior grau de necessidade para que haja prorrogação daquilo que já era exceção no sistema.

[182] Interessante lembrar que a doutrina discute a constitucionalidade da pena de remoção compulsória, o que, por via de consequência, torna duvidosa, também, a constitucionalidade da remoção preventiva. Confira, a propósito, o item 8.2.3 acima e os argumentos favoráveis e contrários à remoção compulsória.

Parágrafo único – Se na sindicância ficarem apurados fatos que, em atenção ao interesse público, recomendem a disponibilidade, o afastamento preventivo ou a remoção preventiva, o Corregedor-Geral representará para esse fim ao Defensor Público-Geral do Estado.

Assim como o afastamento cautelar, a disponibilidade e remoção preventivas também apresentam a natureza jurídica de cautelares e, nessa condição, exigem os pressupostos do *fumus boni iuris* e do *periculum in mora*. No entanto, a disponibilidade preventiva e a remoção preventiva têm como pressuposto específico o interesse público, enquanto o afastamento cautelar decorre da necessidade de se garantir a regular apuração.

Deve-se observar que as figuras têm, portanto, fundamentos específicos distintos:

Afastamento cautelar (art. 189)	Se demonstrada a necessidade da medida para a garantia da regular apuração dos fatos
Disponibilidade preventiva e remoção preventiva (art. 198, parágrafo único)	Se ficarem apurados fatos que, em atenção ao interesse público, recomendem as medidas

Vale ressaltar que o art. 198 está inserido nas normas que disciplinam a sindicância. O afastamento cautelar (art. 189), ao contrário, se encontra no meio das disposições preliminares aplicáveis a todo o procedimento disciplinar. Tal organização topográfica permite a interpretação no sentido de que tais medidas (disponibilidade e remoção preventivas) somente podem ser determinadas ao final da sindicância. Aliás, não haveria mesmo sentido em autorizar-se disponibilidade ou remoção preventivamente ao final do processo administrativo, pois nesse momento há efetiva punição disciplinar, em caráter final (e não como providência cautelar).

O afastamento cautelar, por sua vez, pode ser imposto em qualquer fase da sindicância ou do processo administrativo disciplinar, na forma do art. 189.

À míngua de regulamentação específica da disponibilidade preventiva e da remoção preventiva, mostra-se razoável a aplicação subsidiária das regras atinentes ao afastamento cautelar (art. 189), quais sejam: prazo máximo de 60 dias, prorrogável por igual período mediante nova representação, sem prejuízo dos vencimentos e demais vantagens do cargo.

9.3 Sindicância

A sindicância é o instrumento investigatório que precede o processo administrativo (sumário ou ordinário), instaurado quando não existem elementos suficientes à apuração da falta funcional e de sua autoria em sede de processo administrativo.

Sua finalidade é, assim, a colheita de indícios mínimos acerca da infração e da autoria, a fim de subsidiar eventual imputação, que será deduzida no processo administrativo.

A sindicância é processada na Corregedoria-Geral da Defensoria Pública e o sindicante será o Corregedor-Geral, que poderá delegar essa função a um ou mais de seus Corregedores-Auxiliares (art. 194).

Excepciona-se tal regra quando o sindicado for o Defensor Público-Geral ou o próprio Corregedor-Geral. Nessas hipóteses, a sindicância tramitará perante o Conselho Superior da Defensoria Pública, sendo que o sindicante será um dos conselheiros com direito de voto[183], escolhido por sorteio.

A Lei estipula um prazo máximo para a conclusão da sindicância: 30 dias, contados da instalação dos trabalhos. Esse prazo poderá ser prorrogado por outros 30 dias, havendo fundamento razoável para tanto, declinado em despacho motivado do sindicante.

Geralmente a sindicância é iniciada com a notícia de alguma irregularidade a demandar uma investigação preliminar que possa concluir pela existência de base idônea à deflagração de processo administrativo para punição do responsável. Deve-se ter em mente que a Corregedoria pode ser instada a abrir sindicância por meio de representação de qualquer pessoa, vedadas a denúncia anônima e a que não forneça elementos indiciários de infração disciplinar, conforme o art. 188, inciso I, alínea "c" da Lei Complementar n. 988/06.

Assim, imediatamente colhidos os elementos que minimamente demonstrem a existência de infração administrativa, procede-se à oitiva do sindicado (apontado como sendo o faltoso), nos termos do art. 195. Antes dessa oitiva, contudo, o sindicado deve ser pessoalmente intimado com antecedência mínima de 2 (dois) dias. Tal intimação deve cientificar o sindicado de todo o apurado até então para que, nesse prazo

183 Excluem-se, pois, os conselheiros que têm apenas direito de voz: Ouvidor-Geral e presidente da associação de classe mais representativa da carreira de Defensor Público do Estado.

mínimo de 2 (dois) dias, possa carrear os elementos de convicção válidos a serem trazidos por ocasião da oitiva. Caso o sindicado não seja encontrado ou tente frustrar a diligência, será ele intimado mediante aviso publicado no Diário Oficial, com prazo de 5 (cinco) dias. Na hipótese de intimação via imprensa oficial, o prazo mínimo para a oitiva é ampliado para 5 dias de antecedência (art. 195, parágrafo único).

A oitiva do sindicado é a oportunidade para que ele ofereça sua versão dos fatos, trazendo, se for o caso, os esclarecimentos necessários e cabíveis em sede de investigação preliminar. Ressalte-se que se trata de ato oral.

Pode o sindicado produzir provas do que for por ele alegado em sua oitiva. Poderá fazê-lo no prazo de três dias contados da oitiva, por si mesmo ou por advogado (art. 196). A Lei não limita as provas possíveis de serem realizadas nessa fase, nada impedindo a oitiva de testemunhas, a juntada de documentos ou a requisição deles a outros órgãos, quando não os possuir o sindicado.

Realizadas as diligências probatórias, passa-se à fase da defesa escrita, que pode ser apresentada pelo próprio Defensor Público investigado ou por advogado por ele constituído. O prazo para apresentação da defesa escrita é de 7 (sete) dias, a contar de intimação pessoal para tanto. Interessante observar que é assegurada vista dos autos durante o prazo para a defesa escrita, o que permite o pleno cotejo dos elementos de convicção. A defesa escrita cumpre função semelhante à dos memorais, constituindo, em realidade, o momento para alegações finais na sindicância.

A sindicância se encerra pela prolação de relatório pelo sindicante (Corregedoria-Geral), que examinará os elementos dos autos, concluindo pela instauração de processo administrativo ou pelo arquivamento da sindicância. Destarte, apurando-se a existência de base fático-probatória indicativa da existência de falta funcional (e a sua respectiva autoria), o relatório deverá ensejar a instauração de processo administrativo. Caso contrário, ou seja, não se demonstrando justa causa para o início de um processo administrativo disciplinar, a sindicância será arquivada, sem qualquer prejuízo funcional ao sindicado.

A autoridade sindicante tem o prazo de 10 dias para proferir o relatório final.

9.4 Processo administrativo sumário

O processo administrativo é o instrumento por meio do qual se processam as imputações de faltas funcionais aos membros da Defensoria Pública do Estado de São Paulo, com vistas à imposição (ou não) da penalidade administrativa cabível ao indiciado (vide item 8.2). Repare que, no processo administrativo, fala-se em indiciado (e não sindicado), pois se presume haver lastro probatório mínimo que justificou a instauração de processo administrativo disciplinar. O suspeito, aqui, tem contra si base acusatória mais concreta, justificando a condição de indiciado.

Duas informações importantes merecem ser recordadas:

a) o processo administrativo disciplinar não prescinde de prévia sindicância: pode ser instaurado diretamente caso haja, de plano, indícios suficientes à imputação.
b) o processo administrativo somente pode ser instaurado após determinação da Defensoria Pública-Geral.

Inicialmente, vale ressaltar que o processo administrativo (sumário ou ordinário) é processado perante a Corregedoria-Geral, sendo, portanto, presidido pelo Corregedor-Geral.

Cabe-lhe, portanto, não somente conduzir o procedimento e proferir relatório final, como também instaurar a demanda (após determinação da Defensoria Geral), imputando o ato infracional ao indiciado. Essa acumulação de funções (acusação inicial e condução dos atos probatórios) aproxima o processo administrativo do sistema inquisitivo que vigorava no processo penal (em contraposição ao sistema acusatório vigente)[184].

Com efeito, tanto no processo administrativo sumário quanto no ordinário, é a Corregedoria que dá início à tramitação – imputando o ato supostamente infracional – e conduz os atos probatórios, além de proferir o relatório final (que será posteriormente apreciado pelo Conselho Superior e pela Defensoria Pública-Geral ou pelo Governador do Estado). Frise-se, contudo, que o processo administrativo disciplinar da LCE 988/06 não é totalmente inquisitivo, pois a decisão final a respeito

[184] Cf. FEITOZA, Denílson. *Direito Processual Penal. Teoria, Crítica e Práxis.* 5ª. ed. Niterói: Impetus, 2008, p. 54-60.

da aplicação (ou não) da penalidade é do Defensor Público-Geral ou do Governador do Estado, conforme o caso.

A Corregedoria dá início ao processo formal de acusação (processo administrativo) e preside os atos probatórios que, porém, serão valorados em caráter decisivo pela Defensoria Pública-Geral (nas hipóteses de advertência, censura, remoção compulsória ou suspensão) ou pela chefia do Poder Executivo (nos casos de demissão ou cassação da aposentadoria ou disponibilidade). Tal divisão de competências não permite dizer que o processo administrativo disciplinar é integralmente inquisitivo, pois não há confusão plena entre os órgãos responsáveis pela acusação e pelo seu respectivo julgamento.

No entanto, uma certa conformação inquisitiva na apuração das faltas funcionais (isto é, no processo administrativo) não acarreta inconstitucionalidade dos papéis da Corregedoria-Geral. Com efeito, a Lei Complementar n. 988/06 cuida de procedimentos para apuração de infrações de natureza administrativa (e não criminal).

O princípio acusatório foi adotado pela Constituição Federal relativamente ao processo penal (de natureza judicial), sendo certo que a punição na esfera administrativa está submetida ao princípio da hierarquia, o que justifica a possibilidade de a Corregedoria instaurar, conduzir e concluir processo administrativo disciplinar[185]. O que está em jogo, em suma, não é a aplicação do direito penal, mas a necessária observância do regime jurídico próprio a que está adstrito o membro da Defensoria Pública do Estado de São Paulo.

Examinaremos, nesta seção, o processo administrativo sumário, aplicável quando a falta apurada for punível com uma das seguintes sanções:

a) advertência;
b) censura;

[185] A necessária hierarquia que deve existir entre os órgãos da Administração Pública em geral também deve ser observada no âmbito da Defensoria Pública do Estado de São Paulo, em função do **princípio da finalidade** que deve inspirar toda e qualquer atividade pública. Como leciona Celso Antônio Bandeira de Mello, "o princípio da finalidade impõe que o administrador, ao manejar as competências postas a seu encargo, atue com rigorosa obediência à finalidade de cada qual. Isto é, cumpre-lhe cingir-se não apenas à finalidade própria de todas as leis, que é o interesse público, mas também à finalidade *específica* abrigada na lei a que esteja dando execução" (*Curso de Direito Administrativo*. 18ª. ed. São Paulo: Malheiros, 2005, p. 98.

c) remoção compulsória;
d) suspensão por até 90 dias.

O processo administrativo sumário se caracteriza por um rito mais breve, se comparado àquele do processo administrativo ordinário. Conforme veremos abaixo, a principal diferença entre eles reside no número de audiências: no rito sumário há apenas uma, enquanto no ordinário existem duas audiências (uma para interrogatório do indiciado e outra para oitiva de testemunhas). Há, ainda, outras particularidades que serão oportunamente analisadas.

O ato inicial do processo administrativo sumário é a portaria expedida pela Corregedoria-Geral, que, tal qual na sindicância, é a autoridade responsável pela condução do procedimento e pela presidência dos atos (art. 199).

A portaria de instauração tem a função de peça acusatória formal, devendo conter a qualificação do indiciado, a exposição dos fatos imputados e a indicação das normas infringidas, sendo instruída com a sindicância, se houver, ou com os elementos de prova existentes (art. 200).

Logo na portaria de instauração, a Corregedoria deliberará sobre a realização de provas e diligências necessárias à comprovação dos fatos e da autoria. Já na portaria, a Corregedoria designa data para audiência de instrução, na qual serão ouvidos o indiciado e as testemunhas arroladas pela acusação e pela defesa. A Corregedoria e o indiciado podem arrolar até três testemunhas cada um (art. 201, *caput*).

Percebe-se que, havendo prova testemunhal a ser produzida pelo ente acusador (Corregedoria), devem tais pessoas ser arroladas já na portaria inicial.

Ademais, a audiência de instrução realizada no processo administrativo sumário é una, ou seja, congrega todos os atos em que há prova oral a ser produzida (oitiva do indiciado e das testemunhas arroladas, além da possível oitiva do denunciante, se necessária à apuração do fato – art. 201, § 1º).

O caráter uno da audiência decorre do teor do art. 207, ao prescrever que: "a instrução deverá ser concluída no mesmo dia e, não sendo possível, será designada audiência em continuação, saindo intimados todos os interessados". O fato de os atos probatórios se estenderem, eventualmente, por mais de uma data não enseja a realização de duas audiências distintas: uma é continuação da outra, assim se procedendo somente quando inviável a conclusão de todos os atos apenas na data inicialmente designada. Note, contudo, que a lei é clara ao determinar que a instrução, em regra, deverá ser concluída integralmente no dia inicialmente designado para a audiência de instrução.

Uma vez instaurado o processo administrativo sumário, por meio de portaria da Corregedoria-Geral, deve o indiciado ser formalmente citado acerca daquilo que pesa sobre ele em termos de acusação disciplinar. A citação deverá ser pessoal, mediante mandado instruído com cópia da portaria e dos documentos que a acompanham. Também no ato citatório se noticia ao indiciado o dia, hora e local da audiência de instrução (art. 201, § 2º).

A partir da citação, pode o indiciado oferecer defesa prévia, faculdade que deve ser transcrita no mandado de citação. O prazo para defesa prévia é de 10 dias. A defesa prévia pode ser apresentada pelo próprio Defensor Público ou por advogado e configura o momento processual adequado para que o indiciado ofereça as provas que pretende produzir e arrole as suas testemunhas (art. 203, § 3º). Caso as testemunhas do indiciado não sejam arroladas no prazo da defesa prévia, haverá preclusão da realização de tal prova.

Assim, ao final do prazo para defesa prévia, já se conhecem as testemunhas que serão ouvidas na audiência de instrução: as arroladas pela Corregedoria já o foram na portaria; as do indiciado são indicadas na defesa prévia.

Há revelia no procedimento administrativo: nos termos do art. 201, § 5º, "se o indiciado não atender à citação e não se fizer representar por advogado, será declarado revel".

A revelia produz um efeito interessante: considerando que, pela LCE 988/06, o processo administrativo não pode prosseguir sem defesa técnica do indiciado, uma vez constatada a revelia, a Corregedoria-Geral designará um Defensor Público para patrocinar a defesa do indiciado, com a fixação de honorários advocatícios em favor da Defensoria Pública do Estado, devidos ao final (art. 201, § 6º). Cuida-se de uma forma de defesa dativa, nomeada pela autoridade processante (Corregedoria-Geral) a fim de suprir a defesa técnica do indiciado. Essa defesa ficará a cargo de outro membro da carreira especialmente designado para este fim, que não poderá escusar-se da tarefa sem justa causa, conforme o art. 201, § 7º.

A atuação da Defensora ou Defensor Público designado para o exercício da defesa do indiciado cessa quando este último constitui advogado para exercer a defesa administrativa. Nessa hipótese, o advogado receberá o processo administrativo no estado em que se encontrar sem prejuízo dos honorários advocatícios devidos pelo indiciado à Instituição, cujo valor será arbitrado pela Corregedoria-Geral, na forma do art. 205 da Lei Orgânica da Defensoria Pública do Estado de São Paulo.

Outro efeito da citação é a necessidade de comparecimento do indiciado a todos os demais atos subsequentes, ou seja, deve ele necessariamente intervir regularmente no feito, sempre que for intimado para tanto (art. 204).

Enfim, superada a fase de citação (ou declaração da revelia) e apresentada defesa prévia (pelo indiciado, advogado constituído ou Defensor Público designado pela Corregedoria), passa-se à fase de regularização do feito, em que se procederá à intimação das testemunhas de acusação e de defesa. Importa observar que, consoante o parágrafo único do art. 202, "se o indiciado ou seu advogado comprometer-se a trazer as testemunhas independentemente de intimação, presumir-se-á a desistência da inquirição, caso as testemunhas de defesa não compareçam à audiência de instrução".

Vale salientar que as provas requeridas pelo indiciado serão apreciadas pela Corregedoria-Geral, a quem competirá indeferir, "em despacho motivado, provas impertinentes ou que tenham intuito meramente protelatório" (art. 203).

Chega-se, enfim, à audiência de instrução, oportunidade para a colheita de toda a prova oral: oitiva do indiciado, do denunciante (se necessário) e das eventuais testemunhas de acusação e defesa (até o máximo de três para cada)[186].

Em regra, a instrução deve ser concluída na própria audiência, porém nada impede, em homenagem à ampla defesa, que outros requerimentos

[186] Tal como sucede no processo ordinário, conforme exposto abaixo, a garantia do contraditório e da ampla defesa permite seja a oitiva da pessoa indiciada realizada após a oitiva das testemunhas, encerrando a instrução. De fato, tal como ocorre na seara processual penal, não obstante o teor da LCE 988/2006 neste ponto, mostra-se lícito realizar-se o interrogatório após a oitiva das testemunhas, invertendo-se a ordem prevista na Lei Orgânica.

sejam deduzidos pelo indiciado ao Corregedor, em especial a juntada de novos documentos.

De todo modo, encerrada a fase instrutória, abre-se ao indiciado o prazo de 7 dias para apresentação de alegações finais escritas (art. 208). Tal peça se destina à análise do acervo probatório produzido durante a instrução do processo administrativo sumário.

Em seguida, os autos serão remetidos à Corregedoria-Geral, que terá o prazo de 15 dias para elaborar seu relatório final, encaminhando *incontinenti* o processo ao Conselho Superior para deliberação, segundo dispõe o art. 209 da Lei Complementar n. 988/06.

A deliberação mencionada pelo citado art. 209 constitui a atribuição de "opinar em processo administrativo disciplinar envolvendo Defensor Público" (art. 31, inciso XXVIII da Lei Orgânica da DPESP). Assim, os autos do processo administrativo sumário serão objeto de deliberação do Conselho Superior, em sessão reservada[187], na qual o colegiado emitirá opinião acerca do relatório da Corregedoria, concordando, total ou parcialmente, com o seu teor, deliberando no prazo de 20 dias[188].

Assim, o Conselho Superior, pela maioria de seus integrantes, poderá concordar com as sugestões da Corregedoria: condenação ou absolvição administrativa. Poderá, ainda, o colegiado, opinar pela aplicação de sanção não constante do relatório final do processo administrativo sumário

[187] Artigo 29 – O Conselho Superior reunir-se-á ordinariamente uma vez por semana, em dia previamente estabelecido, e, extraordinariamente, quando convocado pelo seu Presidente ou por proposta de ao menos 5 (cinco) de seus membros.
(...)
§ 2º – As decisões do Conselho Superior serão sempre motivadas e publicadas por extrato, salvo nas hipóteses legais de sigilo.
(...)
§ 5º – Nas sessões de julgamento de processo administrativo disciplinar, será franqueada a palavra apenas ao Defensor Público interessado e a seu advogado legalmente constituído.

[188] Confira, por oportuno, o art. 53, § 2º do Regimento Interno do Conselho Superior da Defensoria Pública do Estado de São Paulo: "Art. 53. Encerrados os debates, o Conselho deverá proferir parecer, na forma estabelecida neste Regimento, ou poderá determinar a realização de diligências imprescindíveis, de ofício, por provocação de qualquer Conselheiro, ou por requerimento do indiciado, desde que relativas a fatos supervenientes noticiados na própria sessão. (...) § 2º **No parecer o Conselho deverá opinar sobre cada uma das imputações atribuídas ao indiciado, manifestando-se sobre sua materialidade e autoria, assim como sobre a aplicação de penalidade, em que modalidade, sob qual fundamento legal e, se o caso, em que dosagem.**" (grifo nosso)

(emanado do Corregedor-Geral). Por exemplo: o relatório conclusivo da Corregedoria recomenda a aplicação da pena de advertência, porém o Conselho pode entender ser o caso de sanção mediante censura. Deve-se ter em mente que o processo administrativo sumário é o rito adequado à apuração das sanções puníveis com as penalidades de advertência, censura, remoção compulsória e suspensão por até 90 dias. Por esse motivo, não poderá o Conselho Superior, ao final do processo administrativo sumário, opinar sobre a aplicação de pena de demissão, pois tal penalidade deve ser apurada apenas por meio de processo administrativo ordinário.

Ao final, o processo administrativo sumário é encaminhado à Defensoria Público-Geral do Estado, a quem compete a palavra final em matéria de decisão do processo administrativo disciplinar sumário. Poderá ela aplicar uma dentre as penalidades passíveis (dentre as quais não se incluem a demissão e a cassação de aposentadoria ou disponibilidade, como visto acima, que somente podem ser aplicadas pelo Governador do Estado ao cabo do processo administrativo ordinário).

Não está o Defensor Geral vinculado ao relatório final da Corregedoria e nem à opinião exarada pelo Conselho Superior, porém a Lei Orgânica institui uma sistemática visando a conferir legitimidade à decisão da Defensoria Geral que aplique a sanção disciplinar, assegurando que conheça os pareceres da Corregedoria-Geral e do Conselho Superior (vide item 9.1).

O Defensor Público-Geral tem o prazo de 20 dias para emitir a decisão final, que põe fim ao processo administrativo sumário.

Da decisão do Defensor Público-Geral será o indiciado intimado pessoalmente, o que pode ocorrer por dois modos: (i) mediante servidor ou membro da Defensoria Pública, ou (ii) através de carta registrada, com aviso de recebimento (art. 211, parágrafo único). Se for revel, a intimação dar-se-á por meio de publicação no Diário Oficial. Igual procedimento será observado caso o indiciado se furte à intimação pessoal.

O art. 210 da Lei Complementar n. 988/06 prevê que o processo administrativo sumário se encerre no prazo máximo de 90 dias, prorrogáveis por outros 90 dias.

9.5 Processo administrativo ordinário

O processo administrativo ordinário é o meio procedimental afeto à apuração das infrações disciplinares mais graves e, bem por isso, apresenta o rito mais elástico, dilatado, de modo a assegurar a mais ampla defesa administrativa ao indiciado. Com efeito, caso constatada falta punível com demissão, o indiciado perderá, por completo, o vínculo efetivo com a Defensoria Pública ou, se já aposentado ou em disponibilidade, terá cassada essa sua condição funcional (art. 212).

O encadeamento dos atos processuais é mais extenso justamente para garantir ao acusado (indiciado) maiores oportunidades de exercer a sua defesa, pois, caso condenado administrativamente, será demitido em caráter definitivo (ou perderá a aposentadoria ou disponibilidade em que se encontrava). Em virtude do maior número de atos, o prazo máximo para encerramento do processo administrativo ordinário é de 120 dias, prorrogável por igual prazo (parágrafo único do art. 212).

Tais penalidades são aplicadas pelo Governador do Estado de São Paulo ao final do processo administrativo ordinário. O processo, contudo, é instaurado e presidido pela Corregedoria-Geral. A instauração, vale ressaltar, somente é admitida após a determinação para tanto exarada pela Defensoria Público-Geral, que detém competência exclusiva para deflagrar o processo administrativo (sob o rito sumário ou ordinário), conforme o art. 19, inciso XVIII.

Assim, uma vez determinado o início do processo administrativo ordinário pelo Defensor Geral, cabe ao Corregedor instaurá-lo editando portaria, que, assim como ocorre no processo sumário, apresenta a função de peça acusatória formal. Deve ela conter "a identificação do indiciado, a exposição dos fatos imputados e a indicação das normas infringidas, sendo instruída com os autos da sindicância, se houver, ou com os elementos de prova existentes" (art. 213).

Observe-se que a portaria será instruída com os autos da sindicância, quando esta houver, pois o processo administrativo ordinário, a teor do sumário, não depende de prévia sindicância, podendo ser desde logo instaurado caso haja elementos para tanto.

Na portaria, a Corregedoria poderá arrolar até 8 testemunhas, número sensivelmente maior do que aquele permitido no processo sumário (3 testemunhas).

Ato contínuo, procede-se à citação do indicado para interrogatório.

Como se vê, logo após a citação há o interrogatório do indiciado. No processo administrativo sumário, após a citação, ocorre desde logo audiência una de instrução – na qual também é ouvido o indiciado –, precedida de defesa prévia.

Segundo os expressos termos da lei, no procedimento ordinário, há uma primeira audiência destinada exclusivamente à oitiva do indiciado, que será interrogado sobre a imputação. As testemunhas de acusação e defesa serão posteriormente ouvidas em uma segunda audiência – a de instrução – e aí está uma diferença crucial entre os ritos dos procedimentos administrativos sumário e ordinário. No entanto, com vistas a prestigiar o contraditório e a ampla defesa, pondera-se ser válido tornar a oitiva da pessoa indiciada o último ato da instrução. Com efeito, à semelhança do processo penal, mostra-se cabível, não obstante o teor da LCE 988/2006 neste ponto, realizar o interrogatório após a oitiva das testemunhas, invertendo-se a ordem prevista na Lei Orgânica.

A citação no processo ordinário segue, por sua vez, a mesma disciplina da citação do processo sumário, à exceção do prazo prévio que deve intermediar o ato citatório e o interrogatório: no processo administrativo ordinário a citação deve ser entregue com prazo mínimo de 2 (dois) dias de antecedência em relação à data designada para interrogatório, segundo reza o art. 214 da Lei Orgânica da Defensoria Pública[189].

No processo administrativo ordinário também se opera a revelia do indiciado se ele não atender à citação e não comparecer aos autos por meio de advogado. Há, ainda, a figura do Defensor Público nomeado pelo Corregedor-Geral para patrocinar a defesa do indiciado, cabendo a este último pagar honorários advocatícios em favor da Instituição, em valor a ser fixado pelo Corregedor (art. 214, § 1º).

Assegura-se, todavia, ao indiciado revel (ao qual tenha sido designado Defensor Público para o exercício da defesa dita dativa) constituir, a qualquer tempo, advogado de sua confiança para acompanhar o processo administrativo, que, intervindo no feito, receberá o processo no estado em que se encontrar (art. 214, § 4º).

[189] No entanto, à luz do apontado no parágrafo anterior, na hipótese de inversão dos atos processuais (relegando-se o interrogatório como último ato da instrução), fica sem efeito o prazo de 2 dias estabelecido no art. 214 da Lei.

Por ocasião do interrogatório do indiciado, que, vale reiterar, pode ser realizado após a oitiva das testemunhas, será ele inquirido pela Corregedoria a respeito dos fatos imputados na portaria de instauração (art. 215). Eis a oportunidade de o indiciado exercer a sua autodefesa.

Após o interrogatório, passa a fluir o prazo de 3 (três) dias para que o indiciado ofereça defesa prévia. Segundo o art. 216 da Lei Orgânica da DPESP, esse é o momento adequado ao requerimento de provas que pretende produzir, inclusive prova testemunhal até o máximo de 8 (oito), conforme o art. 216 da Lei. Nada impede, como salientado, seja a defesa prévia apresentada antes do início da instrução processual, na hipótese em que o interrogatório seja postergado para o final da etapa instrutória.

Decorrido o prazo de três dias para defesa prévia, com ou sem ela, os autos serão encaminhados à Corregedoria para apreciação dos requerimentos de provas eventualmente formulados pelo indiciado em sede de defesa prévia. A Corregedoria tem discricionariedade legal, fundada no art. 217 da LCE 988/06, para indeferir, motivadamente, as provas que reputar impertinentes ou protelatórias. Havendo prova testemunhal a ser produzida, deve a Corregedoria, na mesma oportunidade, designar data para a realização da audiência de instrução e julgamento.

A designação da audiência de instrução deve ser devidamente comunicada ao indiciado, mediante intimação pessoal e do advogado eventualmente constituído nos autos. As testemunhas arroladas pela acusação e pela defesa também deverão ser formalmente intimadas para comparecimento (art. 219).

O § 1º do art. 219 impõe às testemunhas a obrigação legal de comparecer à audiência de instrução para prestar depoimento, sob pena de condução coercitiva por autoridade policial, requisitada pelo Corregedor, na hipótese de não comparecimento injustificado[190].

Durante a audiência as testemunhas serão inicialmente inquiridas pela Corregedoria-Geral (que preside o processo em si e os atos nele praticados), facultando-se o direito de reperguntas formuladas pelo indiciado (art. 219, § 2º).

[190] Não há dispositivo semelhante relativamente ao processo administrativo sumário, mas nada impede que seja a ele aplicado analogicamente.

Cabe consignar que a audiência de instrução poderá se estender por mais de um dia, na impossibilidade de se inquirir todas as testemunhas na mesma audiência, podendo a Corregedoria-Geral designar tantas datas quantas forem necessárias para tal fim (art. 219, § 3º).

Ultimadas todas as oitivas possíveis em audiência de instrução e ouvido o indiciado, dá-se por encerrada a produção probatória, concedendo-se ao indiciado prazo de 3 (três) dias para requerimento de eventuais diligências, na forma do art. 220. Cuida-se de prazo para que o indiciado possa postular alguma diligência que repute útil à sua defesa, como, por exemplo, a requisição de algum documento existente em repartição pública. Cabe à Corregedoria, que conduz o processo administrativo, deliberar sobre os requerimentos, podendo, ainda, de ofício, determinar a realização de diligências complementares que entender necessárias para o esclarecimento do fato (art. 220, parágrafo único).

Eis a última possibilidade de realização de atos probatórios, lembrando que somente se defere a realização de diligências, nessa fase, em caráter complementar, a juízo da Corregedoria-Geral.

Assim, concluídas as diligências do art. 220 da Lei Orgânica, o indiciado (ou seu advogado constituído) será intimado para oferecer alegações finais por escrito, no prazo de 7 (sete) dias, contados a partir da referida intimação. Durante o prazo para apresentação das alegações finais, é lícito ter vista dos autos fora da Corregedoria, conforme o art. 221, o que assegura o pleno cotejo do quadro probatório produzido.

Apresentadas as alegações finais, os autos do processo administrativo ordinário serão conclusos ao Corregedor-Geral, que terá o prazo de 20 (vinte) dias para elaborar relatório conclusivo a respeito do que foi processado. O relatório deverá conter a convicção da Corregedoria a respeito da existência ou não da falta funcional inicialmente imputada, relacionando-a (ou não) ao seu suposto autor (indiciado).

Como consequência do reconhecimento da infração disciplinar e da imputação dela à responsabilidade do indiciado, compete à Corregedoria-Geral indicar o cabimento e adequação da aplicação das penalidades sujeitas à apuração em processo administrativo ordinário: demissão ou cassação da aposentadoria ou disponibilidade.

Nada impede, porém, que a Corregedoria, ao cabo do processo administrativo ordinário, entenda ser o caso de aplicação de pena mais branda (suspensão, por exemplo), podendo, pois, emitir parecer nesse sentido.

Tal possibilidade surge quando o processo ordinário demonstrar a ocorrência de infração administrativa punível com penas mais leves, ou seja, quando não se comprovou a existência do fato contido na portaria (punível, abstratamente, com as sanções mais rigorosas).

Destaque-se que o cabimento do processo administrativo ordinário se justifica quando a imputação inicial (veiculada na portaria) envolve fato punível em tese por demissão ou cassação de aposentadoria ou disponibilidade.

Em seguida, os autos do processo administrativo ordinário são encaminhados ao Conselho Superior, órgão incumbido de opinar em processo administrativo disciplinar envolvendo Defensora ou Defensor Público, a teor do enunciado no art. 31, inciso XXVIII da Lei Complementar n. 988/06. No processo administrativo ordinário, tem o Conselho Superior o prazo de 30 (trinta) dias para externar a sua opinião.

Assim como ocorre no processo administrativo sumário, o colegiado poderá concordar, total ou parcialmente, ou discordar por completo das conclusões constantes do relatório conclusivo emanado da Corregedoria-Geral. Não se veda ao Conselho, outrossim, a sugestão de sanção mais leve, caso as provas dos autos não indiquem a prática de fato submetido às penas de demissão ou cassação de aposentadoria ou disponibilidade. Com efeito, pode o colegiado, reconhecendo a existência e autoria de infração mais leve, opinar pela aplicação de pena administrativa consentânea com o fato provado ao longo do processo administrativo ordinário.

Uma vez emitida a opinião do Conselho Superior, mediante deliberação formada pela maioria de seus membros, o processo é submetido à apreciação do Defensor Público-Geral para que também externe a sua opinião final sobre o mérito da imputação infracional, no prazo de 30 (dias), segundo prescreve o art. 222.

Caso o Defensor Público-Geral conclua pela existência de fato sujeito à demissão ou cassação de aposentadoria ou disponibilidade, deve encaminhar os autos ao Governador do Estado, autoridade competente para a efetiva aplicação dessas sanções. Por essa razão, a decisão da Defensoria Pública-Geral, neste momento do processo, não ostenta caráter definitivo, mas de mera apreciação do quanto processado. Cuida-se de ato prévio à remessa dos autos ao Governador do Estado para decisão final.

A Lei Orgânica, como se pode perceber, institui um duplo grau de opinião institucional no âmbito do processo administrativo ordinário: uma primeira emanada do Conselho Superior e outra proferida pela Defensoria Pública-Geral. Tem-se, portanto, a oitiva de dois dos mais relevantes órgãos da Administração Superior, o que visa a conferir o grau máximo de legitimidade da decisão a ser proferida pelo Governador do Estado.

Obviamente, os pareceres do Conselho Superior e da Defensoria Geral (precedidos – cabe recordar – do relatório conclusivo do Corregedor-Geral), apesar de não vinculantes, ostentam peso da maior relevância, uma vez que refletem a posição de órgãos de cúpula da Instituição, que acompanharam em proximidade o desenrolar do processo administrativo ordinário. Esse conhecimento amplo daquilo que foi acusado e provado credencia as decisões da Corregedoria, do Conselho Superior e da Defensoria Geral como subsídios com elevadíssimo grau de autoridade, e como tal serão examinados pelo Governador – a quem cabe demitir o Defensor Público indiciado ou cassar a sua aposentadoria ou disponibilidade.

Na hipótese de encaminhamento pela demissão ou cassação, a ser feita pela Defensoria Geral, tem-se que a tramitação do processo administrativo ordinário no âmbito da Defensoria Pública do Estado de São Paulo termina com a intimação do indiciado acerca do que foi decidido pelo Defensor Público-Geral (art. 223), último órgão interno a proferir o entendimento antes da remessa dos autos ao Poder Executivo.

A partir de então (encaminhamento do processo ao Governador), incide a aplicação das normas estaduais a respeito, em especial o Estatuto dos Funcionários Públicos Civis do Estado de São Paulo – Lei Estadual n. 10.261, de 28 de outubro de 1968.

Contudo, caso o Defensor Público-Geral, acatando ou não as manifestações da Corregedoria ou Conselho, repute incabível a demissão ou a cassação da aposentadoria e disponibilidade, não será necessário o envio do processo ordinário ao Governador, devendo o chefe da Defensoria Pública aplicar uma das penalidades ao seu alcance, dando por encerrado o processo administrativo ordinário.

9.6 Recurso e pedido de reconsideração

A Lei Complementar n. 988/06 institui, como vimos, dois tipos de processo administrativo para a apuração de infrações ao regime jurídico próprio do Defensor Público do Estado de São Paulo. Estabelece a competência de duas autoridades para a imposição de sanções: o Defensor Público-Geral para os casos de advertência, censura, remoção compulsória e suspensão e o Governador do Estado para as hipóteses de demissão ou cassação de aposentadoria ou disponibilidade.

No entanto, em função do princípio da ampla defesa que rege o procedimento disciplinar (art. 190), não poderia deixar a Lei de prever mecanismos de impugnação das decisões sancionatórias proferidas ao final do processo administrativo (sumário ou ordinário).

Assim é que os arts. 225 a 228 da LCE 988/06 instituem o recurso e o pedido de reconsideração.

A sistemática adotada pela Lei Orgânica é a seguinte:

a) das decisões condenatórias proferidas pelo Defensor Público-Geral cabe recurso ao plenário do Conselho Superior;
b) das decisões proferidas pelo Governador do Estado cabe pedido de reconsideração, na forma da Lei Estadual n. 10.261/68 (Estatuto dos Funcionários Públicos Civis do Estado de São Paulo).

A rigor, somente o recurso constitui verdadeiramente um meio de impugnação por propiciar um novo julgamento do feito por outro órgão, distinto daquele que prolatou a decisão condenatória. No pedido de reconsideração não se instaura novo julgamento, pois se limita a postular a reconsideração do já decidido ao mesmo órgão prolator da decisão.

Destarte, havendo decisão condenatória em âmbito administrativo, proferida pelo chefe da Defensoria Pública do Estado de São Paulo (ou seja, aplicando pena de advertência, censura, remoção compulsória ou suspensão por até 90 dias), é lícito interpor recurso ao Conselho Superior no prazo de 10 dias, contados da intimação da decisão condenatória.

O recurso será dirigido ao Presidente do Conselho Superior e é dotado de efeito suspensivo, o que significa dizer que impede a produção de efeitos da decisão até que sobre ela se manifeste o Conselho Superior no julgamento do recurso (art. 226). O efeito suspensivo é regra no recurso de que trata o art. 225, inciso I, da LCE 988/06. Há, contudo, uma exceção: no caso de aplicação de pena de suspensão, quando a pena proposta na portaria inicial era de demissão, o recurso terá somente efeito devolutivo (art. 225, parágrafo único).

A situação é clara: instaurou-se processo administrativo ordinário com a descrição de fato a princípio punível com demissão de membro ainda na ativa. Se, ao final do processo, o Defensor Geral entender pela aplicação de suspensão (mais branda que a de demissão), eventual recurso interposto pelo indiciado será dotado de efeito devolutivo, apenas. A prescrição legal acarreta, excepcionalmente, nesse caso, o imediato cumprimento da sanção de suspensão enquanto se aguarda o julgamento do indiciado pelo Conselho Superior.

Vale lembrar que nem sempre a imputação descrita na portaria inaugural do processo administrativo ordinário restará cabalmente demonstrada, havendo a possibilidade de desclassificação para infração mais leve, caso assim entenda o Defensor Público-Geral em sua manifestação final[191].

De todo modo, excetuada a hipótese do parágrafo único do art. 225, o recurso é dotado de efeito suspensivo e deverá sempre ser interposto perante o Presidente do Conselho Superior (cadeira ocupada pela Defensoria Pública-Geral), devendo ser acompanhado das respectivas razões para a pretendida reforma, conforme dispõe o art. 226.

Uma vez recebido o recurso, o Presidente do Conselho Superior determinará sua juntada aos autos, salvo se intempestivo. Sendo intempestivo, deverá ser desentranhado dos autos e devolvido ao subscritor, nos termos do art. 227.

O art. 228 da LCE 988/2006 impõe que o recurso seja apreciado conforme as normas do Regimento Interno do Conselho Superior. A única regra expressamente elencada pela LCE 988/06 refere-se à intimação da decisão que julga o recurso do indiciado, impondo que seja ela feita em observância ao art. 211 da Lei Complementar 988/06[192]. A matéria se encontra regulada nos arts. 57 a 61 da Deliberação n. 01/2006 do Conselho Superior, que institui o seu Regimento Interno.

[191] Somente caso o Defensor Geral entenda ter havido infração que se subsuma à pena de demissão é que haverá o encaminhamento dos autos do processo administrativo ordinário ao Governador para aplicação de tal medida.

[192] Artigo 211 – O indiciado será intimado da decisão pessoalmente ou por via postal, salvo se for revel ou se furtar à intimação, caso em que esta será feita por publicação no Diário Oficial.

Parágrafo único – A intimação da decisão será realizada por meio de servidor ou membro da Defensoria Pública do Estado, ou mediante carta registrada, com aviso de recebimento.

Importa observar que o Conselho Superior, por ocasião do julgamento do recurso do indiciado, jamais poderá agravar a sua situação (art. 225, inciso I), razão pela qual se pode afirmar ser inviável a *reformatio in pejus* no procedimento disciplinar da Lei Orgânica da Defensoria Pública do Estado de São Paulo.

O pedido de reconsideração, por outro lado, é cabível em face das decisões condenatórias emanadas do Chefe do Poder Executivo, o que, por via de consequência, limita o seu cabimento às decisões que demitam o Defensor Público ou cassem a sua aposentadoria ou disponibilidade.

A LCE 988/06 não disciplina o pedido de reconsideração, reportando o seu regramento ao Estatuto dos Funcionários Públicos Civis do Estado (Lei Estadual n. 10.261, de 28 de outubro de 1968).

9.7 Revisão do Processo Administrativo

Além do recurso e do pedido de reconsideração, a Lei Complementar n. 988/06 também autoriza o manejo de pedido de revisão da punição disciplinar da qual não mais caiba recurso ou pedido de reconsideração.

Cuida-se de instrumento análogo à revisão criminal existente do Direito Processual Penal, na medida em que se permite deduzir pedido revisional sempre que haja fatos novos, circunstâncias ainda não apreciadas ou vícios insanáveis no procedimento disciplinar, capazes de justificar a redução ou a anulação da decisão que aplicou penalidade administrativa (art. 229). A revisão pode ser apresentada a qualquer tempo, não se sujeitando a qualquer tipo de prazo.

Como se pode perceber, admite-se a revisão da punição disciplinar em função de certos motivos, mesmo que a decisão não possa mais ser impugnada pelas vias ordinárias (recurso ou pedido de reconsideração), seja porque decorrido o prazo respectivo, seja porque tais meios ordinários foram rejeitados pelos órgãos competentes (Conselho Superior ou Governador do Estado, conforme o caso).

Autorizam o pleito revisional, segundo dispõe o art. 229:

a) fatos novos;
b) circunstâncias ainda não apreciadas;
c) vícios insanáveis de procedimentos.

As alegações de fatos novos ou de circunstâncias ainda não apreciadas podem mesmo alterar o desfecho final de processo administrativo (sumário ou ordinário), pois, se acolhidas, representarão redução da penalidade administrativa ou a sua reforma. Os vícios procedimentais insanáveis, por sua vez, comportam dedução na via revisional porque o seu reconhecimento propiciará a anulação da penalidade imposta, gerando o dever de sanar o rito legal.[193]

Tem-se, portanto, que somente fatos relevantes e não discutidos anteriormente no processo administrativo poderão eventualmente implicar modificação ou anulação da decisão que impôs sanção disciplinar, o que exclui a possibilidade de se postular a revisão com base em mera alegação de injustiça da decisão anterior (art. 229, § 1º). De fato, o mérito da condenação administrativa (se foi justa ou não), à luz dos fatos imputados e da prova produzida, pode ser questionado pelas vias próprias (recurso ou pedido de reconsideração).

De outro lado, uma vez deflagrada a revisão fundada em um específico motivo (vício procedimental insanável, e.g.), não se permitirá seja a revisão reiterada para reapreciação do mesmo fundamento (art. 229, § 2º), evitando-se revisões perpétuas. O que se revela lícito é a apresentação de mais de um pedido revisional, desde que cada um deles esteja fundado em motivos distintos. Imagine a hipótese de revisão oferecida com base na alegação de vício procedimental, examinada e rejeitada. Caso o indiciado (ou outro legitimado) obtenha, tempos depois, indícios ou prova de fatos novos, capazes de modificar a decisão, não obstante a rejeição do pedido anterior, a revisão poderá ser novamente apresentada, já que esta segunda insurgência está baseada em outro fundamento.

A revisão, por ser instrumento capaz de ser instaurado a qualquer tempo, pode ser requerida não somente pelo interessado (membro condenado na esfera administrativa por infração disciplinar), como também pelo seu curador, ou, se falecido, pelo seu companheiro, ascendente, descendente ou irmão, a teor do disposto no art. 230 da LCE 988/06.

A revisão obedece ao seguinte procedimento: é dirigida ao órgão ou autoridade que houver aplicado a penalidade em último grau. Assim, pode ser dirigida ao Defensor Público-Geral, nos casos de sanções por

[193] Observe-se, por isso, que seria mais correto dizer "revisão da punição disciplinar", e não "revisão do processo administrativo", denominação empregada pelo legislador como título da seção aqui comentada. De fato, a revisão não se limita à veiculação de vícios procedimentais, mas pode se referir também ao mérito da decisão, **à luz de fatos novos ou de circunstâncias ainda não apreciadas**.

ele aplicadas e não recorridas a tempo. Caso tenha havido recurso ao Conselho Superior, a revisão deverá ser dirigida a tal órgão. Por fim, na hipótese de sanção aplicada pelo Governador do Estado, deve a ele ser inicialmente endereçada (art. 231, inciso I).

A petição inicial da revisão deve vir instruída com as provas que o requerente desde já possuir ou com a indicação daquelas que pretende produzir (art. 231, inciso II).

O pedido inicial será objeto de exame de admissibilidade pelo órgão a que for endereçado, a quem competirá analisar se há indícios mínimos dos motivos que autorizam o seu manejo ou se o requerente se limita a discutir a justiça da decisão que o condenou administrativamente.

Se admitida a revisão, será ela processada por um órgão colegiado extraordinário na Instituição, composto pelos 10 (dez) Defensores Públicos mais antigos da classe mais elevada da carreira, isto é, os 10 Defensores Públicos Nível V mais antigos, dentre aqueles que estejam em efetivo exercício (art. 232). Trata-se de um órgão extraordinário e não permanente, somente instituído e convocado se a revisão preencher os requisitos mínimos de admissibilidade.

Esses dez Defensores Públicos do Nível V serão convocados por ato do Conselho Superior e a eles compete processar a revisão proposta pelo condenado.

O julgamento da revisão, contudo, não é realizado por tal colegiado anômalo. Com efeito, segundo dispõe o art. 231, inciso I, da Lei Orgânica da DPESP, o julgamento da revisão compete à autoridade ou órgão que houver aplicado a penalidade impugnada, que – vale repetir – poderá ser a Defensoria Pública-Geral, o Conselho Superior ou o chefe do Executivo. Há, evidentemente, um acúmulo de funções: a autoridade ou órgão que aplicou a penalidade ao fim do processo administrativo (sumário ou ordinário) terá, em sede de pedido revisional, a incumbência de verificar os requisitos de admissibilidade e, após o seu processamento, terá a competência para julgar, em decisão final, a revisão da condenação administrativa.

De toda sorte, a autoridade ou órgão competente, se julgar procedente a revisão, poderá, conforme o caso e com fulcro no art. 233, absolver o punido, anular o processo, modificar a pena ou alterar a classificação da infração, vedado o agravamento da sanção. Mais uma vez, rechaça-se a *reformatio in pejus* no procedimento disciplinar.

Cumpre observar que a absolvição do punido implica o restabelecimento imediato e, na sua plenitude, de todos os direitos atingidos pela condenação administrativa, nos termos do parágrafo único do art. 233.

CAPÍTULO 10
CONVÊNIOS DE PRESTAÇÃO DE ASSISTÊNCIA JUDICIÁRIA

10.1 A Ação Direta de Inconstitucionalidade n. 4.163/SP e a autonomia funcional

O último Título das disposições permanentes da Lei Orgânica da Defensoria Pública do Estado de São Paulo (Título VI), composto apenas pelo art. 234, cuida dos convênios de prestação de assistência judiciária.

Em realidade, tal artigo disciplina, tão somente, o convênio mantido com a Ordem dos Advogados do Brasil – Seção São Paulo e teve sua inconstitucionalidade reconhecida pelo Supremo Tribunal Federal no julgamento da Ação Direta de Inconstitucionalidade n. 4.163.

A análise do art. 234 da Lei Complementar n. 988/06 deve ser feita à luz do art. 109 da Constituição do Estado de São Paulo, cuja inconstitucionalidade também fora suscitada no Pretório Excelso por meio da mesma ação direta.

Confira, inicialmente, o art. 109 da Constituição Estadual:

> **Artigo 109 – Para efeito do disposto no art. 3º desta Constituição, o Poder Executivo manterá quadros fixos de defensores públicos em cada juizado e, quando necessário, advogados designados pela Ordem dos Advogados do Brasil – SP, mediante convênio.**

Por sua vez, assim dispunha o *caput* do indigitado art. 234 da LCE 988/06:

Artigo 234 – A Defensoria Pública do Estado manterá convênio com a Seccional de São Paulo da Ordem dos Advogados do Brasil, visando implementar, de forma suplementar, as atribuições institucionais definidas no artigo 5º desta lei.

Tais disposições ofendem a autonomia das Defensorias Públicas Estaduais, instituída pelo art. 134 da Constituição Federal, após a alteração conferida pela EC 45/04, circunstância que motivou a Procuradoria-Geral da República a ajuizar ação direta de inconstitucionalidade visando a expungir do ordenamento jurídico o art. 109 da Constituição paulista e o art. 234 da Lei Orgânica da Defensoria Pública do Estado de São Paulo.

Analisemos o porquê de a Procuradoria-Geral da República decidir impugnar a constitucionalidade de tais artigos. A resposta se encontra na questão da autonomia institucional, estudada no item 1.3.3 deste livro. Retomemos o assunto.

Tivemos a oportunidade de examinar a disciplina constitucional da Defensoria Pública, ocasião em que constatamos que a Carta Federal, emendada pela EC 45/2004, conferiu autonomia à Instituição, a teor do prescrito no § 2º do art. 134 da CF/88:

§ 2º Às Defensorias Públicas Estaduais são asseguradas autonomia funcional e administrativa e a iniciativa de sua proposta orçamentária dentro dos limites estabelecidos na lei de diretrizes orçamentárias e subordinação ao disposto no art. 99, § 2º. (Incluído pela Emenda Constitucional nº 45, de 2004)

Assim, percebe-se que a autonomia conferida pela Constituição Federal às Defensorias Públicas Estaduais não permite que seja a Instituição obrigada a celebrar convênio com qualquer órgão ou entidade. Detém ela autonomia para optar por celebrar convênio com órgãos e entidades que reputar mais adequados e da forma que entender mais conveniente, obedecendo aos demais preceitos aplicáveis.

Frise-se que o art. 234 da LCE 988/06 trata, unicamente, de convênio para a prestação de assistência judiciária, valendo relembrar que as atribuições da Defensoria Pública envolvem a assistência jurídica integral e gratuita[194].

[194] A diferença entre assistência judiciária e assistência jurídica foi amplamente debatida no item 1.5.

Destarte, o tema foi levado à apreciação do Supremo Tribunal Federal que concluiu mesmo haver incompatibilidade entre o caráter autônomo da Defensoria Pública (no caso concreto, a Defensoria paulista) com a obrigatoriedade de manter convênio com a Ordem dos Advogados do Brasil – Seção São Paulo.

Ao final, o Supremo Tribunal Federal decretou que a obrigatoriedade de convênio com a OAB-SP ofende a autonomia funcional, administrativa e financeira da DPESP, declarando a inconstitucionalidade integral do art. 234 e parágrafos da Lei Orgânica. No tocante ao art. 109 da Constituição do Estado de São Paulo, deu-lhe interpretação conforme a Constituição Federal para o fim de afastar qualquer sentido de obrigatoriedade do mencionado convênio, apartando, ainda, qualquer sentido que imponha exclusividade de celebração com a OAB-SP.

A decisão é de extrema relevância e representou uma das maiores afirmações institucionais das Defensorias Públicas estaduais, na medida em que, na sessão de julgamento, todos os Ministros, de maneira unânime, ressaltaram a importância do papel social das Defensorias Públicas como instituições autônomas e que devem necessariamente ter essa condição respeitada.

Em suma, o julgamento do STF significou o reconhecimento de que a Defensoria Pública do Estado de São Paulo (assim como todas as demais Defensorias Públicas Estaduais) pode, com fundamento na sua autonomia, valer-se de parcerias com quaisquer órgãos ou entidades que detenham capacidade postulatória (não exclusivamente a OAB), **"em caráter tão supletivo quanto transitório e excepcional, e sempre a critério das próprias defensorias públicas no uso de sua autonomia funcional e administrativa"**.

Os fundamentos adotados pelo STF ao julgar a ADI 4.163 consignaram o papel da Defensoria Pública como "**órgão gestor central da assistência jurídica gratuita no país**". O voto da Ministra Cármen Lúcia assentou, ainda, que:

> Sem as condições materiais, a Defensoria Pública não consegue cumprir as suas funções. Convênios, portanto, não me parecem inconstitucionais. O convênio compulsoriamente firmado e sem permitir a atuação autônoma da instituição é que me parece inconstitucional.

Elucidativo, ainda, o seguinte excerto do voto do relator, Min. Cezar Peluso:

> É dever constitucional do Estado oferecer assistência jurídica gratuita aos que não disponham de meios para contratação de advogado, tendo sido a Defensoria Pública eleita, pela Carta Magna, como **o único órgão estatal predestinado ao exercício ordinário dessa competência**. *Daí, qualquer política pública que desvie pessoas ou verbas para outra entidade, com o mesmo objetivo, em prejuízo da Defensoria, insulta a Constituição da República. Não pode o Estado de São Paulo, sob o pálio de convênios firmados para responder a situações temporárias, furtar-se ao dever jurídico-constitucional de institucionalização plena e de respeito absoluto à autonomia da Defensoria Pública.* Em suma, é inconstitucional o art. 234 da Lei Complementar nº 988/2006. (sublinhamos, negrito no original)

CAPÍTULO 11
DISPOSIÇÕES GERAIS E FINAIS E DISPOSIÇÕES TRANSITÓRIAS

11.1 Considerações gerais

A Lei Complementar n. 988/06 encerra suas disposições permanentes com o Título VII, que trata das Disposições Gerais e Finais (arts. 235 a 244). Em seguida, no Título VIII, passa-se às Disposições Transitórias, estruturadas em separado, tanto que a numeração de seus artigos é reiniciada (arts. 1º a 21), sem continuar a ordem dos Títulos precedentes.

As **Disposições Gerais e Finais** cuidam das normas relativas à criação de cargos na Instituição (Defensor Público do Estado e demais cargos do quadro de apoio: Oficiais de Defensoria, Agentes de Defensoria etc). Além da fixação do número de cargos, as Disposições Gerais e Finais disciplinam os cargos em comissão, a posição de cada um deles no esquema administrativo da DPESP, bem como estabelece normas atinentes ao Fundo de Assistência Judiciária – FAJ, administrado e gerido pela Defensoria Pública-Geral.

Já as **Disposições Transitórias** regem a transição da estrutura da extinta Procuradoria de Assistência Judiciária para a Defensoria Pública do Estado de São Paulo.

11.2 O direito de opção pela carreira da Defensoria Pública aos integrantes da extinta Procuradoria de Assistência Judiciária

Antes da criação da Defensoria Pública paulista (o que ocorreu com a promulgação da LCE 988/06), a assistência judiciária no Estado de São

Paulo era prestada pela Procuradoria de Assistência Judiciária, braço da Procuradoria-Geral do Estado, criada no ano de 1947.

A Procuradoria de Assistência Judiciária (PAJ) era o órgão responsável pela prestação do serviço de assistência judiciária no Estado de São Paulo e exerceu esse mister até o ano de 2006, quando foi publicada a Lei Complementar n. 988/06, ocasião em que tal serviço foi atribuído à Instituição constitucional e naturalmente afeta à prestação da assistência jurídica integral e gratuita – a Defensoria Pública.

Em realidade, o movimento pela criação da Defensoria Pública nasceu dentro dos quadros da PAJ, por meio de alguns Procuradores do Estado integrantes do Sindicato dos Procuradores do Estado, das Autarquias, das Fundações e das Universidades Públicas do Estado de São Paulo – SINDIPROESP, entidade que desde o início compôs o Movimento pela Defensoria Pública no Estado de São Paulo, à qual se juntou o apoio de centenas de outros órgãos e entidades da sociedade civil.

Assim, uma vez criada a DPESP, foi necessário estabelecer regras concernentes às primeiras eleições para Defensor Público-Geral do Estado, além de disciplinar a transferência de recursos materiais e pessoais aplicados na assistência judiciária à Defensoria Pública, que por eles passou a ser responsável.

A Lei Complementar n. 988/06, no art. 3º de suas Disposições Transitórias, autorizou as Procuradoras e Procuradores do Estado de São Paulo, no prazo de 60 (sessenta) dias da promulgação da lei, a faculdade de optar, de forma irretratável, pela carreira de Defensor Público na forma estatuída no mesmo dispositivo legal.

Esse é o dispositivo mais relevante das Disposições Transitórias, até porque teve sua constitucionalidade discutida no Supremo Tribunal Federal. O Pretório Excelso, contudo, decidindo a ADI 3.720 (rel. Min. Marco Aurélio, j. 31.10.2007, DJe 28.03.2008), declarou constitucional a possibilidade de opção de Procuradores do Estado para o cargo de Defensor Público do Estado, desde que obedecendo às regras do art. 3º das Disposições Transitórias da LCE 988/06. Entendeu-se, na espécie, que a disposição, observando o princípio do concurso público, contemplava a situação de cisão de carreiras, que restou admitida pelo plenário da Corte.

11.3 A inconstitucional reserva de percentual do FAJ pela Lei Complementar 1.297/2017

De outro lado, o art. 236 da LCE 988/2006, também constante das Disposições Gerais e Finais da lei, vinculou o Fundo de Assistência Judiciária – FAJ à gestão da Defensoria Pública, encerrando a gestão que até então era realizada pela Procuradoria Geral do Estado.

Em 04 de janeiro de 2017, porém, foi promulgada a Lei Complementar estadual n. 1.297, que inseriu os parágrafos 4º e 5º no art. 236, com a seguinte redação:

> **Artigo 236 – O Fundo de Assistência Judiciária, instituído pela Lei nº 4.476, de 20 de dezembro de 1984, e regulamentado pelo Decreto nº 23.703, de 27 de maio de 1985, destinado a custear despesas concernentes à prestação de assistência judiciária gratuita, vincula-se, a partir da promulgação desta lei complementar, à Defensoria Pública do Estado, que passará, imediatamente, a gerir os seus recursos, inclusive o saldo acumulado.**
>
> **(...)**
>
> **§ 4º – Da totalidade das receitas que compõem o Fundo de que trata o "caput" deste artigo, 40% (quarenta por cento) serão destinados à prestação de assistência judiciária suplementar. (NR) – § 4º acrescentado pela Lei Complementar nº 1.297, de 04/01/2017.**
>
> **§ 5º – Caso as despesas afetas à prestação de assistência judiciária suplementar não alcancem no mesmo exercício financeiro o percentual de que trata o § 4º deste artigo, o saldo restante será aplicado às demais despesas suportadas pelo Fundo de Assistência Judiciária. (NR) – § 5º acrescentado pela Lei Complementar nº 1.297, de 04/01/2017.**

A LC 1.297/2017 determinou a reserva de 40% (quarenta por cento) da arrecadação do Fundo de Assistência Judiciária ao custeio de convênios para o pagamento de advogados e entidades privadas, tornando sem efeito o modelo público de assistência jurídica integral e gratuita (art. 5º, inciso LXXIV e art. 134, da Constituição), bem como cerceando a expansão da Defensoria Pública do Estado de São Paulo para comarcas onde hoje atualmente não está instalada (art. 98, do ADCT).

Em razão disso, a Associação Nacional das Defensoras e Defensores Públicos – ANADEP ajuizou ação direita de inconstitucionalidade junto ao Supremo Tribunal Federal, autuada sob o número 5.644 e distribuída ao ministro relator Edson Fachin. Examinemos as inconstitucionalidades havidas nos §§ 4º e 5º introduzidos no art. 236 pela LC 1.297/2017.

Em primeiro lugar, a LC 1.297/2017 ostenta vício de inconstitucionalidade formal, eis que oriunda de proposta legislativa de iniciativa do Governador do Estado, contrariando a iniciativa reservada de lei outorgada à Defensoria Público-Geral pela Emenda Constitucional n. 80/2014.

Isto porque a lei atacada alterou a Lei Orgânica da Defensoria Pública paulista vinculando, de forma perene, percentual de seu orçamento ao custeio de convênios de assistência judiciária suplementar.

A gestão dos recursos orçamentários da Instituição é consectário natural da sua autonomia constitucional, constituindo tema afeto exclusivamente ao crivo da Defensoria Pública-Geral. Deste modo, a iniciativa do Chefe do Executivo, na espécie, violou o art. 134, § 4º c.c. art. 96, inciso II, ambos da Constituição, em descompasso, ainda, com os pronunciamentos do STF sobre a matéria[195].

Do ponto de vista material, dois vícios de inconstitucionalidade estão presentes: as violações ao art. 98 do ADCT e à autonomia institucional (art. 134, CF).

Com efeito, ao vincular compulsoriamente 40% (quarenta por cento) das receitas do FAJ, a LC 1.297/2017 pereniza a necessidade de convênios, sobretudo com entidades privadas, ofendendo a regra constitucional que estimula a plena consolidação do modelo público de assistência jurídica, prevista no art. 98, do ADCT[196].

[195] Vide liminares proferidas pela Presidência do STF na ADI 5.217-PR e ADI 5.218-PR. Ademais, na ADI 5.286-AP reconheceu-se que: "*A autonomia financeira e orçamentária das Defensorias Públicas Estaduais e a expressa menção pelo art. 134, § 4º, ao art. 96, II, todos da CRFB/88, fundamentam constitucionalmente a iniciativa do Defensor-Público Geral dos Estados na proposição da lei que fixa os subsídios dos membros da carreira*".

[196] Art. 98. O número de defensores públicos na unidade jurisdicional será proporcional à efetiva demanda pelo serviço da Defensoria Pública e à respectiva população. (Incluído pela Emenda Constitucional nº 80, de 2014)

§ 1º No prazo de 8 (oito) anos, a União, os Estados e o Distrito Federal deverão contar com defensores públicos em todas as unidades jurisdicionais, observado o disposto no caput deste artigo. (Incluído pela Emenda Constitucional nº 80, de 2014)

Há que se considerar, neste ponto, que as parcerias mantidas pelas Defensorias Públicas devem ser compreendidas como mecanismos transitórios, admissíveis até que ultimada a integral estruturação desta instituição pública em todo o País. É, aliás, o que restou assentado no julgamento da ADI 4.163, acima examinada[197].

De outro lado, sob a perspectiva orçamentária, o ato normativo guerreado obriga a Defensoria Pública paulista, de forma duradoura e periódica (anualmente), a empregar parte expressiva de suas receitas ao pagamento de entidades conveniadas.

Este efeito demonstra a plena ofensa da iniciativa de proposta orçamentária da Defensoria Pública (art. 134, § 2º, da Constituição) na forma e alcance que têm sido estabelecidos pelo Supremo Tribunal Federal. De fato, se o STF considera inconstitucional o ato do Chefe do Executivo que reduz unilateralmente a proposta orçamentária elaborada pela Defensoria Pública[198], com muito mais razão se mostra inconstitucional a disposição da LC 1.297/2017, que pré-condiciona as despesas da Instituição, perpetuando um indevido modelo misto de assistência jurídica gratuita.

Em outras palavras, em desobediência à jurisprudência do STF quanto ao alcance do art. 134, § 2º, da Constituição, o legislador paulista editou lei que interfere anualmente em cada proposta orçamentária da Defensoria Pública, pré-determinando a reserva permanente de parte relevante do seu orçamento.

E, ainda, restou violada a autonomia administrativa da Instituição, também insculpida no art. 134, § 2º, da Constituição, vez que a LC 1.297/2017 cerceia a gestão das receitas orçamentárias, vinculando significativa parcela destas receitas ao custeio de convênios que deveriam

§ 2º Durante o decurso do prazo previsto no § 1º deste artigo, a lotação dos defensores públicos ocorrerá, prioritariamente, atendendo as regiões com maiores índices de exclusão social e adensamento populacional. (Incluído pela Emenda Constitucional nº 80, de 2014)

197 Cabe transcrever trecho do voto de esclarecimento do Min. Ayres Britto naquela ação direta: "Senhor Presidente, eu insisto no ponto de vista, que me parece consentâneo com o de Vossa Excelência, de que essa interpretação conforme significa uma possibilidade de recurso a outros órgãos, de capacidade postulatória nos seus respectivos membros, **em caráter tão supletivo quanto transitório e excepcional, e sempre a critério das próprias defensorias públicas no uso de sua autonomia funcional e administrativa.**" (destacamos).

198 Confira-se: ADI 5.287-PB, rel. Min. Luiz Fux, j. 18.05.2016, DJe 12.09.2016. No mesmo sentido: ADI 5.286-AP; ADI 5.381-MC-Ref/PR; ADPF 307-PB; ADPF 428-RN e ADPF 435-GO.

ser transitórios e formulados, se o caso, após análise de conveniência e oportunidade pela própria Defensoria Pública.

Com efeito, a esta mesma conclusão chegou o Supremo Tribunal Federal na ADI 4.163, cujos fundamentos consignaram o papel da Defensoria Pública como "**órgão gestor central da assistência jurídica gratuita no país**".

Neste passo, não se mostra lógico vincular parcela significativa dos recursos destinados à Defensoria Pública para o pagamento de convênios quando já reconhecida a inconstitucionalidade do caráter compulsório destes mesmos convênios (ADI 4.163), o que parece conduzir ao oportuno julgamento de procedência da ADI 5.644

REFERÊNCIAS

BARROSO, Luís Roberto. **Curso de Direito Constitucional Contemporâneo: os conceitos fundamentais e a construção do novo modelo.** 1ª ed. São Paulo, Saraiva, 2009, 451 p.

BRANCO, Paulo Gustavo Gonet; COELHO, Inocêncio Mártires; MENDES, Gilmar Ferreira. **Curso de Direito Constitucional**. 4ª ed. São Paulo: Saraiva, 2009, 1486 p.

CANAVEZ, Luciana Lopes e PAULA, Renato Tavares de. Defensoria Pública: retrospectos históricos e avanços na tutela coletiva. **Anais do Congresso Brasileiro de Processo Coletivo e Cidadania**, N. 8, p. 57-74, 2020.

CANOTILHO, José Joaquim Gomes. **Direito Constitucional e Teoria da Constituição**. 7ª ed. Coimbra: Almedina, 2003, 1522 p.

CAPPELLETTI, Mauro; GARTH, Bryant. **Acesso à Justiça**. Porto Alegre: Sergio Antonio Fabris Editor, 2002, 168 p.

CARDOSO, Luciana Zaffalon Leme. **Participação Social: Inovações Democráticas no caso da Defensoria Pública do Estado de São Paulo**. 2010. Dissertação (Mestrado em Administração Pública e Governo) – Escola de Administração de Empresas de São Paulo, Fundação Getúlio Vargas, São Paulo, 2010. Disponível em: <http://bibliotecadigital.fgv.br/dspace/bitstream/handle/10438/5233/62080100003.pdf?sequence=1.>

CARDOSO, Luciana Zaffalon Leme. **Uma Fenda na Justiça.** São Paulo: Hucitec, 2010, 275 p.

CAVALCANTE, Bruno Braga e ROCHA, Bheron. A atuação defensorial como amicus democratiae: fortalecendo as relações interinstitucionais e prevenindo violações a direitos. In: MAIA, Maurílio Casas (org.). **Defensoria Pública, Democracia e Processo II**. São Paulo: Tirant Lo Blanch, 2021.

COSTA, Nelson Nery. **Manual do Defensor Público**. 1ª ed. Rio de Janeiro, GZ Editora, 2010, 256 p.

DELCHIARO, Mariana Tonolli Chiavone e MAIA, Maurilio Casas (orgs). **Acesso à Justiça em contexto de litigância repetitiva**. São Paulo: D'Plácido, 2022.

ESTEVES, Diogo; SILVA, Franklyn Roger Alves. **Princípios Institucionais da Defensoria Pública**, 2ª ed. Rio de Janeiro: Forense, 2017.

FEITOZA, Denílson. **Direito Processual Penal. Teoria, Crítica e Práxis**. 5ª ed. Niterói: Impetus, 2008, 1.023 p.

FENSTERSEIFER, Tiago. **Defensoria Pública na Constituição Federal**. Rio de Janeiro: Forense, 2017

GALLIEZ, Paulo Cesar Ribeiro. **Princípios Institucionais da Defensoria Pública**. 5ª ed. São Paulo: Lumen Juris, 2010, 255 p.

GONÇALVES, Marcus Vinícius. **Novo Curso de Direito Processual Civil**, vol. 1. 7ª ed. São Paulo: Saraiva, 2010, 467 p.

GRINOVER, Ada Pellegrini. **Acesso à Justiça e o Código de Defesa do Consumidor**. *In*: O Processo em Evolução. Rio de Janeiro: Forense Universitária, 1996.

GRINOVER, ___________. **Assistência Judiciária e Acesso à Justiça**. *In*: Novas Tendências do Direito Processual. 2ª ed. Rio de Janeiro: Forense Universitária, 1990.

GRINOVER, ____________. **Parecer sobre a legitimidade da Defensoria Pública para o ajuizamento de ação civil pública**. São Paulo: Revista da Defensoria Pública, ano 4 – n. 2, 2011, p. 143-165.

GROSTEIN, Julio. **O Papel das Conferências da Defensoria Pública na Construção do Estado de Direito na Pós-Modernidade**. 2012. Disponível em: http://www.defensoria.sp.gov.br/dpesp/Default.aspx?idPagina=3775

HADDAD, Eneida Gonçalves de Macedo. **A Defensoria Pública Paulista: Caminhando na Contramão**. *In*: Revista da Defensoria Pública. São Paulo: Revista da Defensoria Pública, ano 4 – n. 2, 2011, p. 75-87.

HADDAD, Eneida Gonçalves de Macedo; SOARES, Thaís Aparecida. **Notas sobre a história da Defensoria Pública Paulista**. Prisma Jurídico, Vol. 8, N. 2, 2009, p. 383-402.

JUNQUEIRA, Gustavo; ZVEIBIL, Daniel; REIS, Gustavo. **Comentários à Lei da Defensoria Pública**. 2ª ed. São Paulo: Saraiva, 2021.

LEWIS, Anthony. **A Trombeta de Gedeão**. Tradução de Beatriz Moreira Pinto Beraldo. Rio de Janeiro: Forense, 1966.

LIMA, Frederico Rodrigues Viana de. **Defensoria Pública**. 2ª ed. Salvador: Editora Juspodivm, 2012, 552 p.

LUZ, Vladimir de Carvalho. **Assessoria Jurídica Popular no Brasil**. Rio de Janeiro: Lumen Juris, 2008.

MAIA, Maurílio Casas. A intervenção de terceiro da Defensoria Pública nas ações possessórias multitudinárias: uma resenha sobre o § 1º do art. 554 do NCPC e o *custos vulnerabilis*. **Cadernos da Defensoria Pública do Estado de São Paulo**. V. 4, N. 25, p. 94, 2019.

MAIA, Maurílio Casas (org.). **Defensoria Pública, Democracia e Processo Volume I**. 2ª ed. São Paulo: Tirant Lo Blanch, 2020.

MAIA, Maurílio Casas (org.). **Defensoria Pública, Democracia e Processo Volume II**. São Paulo: Tirant Lo Blanch, 2021.

MAIA, Maurilio Casas. **(Re)pensando custos vulnerabilis e Defensoria Pública: por uma defesa emancipatória dos vulneráveis**. São Paulo: Tirant Lo Blanch, 2021.

MELO, Daniela Vieira de. Os reais contornos da Defensoria Pública brasileira: exercendo função de ombudsman em defesa dos direitos humanos. Brasília: **Revista da Defensoria Pública da União**, N. 9, p. 77/79, 2016.

MELLO, Celso Antônio Bandeira de. **Curso de Direito Administrativo**. 18ª ed. São Paulo, Malheiros, 2005, 1.008 p.

MENDES, Gilmar Ferreira. **Controle abstrato de constitucionalidade: ADI, ADC e ADO: Comentários à Lei n. 9.868/99**. São Paulo: Saraiva, 2012.

MENDES, Gilmar Ferreira; COELHO, Inocêncio Mártires; BRANCO, Paulo Gustavo Gonet. **Curso de Direito Constitucional**. 4ª ed. São Paulo: Saraiva, 2009.

MORAES, Silvio Roberto Mello. **Princípios Institucionais da Defensoria Pública**. São Paulo, RT, 1995.

PAIVA, Caio; Caio Paiva e FENSTERSEIFER, Tiago. **Comentários à Lei Nacional da Defensoria Pública**. Belo Horizonte: Editora CEI, 2019.

PRETI, Bruno del. **Princípios e Atribuições da Defensoria Pública**. 2ª. São Paulo: Juspodivm, 2021.

REIS, Gustavo Augusto Soares dos. **Educação em direitos e defensoria pública: reflexões a partir da lei complementar nº 132/09.** São Paulo: Revista da Defensoria Pública, ano 4 – n. 2, 2011, p. 111-142.

ROCHA, Amélia Soares da. **Defensoria Pública: fundamentos, organização e funcionamento**. São Paulo: Atlas, 2013.

SILVA, De Plácido e. **Vocabulário Jurídico**. 21ª ed. Rio de Janeiro: Forense, 2003.

SILVA, José Afonso da. **Curso de Direito Constitucional Positivo**. 33ª ed. São Paulo: Malheiros, p. 698.

SMITH, Roger. **Assistência Jurídica Gratuita aos Hipossuficientes: Modelos de Organização e de prestação do serviço.** *In*: Revista da Defensoria Pública. São Paulo: Revista da Defensoria Pública, ano 4 – n. 2, 2011.

SOUSA, José Augusto Garcia de. Comentários ao art. 98. In: CABRAL, Antonio do Passo; CRAMER, Ronaldo (Coords). **Comentários ao Novo Código de Processo Civil**. Rio de Janeiro: Forense, 2015, p. 161-162.

STRANO, Rafael F. **Política Pública Criminal**. São Paulo: Tirant Lo Blanch, 2023.

TAVARES, André Ramos. **Curso de Direito Constitucional**. 11ª ed. São Paulo: Saraiva, 2013.